社科文库

BEIJING SHEHUI JIANSHE GUANLI CHUANGXIN YANJIU

北京社会建设管理创新研究

李伟东 等著

中国社会科学出版社

图书在版编目(CIP)数据

北京社会建设管理创新研究／李伟东等著．—北京：中国社会科学
出版社，2016.4
ISBN 978 - 7 - 5161 - 7813 - 3

Ⅰ.①北…　Ⅱ.①李…　Ⅲ.①社会管理—创新管理—
研究—北京市　Ⅳ.①D671

中国版本图书馆 CIP 数据核字(2016)第 051365 号

出 版 人	赵剑英
选题策划	刘　艳
责任编辑	刘　艳
责任校对	陈　晨
责任印制	戴　宽

出　　版	中国社会科学出版社
社　　址	北京鼓楼西大街甲 158 号
邮　　编	100720
网　　址	http://www.csspw.cn
发 行 部	010 - 84083685
门 市 部	010 - 84029450
经　　销	新华书店及其他书店

印　　刷	北京明恒达印务有限公司
装　　订	廊坊市广阳区广增装订厂
版　　次	2016 年 4 月第 1 版
印　　次	2016 年 4 月第 1 次印刷

开　　本	710×1000　1/16
印　　张	19.5
插　　页	2
字　　数	301 千字
定　　价	76.00 元

目　录

上篇　民生服务

下篇　　社会管理

导论①　直面社会问题,改善社会福利,培育社会资本,深化社会建设

现阶段社会发展过程中面临的大量社会问题是社会建设的出发点;完善公民福利是社会建设的目标;加强政府公共服务是社会建设的手段;壮大市民社会是社会建设的途径;改善社会管理是社会建设的保障。

一　社会问题是社会建设的动力

社会建设是继经济建设、政治建设、文化建设之后,中共中央提出的又一个重大的宏观政策,此政策的提出既标志着我国社会主义市场经济建设和中国特色社会主义社会建设的探索步入了一个崭新的阶段,也反映了当前社会发展的重要理论和现实问题,表达了对人民群众的切实的关切。

(一) 严峻的社会问题是社会建设的背景

改革开放 30 多年来,我国经济获得了长足发展,人民群众生活获得巨大改善,但同时也出现了各种社会问题:社会分配出现两极化趋势;城乡和区域发展水平拉大;大量农村务工人员流向城市就业,

① 本章执笔人:李伟东。本文同时为北京市社会建设专项资金购买决策研究与信息咨询服务重点项目"十三五时期首都社会治理机制研究"(编号 SHJS2015)的阶段性成果。

但是在城市中的保障不足；资源环境进一步恶化等。景天魁指出，目前我国社会面临很多"基础性问题"，比如每年超过 2 亿多移民的存在，社会发展的区域和阶层差距等。这是我们进行社会建设的现实背景。另一个背景是，自改革开放以来，社会发展在公共服务领域的"欠债"。从国情来看，经济总量大，人均收入低是我们的基本国情。经济总量位居世界第二，人均收入却排在世界第 100 名以后。①

目前来看，这些问题的解决不能单纯依赖高速的经济增长自然完成，只有探索新的解决问题的思路才能化解发展中的难题，正是在此发展过程和背景下，中共中央提出要进行社会建设。

社会建设回答的就是人民群众在当前国情下对改善民生需要、发展社会事业的要求。在社会学研究中，孙本文在 1933 年曾创办过名为《社会建设》的杂志，并在 1935 年出版的《社会学原理》中界定了这一概念："依社会环境的需要与人民的愿望而从事的各种社会事业，谓之社会建设。"② 从基本立意来看，这个对社会建设的理解到今天仍有一定的借鉴意义。这个思路从当代学者对社会建设的理解中也可以看出来，比如郑杭生给出的社会建设定义包括正反两个论证逻辑："从正向说，所谓社会建设，就是要在社会领域不断建立和完善各种能够合理配置社会资源和社会机会的社会结构和社会机制，并相应地形成各种良性调节社会关系的社会组织和社会力量；从逆向说，社会建设就是根据社会矛盾、社会问题和社会风险的新表现、新特点和新趋势，不断创造和完善正确处理社会矛盾、社会问题和社会风险的新机制、新实体和新主体；通过这样的新机制、新实体和新主体，更好地弥合分歧，化解矛盾，控制冲突，降低风险，增加安全，增进团结，改善民生。"③（郑杭生，2007a，2007b，2008）

大量社会问题的存在为保持经济社会持续发展和社会稳定提出了

① 景天魁：《社会管理创新与福利社会建设》，《北京工业大学学报》2012 年第 1 期。

② 转引自郑杭生《社会建设和社会管理研究与中国社会学的使命》，《社会学研究》2011 年第 4 期。

③ 郑杭生：《社会建设和社会管理研究与中国社会学的使命》，《社会学研究》2011 年第 4 期。

重要挑战,为了保护改革开放的成果,确保我国经济建设继续平稳前进,此时提出社会建设问题既有现实必要性也有紧迫性。现实性在于人民群众需要与社会发展成果分配间矛盾突出;紧迫性在于各种基层社会冲突局面对社会稳定构成挑战。

总结起来,目前最主要的社会问题可以概括为以下几个方面:

社会差距大。这包括阶层差距、城乡差距、地区差距等。改革开放 30 多年来,因为保持着连续的 10% 左右的年增长速度,我国经济获得了长足的发展,国民总产值成倍增长,经济总量跃居世界第二,成为仅次于美国的世界大经济体。在如此可喜的发展成就之下,我们还要清醒地认识到社会发展的不足,其中最主要的表现就是逐渐拉大的社会差距。从阶层结构来看,根据中国社会科学院社会学所的研究成果,我国已经初步形成了 10 个社会阶层,各阶层之间的差距逐年拉大,表现就是近年来不断增长的基尼系数。城乡之间的差距也显著扩大,近年来随着农业税取消等惠农政策的实施,农民收入有所增加,但是除个别年份外,农民收入增加速度整体上仍然落后于经济发展速度,"三农"问题仍然很突出。尤其是随着大量农村人口离开农业,进入城市从事工业和服务业,导致农村成为妇女、儿童、老人留守之地,这不是长治久安之策。同时,随着改革开放以来东部沿海地区出口型工业的发展,我国经济水平的东、中、西部区域差距也逐渐扩大,造成经济发展水平地区结构性失衡问题。

基本保障不足。主要表现是养老保障水平、医疗保障水平等各种社会保障水平低下,尤其是农村社会保障亟须完善。改革开放前,在计划经济体制下,虽然国民总体收入不高,但是城市里市民有单位保障做依托,农村也有基本的五保政策、卫生所、养老院等基本社会福利设施,虽然保障水平较低,但因为当时呈现的整体社会差距不大,也就没有酝酿出严重的社会问题。改革开放以来,随着国有企业改革和农村社会体制的变迁等,我国计划经济时代原有的社会保障体系逐渐失去作用,而经济发展过程中,伴随着收入水平的提高和分配差距的扩大,以及面向市场的医疗改革、教育改革、住房改革等社会改革政策措施的实行,以效率优先原则指导之下的社会发展逐渐产生了分配和社会保障不公平问题，这成为底层弱势群体不满情绪的最重要来源，也是在基础制度层面上的主要缺失，直接后果就是目前社会问题丛生、社会冲突不断。

政府公共服务缺位。在改革计划经济体制的过程中，政府一方面逐渐退出直接的市场竞争，尽量适应规则制定者和纠纷裁判者的角色；另一方面却也因为专注于经济领域的改革发展成就，对公共服务供给角色体认不足，导致现代社会运作不可缺失的公共服务供应不足。具体表现有：缺乏有效组织的国民职业培训制度；缺乏养老设施；缺乏基础公共服务平台等。改革开放以来，政府完成经济角色转变，市场体制逐渐完善，但是政府的社会公共服务角色意识却未能同时建立，"管"社会的思维仍然存在，服务意识虽经多年呼唤和自我宣示，仍不能满足社会的需要。这也是经济多年高速发展之后社会问题堆积的一个体制根源。

（二）从社会建设入手探索解决社会问题的出路

大量社会问题的存在为摸索通过社会建设化解社会矛盾提出要求。

社会建设政策强调对民生问题的重视。从十六届四中全会提出社会建设问题开始，一直到十七大报告和十八大报告中，对就业、收入、社会保障、教育和医疗等关系到老百姓生活的重要社会领域，社会建设政策都提出了具体的目标，把切实改进民生提到了国家政策的高度，真正关注缓解社会矛盾、改善群众生活。

在学者的研究中，关于社会建设的目标有四种观点：改善民生、创新社会管理、建设合理社会结构和完善市场主体。① 改善民生仍被理解为此政策关注的中心所在。

在如何进行社会建设的问题上，学者们也提出了不同的模式。景天魁提出"底线公平"问题。在他看来，强调对基层群众生活的关注是社会建设的着眼点。还有的学者把社会建设看作中国现代社会体

① 陆学艺：《社会建设就是建设社会现代化》，《社会学研究》2011年第4期。

系形成的过程,并就此提出:"在最基本的意义上,(成熟的)现代社会体系应当包括四个基本系统:民主政治系统、市场经济系统、普惠福利系统、多元文化系统。"① 陆学艺认为社会建设就是建设社会现代化,他提出:"建设社会现代化是一个宏大复杂的系统工程,其发展将经历三个阶段:从改善民生事业、社会事业、加强创新社会管理做起为第一个阶段;着力推进社会体制改革,实现城乡一体化,理顺社会关系,形成一个与社会主义市场经济体制及现代经济结构相协调的合理、开放、包容的现代社会结构为第二个阶段;实现'民主法治、公平正义、诚信友爱、充满活力、安定有序,人与人和谐相处的社会主义和谐社会'的社会现代化为第三个阶段。"②

　　无论是政策表述中的改善民生、社会管理创新,还是学者们提出的"底线公平"、"普惠福利系统"、"社会现代化"等,普通百姓的需求都是社会建设重要的关注点。在目前的历史阶段,对普通百姓生活的改善能起到缓和社会矛盾、促进社会公平、扩大改革成果共享、增加民众凝聚力的作用。

　　目前,我国经济获得了长足的发展,经济总量高居世界第二,人均水平虽然还不高,但是在总量强大的前提下,人均水准也不断提高,社会整体处于中等收入国家水平。根据拉丁美洲等地的发展经验,有学者曾把此阶段总结为"中等收入陷阱",即社会矛盾复杂、社会冲突多发时期。③ 如果处理不好,社会有可能陷入发展停滞状态。

　　我国目前的发展现状也引起了一些学者的忧虑,近年有学者指出,如果不解决目前面临的收入分配、社会公平等问题,将出现社会崩溃的局面,导致社会不可治理。清华大学社会学系社会发展研究课题组提出:"就现实而言,我国社会建设的根本目标是制约权力、驾

　　①　赵孟营:《社会建设与建设现代社会体系》,《中国特色社会主义研究》2011 年第3 期。

　　②　陆学艺:《社会建设就是建设社会现代化》,《社会学研究》2011 年第4 期。

　　③　郑秉文:《"中等收入陷阱"与中国发展道路:基于国际经验教训的视角》,《中国人口科学》2011 年第2 期。

驭资本、遏止社会失序。目前，制约不断扩张的权力，驾驭恣意妄为的资本，遏止不断加剧的社会失序，已经成为我们必须认真对待的课题。因此，建设社会绝不是来自知识分子单纯的民主理想和道德追求，从根本上说，它是我国经济社会转型进程中提出的实践需求，是民众在面对不受规制的市场和无所顾忌的权力的侵犯时保护自己的唯一屏障。"①

学者们的担心并非空穴来风。近年来，全国各地发生的大量的群体性事件就是明显的标志，说明目前社会生活中各种矛盾和冲突积聚越来越多②，应该引起学界和政界更广泛的关注。而目前的这些社会矛盾，以利益冲突为主，集中在土地利益、房屋拆迁、工资收入等领域，随着利益冲突加剧，社会各群体的紧张和敌对情绪也在酝酿，矛盾的潜伏并不会自动解决，只能导致更剧烈的爆发，在冲突激化前及时探讨化解机制的手段，尽量避免大规模社会冲突，减少社会紧张的代价，是社会建设进程要解决的重要问题，也是其主要贡献所在。

总结起来，当前我国社会发展的特点可以概括为：矛盾多、利益冲突多、机会多和分歧多。矛盾的核心是利益分配问题。症结则在于多年积累的社会不公平，涉及就业、收入、教育、医疗等多个领域，表现是强势群体的赢家通吃，弱势群体的普遍利益受损。在这个社会矛盾比较集中的时期，通过社会建设对民生服务政策的强调，把政府部门集中的财政税收，以公共福利的形式反馈社会，保障底层群体基本福利供给，这样，以适当的再分配缩小事实上正逐渐扩大的收入差距③，能起到促进底层的不满情绪缓解的功效；同时通过社会建设，创造和提供给社会一定的自我组织空间和利益表达机会，提高其行动能力和自我保护能力，促进不同利益群体的博弈公平，对于缓和社会矛盾也有好处。

---

① 清华大学社会学系社会发展研究课题组：《走向社会重建之路》，《民主与科学》2010年第2期。

② 孙元明：《群体性事件新特征与基层维稳尺度拿捏》，《改革》2013年第5期。

③ 标志收入差距的基尼系数近年有不断扩大的趋势，虽然不同部门、不同学者给出的具体数字不尽一致，但是总体上估计都在0.45以上，达到了国际标准的警戒线。

　　一直有一种观点认为，对社会的管制不能放松，一旦放松将迎来矛盾的大爆发，对社会稳定构成威胁。这种维稳第一的观点受到政策方的力挺，但是不断有学者提出异议①。从社会学理论来说，社会由不同的利益群体组成，个体在各种社会博弈中既合作也竞争，所形成的社会稳定状态是一个动态的过程，并不是一个静态的结果。在任何时点社会都处于互动群体的相互作用之下，竞争和合作都存在，所以社会状态的可接受范围内的波动是客观现象，并非是反常表现。就维稳追求来说，强调绝对的稳定是唯心主义的表现，不符合马克思主义辩证看待事物的观点，也容易造成一种伪稳定的假象。只要通过健全机制的安排，使社会中客观存在的竞争和冲突保持在一定的边界和水平内，不至于产生结构性断裂，就是可以接受的。而且这种微型冲突和竞争的存在，还能起到排解社会不满情绪的"安全阀"作用，对于避免积累的矛盾导致能量强大、具有颠覆性破坏力的社会危机有正向功能。所以从社会学角度看，稳定虽然是可以追求的，但并不是绝对的，它更表现为一个动态的、相对的过程，这也是一定社会活力的表现。应该认识到，各种类型社会问题的产生都是社会生活必然的产物，因为社会中的各个个体因兴趣、情感、价值、利益等的不同，总会表现出一定的预期不协调，从而产生某种社会摩擦。正视此类现象的存在，通过社会利益协调机制的建设，通过社会群体良性互动，自然而然就能化解，并不一定要通过打压的方式消灭矛盾于无形。这好似人体的病症，俗话说人吃五谷杂粮，谁能无病？有生活常识的人都知道只要保持正常的饮食、生活规律，小病小灾反倒是保持身体健康的重要手段，否则一旦大病酿成，医治起来更加麻烦，对健康的伤害也更大。通过社会建设，一方面保障底层群众起码的社会福利，保证一定的生活水准，避免过于悬殊的社会差距，可以稳定弱势群体的不平之心，能起到一定的化解社会冲突的作用；同时以开放的形态对待一般性社会矛盾，积极促进弱势群体社会博弈能力建设，也能给社会

---

　　① 清华大学社会学系社会发展研究课题组：《走向社会重建之路》，《民主与科学》2010 年第 2 期。

以更大的自我完善空间，以卓有成效的利益表达和诉求满足增强弱势群体的信心，降低其对政府的依赖感和不满归因，减少社会矛盾，也能在社会不满情绪健康表达和发泄中，避免深重的结构性冲突出现。

（三）社会建设的进路和阶段性

但是，社会建设又不是可以一蹴而就的。目前是我国改革开放的攻坚期，市场经济体制完善，民主政治诉求、多元精神文化需要等各种社会要求都希望被满足，民生领域内，改善公共服务和社会管理创新需要也日益高涨。面对民众热切的期盼，更不能忙中出错，需要对改革和建设的步骤仔细斟酌。针对于此，已故著名社会学家陆学艺适时提出社会建设要分三个阶段[1]：

第一阶段：民生阶段。"即先从人民群众最关心、最现实、最紧迫要求解决的保障和改善民生事业、社会事业建设做起，着力解决好就业难、上学难、看病难、社保难、住房难、养老难等基本民生问题；并从加强和创新社会管理入手，解决影响社会和谐稳定的突出问题，化解社会矛盾，解决社会问题，加强源头治理，标本兼治，最大限度地防止和减少社会矛盾的产生，最大限度地增加社会和谐因素，促进社会公平正义。"

第二阶段：体制阶段。"要着力推进社会体制改革，创新社会政策，完善社会管理。推进新型的城镇化，破解城乡二元结构，逐步实现城乡一体化。拓宽社会流动渠道，培育和壮大中产阶层，构建一个合理、开放、包容的社会结构，使之与经济结构相协调。"

第三阶段：现代化阶段。"社会建设的目标就是实现社会现代化，实现'民主法治、公平正义、诚信友爱、充满活力、安定有序，人与人和谐相处的社会主义和谐社会'。"

汲取陆学艺先生社会建设分步走的思想，本文认为北京市的社会建设也要有计划、有步骤地实施，分清主要矛盾和次要矛盾，避免对各种社会需求和矛盾不分彼此，顾此失彼。

---

[1]　陆学艺：《社会建设就是建设社会现代化》，《社会学研究》2011 年第 4 期。

对于北京市来说,社会建设中民生问题虽然仍很迫切,但是鉴于经济社会发展已经达到的水平和近年来北京市社会建设的努力,北京市应该说已经到了把目光从具体民生领域抽离出来,关注更宏观的体制建设的阶段,争取在理顺体制方面做出更多有意义的探索,争取为全国社会建设政策的推行探路、领航。

就社会建设的具体实施主体而言,党中央的文件中规定社会建设的指导思想是"党委领导,政府负责,社会协调,群众参与"。从总的思路来看,突出党和政府在社会建设中的领导地位和主要责任是正确的,这是社会建设最终取得良好效果的重要组织保障。社会建设是一个社会自我完善的过程,中心和根本点在于提高社会的福利和组织化程度,从而既克服社会不公平,也保障社会的自我行动能力。对于提高福利来说,是政府责无旁贷的责任,只有政府通过适当的制度安排才能实现。对于提高社会的权能来说,政府也承担着重要的赋权和建立制度的责任,但是其主体却是社会自身。不能再把社会当作一个弱小的需要扶植的对象,通过这样的思路无法建设出一个能自我管理和自我完善的社会。只有最大限度地为社会松绑,通过赋权壮大其行动能力,通过减少管制来拓展其行动空间,让其在自我组织、自我管理中成长起来,找到、打通自我建设的道路,才是社会建设能够最终完成的保障,也是社会建设最终要追求的结果。

从根本上来说,当前社会问题的解决根本约束并不在社会领域本身,而是国家—资本—社会三者的关系出现偏差,只有调整了三者之间的关系,理顺社会发展的外部机制,才能够为社会问题的根本解决创造条件。从基础上看,问题的出路就在于改变总体化社会多年发展对社会发育的压制,同时改变市场化改革对社会福利的挤占,把属于社会的发展利益归还社会。

二　社会建设与福利社会

西方国家社会福利思想和制度的发展,为我国社会建设探索提供了参照。就社会建设加强民生与服务思想内涵而言,与福利思想有一定的共同之处，通过对西方福利思想的吸收和借鉴，对于探索适合中国社会的社会建设之路有重要的参考价值。

（一）西方国家福利思想和福利社会建设

学理上对福利思想的研究最初来自于福利经济学，其对福利的理解有个演进的过程。从古典经济学家亚当·斯密开始，出于对市场竞争性的强调，"看不见的手"被赋予神圣地位，但是随着福利思想的发展，公平分配问题也逐渐受到关注，补偿理论和社会福利函数理论相继对此进行了论述。萨缪尔森强调："社会福利是每一个社会成员个人福利的总和，是一个多元函数，社会福利与收入分配密切相关，即使生产和交换都满足最优条件，没有合理分配，社会福利也不可能达到最优状态。要使社会福利达到最大，经济效率是必要条件，合理分配是充分条件，社会无差异曲线与效用可能性曲线的切点就代表社会福利的最优值点。"[①]

在福利发展的过程中，平等问题、公平问题、效率问题都曾不断被纳入关注的视野。[②] 思想的发展也影响了制度建设和各国的福利实践。西方福利社会的建设实践经历了一个逐步启动、普及和完善的过程。20世纪30年代，在应对全球性的经济危机的过程中，美国开始了改善国民福利的尝试，这是福利国家建设的开始。第二次世界大战之后，福利国家建设逐渐被越来越多的资本主义国家认同，从而形成了一波福利建设的高潮，带动英国、北欧国家、加拿大、澳大利亚等世界多国开始注重国民福利供给。欧美的福利国家建设在全世界范围内提供了一个样板，缩小了各国分配收入差距，缓和了阶级和阶层矛盾，提高了社会的自组织能力，改善了大多数人的生活状况。

欧美福利国家的制度也不是同一的，经过几十年的发展，形成了不同的模式。学者们对此的认识也不一致。根据政府承担的福利责任

---

① 李玉山、田艳琴：《从福利经济学演进看中国经济社会发展与和谐社会建设》，《湖北经济学院学报》2005年第3期。

② ［英］艾伦·肯迪：《福利视角：思潮、意识形态及政策争论》，周薇等译，上海人民出版社2011年版，第4—6页。

大小和社会福利水准的高低，有学者把福利国家分为三种主要类型：典型自由主义模式、典型保守主义模式和典型社会主义模式。[①]

虽然各国福利保障水准不同，但是仍有一些共同的特点存在，比如多数国家都强调政府对于公民福利的责任。各国对政府责任的认定有不同的标准，但是在政府是责任主体这一点上，存在较多共识。多数国家都把提高公民福利作为政府施政的一个重要目标，尤其是在争取选民的过程中，成为最常使用的一个策略，以获得民众的支持。在实际政治运作过程中，改善公民的福利水准也多被作为重要的政治成败指标。

20世纪70年代石油危机导致福利国家出现困难，人们开始反省福利问题，其中以英国首相撒切尔夫人和美国总统里根的福利改革最著名，两者都采取新自由主义经济的思路，缩减福利供应，强调市场的分配调节功能，但是其他大多数福利国家并没有做出结构性改变，依然在保障民众福利供给上承担国家责任。福利国家中被讨论最多的是北欧国家的社会民主主义实践。这些国家以高税收、高福利著称，首先在本国之内实现了全社会的高水平福利保障。但是针对它们的批评也从来没有停止过。这种双高的制度安排最主要被诟病之处在于人们创造财富的热情被遏制：在高收入的累进税制下，越高的收入税率越高，上缴的税收越多，实际拿到手的收入受到影响，在这个意义上，高福利的副产品也很明显：人们愿意自己的努力停留在一个中等的水平上，从而既享受到福利的好处，也不过多地让渡自己应得的收入，从而导致个体的创造性受到影响，人们都不愿意成为做得最好的那个人。

在欧洲国家福利制度变革的过程中，福利主义的利弊不断地被讨论到，但是无论怎样权衡，目前还没有一个国家完全放弃政府对国民的福利责任。当然也不断有新的思想出现，著名的社会政策大师蒂特马斯把福利分成三种：福利剩余模式、能力—表现模式和制度性再分

[①]　［英］诺尔曼·金斯伯格：《福利分化：比较社会政策批判导论》，姚俊、张丽译，浙江大学出版社2010年版，第23—24页。

配模式①。传统社会主义强调福利的再分配功能和社会公平的手段作用，自由主义经济学家强调福利是最低保障作用。在蒂特马斯看来，福利是平等的手段，因为个人能力和经历的差异，一个社会很难做到对每个成员都平等对待，只有通过福利建设才能保障社会成员的平等水平。② 在世纪之交，英国学者吉登斯根据自己对福利国家的思考，提出重新复兴民主社会主义的主张，建议以福利社会代替过去福利国家的提法，从而最大限度地避免福利国家的负面、消极影响，发挥其对民众生活的积极功能。③ 他提出的第三条道路既不同于传统社会主义的家长式福利，也不同于英美一度实行的任由市场配置福利资源的自由主义思路，而是试图在左与右之间寻找新的平衡，其思想的主旨在于在解决右派主张的市场效率与左派主张的社会公平之间架设沟通的桥梁，通过对福利社会的强调，从新的高度继承两派思想的精华，搭建新的社会图景。

在欧洲国家福利社会建设的过程中，"好社会"的观念逐渐受到重视。④ 学者们对好社会的理论思辨为当今我国进行和谐社会建设提供了重要的参照。尤其是在我国经济建设取得举世瞩目成绩的情况下，探索经济社会协调发展就成为当下重大的理论问题。根据结构功能主义的观点，作为独立系统的经济和社会在整体社会框架中承担不同的整合功能，两者非但不能互相替代，彼此有不同的发展目标、手段和价值，而且还有相互影响和促进。在总的关系上，两者并不存在绝对的共振效应，一损俱损，一荣俱荣，而是各自独立发展。所以经济建设的成就不必然带来社会领域的繁荣，而社会领域的改革和建设

---

① ［英］蒂特马斯：《社会政策10讲》，江绍康译，吉林出版集团有限责任公司2011年版。

② 同上。

③ ［英］吉登斯：《第三条道路：社会民主主义思潮的复兴》，郑戈译，北京大学出版社2000年版，第115—121页。

④ 郑莉、仝雅莉编选：《和谐社会的探求：西方社会建设理论文选》，浙江大学出版社2010年版，第293—297页。

却对长期经济的发展和健康有重大的影响。[①] 有鉴于此,在发展经济的同时不忘记建设一个"好社会",是完善我国社会主义体制的重要任务和目标。

(二) 增加公共产品和服务的供给是政府的责任

在英国用语中,"福利国家"通常指这样的一种社会,即政府承认有确保所有的社会成员获得最低收入的责任,最大可能地在医疗保健、住房、教育和个人社会服务等方面提供援助,它主要通过一系列社会服务实施[②]。可见,确保社会成员的最低生活水准是政府的责任。同样,我国的福利社会建设路径也在于增加政府的公共产品供给。

学者指出:"现代社会中公民的福利需求分为三个层次:生存型福利需求、发展型福利需求、享受型福利需求。"[③] 在长期的面向市场的改革之后,我国公民福利供给出现了巨大的真空,即使是最基本的生存型福利需求也无法满足。长期的福利饥渴导致民心不稳,社会焦虑严重,普遍缺乏安全感,对于未来没有稳定的预期。当来自私人市场和家庭的资源配置不足以满足社会需求的时候,政府作为"看得见的手",为提高社会整体的福利,干预市场的资源配置就有了合法性,这是进行政府主导的社会建设的理论基础。

中央三令五申的社会建设重要内容都涉及民生问题,其实就是民众福利问题。教育、医疗、社会保障、就业、收入等在西方国家都是重要的福利项目,我国在 30 多年的改革开放过程中,经济管理体制强调放弃计划经济的传统做法,向市场经济过渡,以市场配置资源代替国家配置资源,在经济改革的思路上固然正确,也取得了长期发展的实效,但是在改革成果分配上,市场机制的不足也逐渐暴露出来。

---

① 郑莉、仝雅莉编选:《和谐社会的探求:西方社会建设理论文选》,浙江大学出版社 2010 年版,第 133—145 页。

② [英] 艾伦·肯迪:《福利视角:思潮、意识形态及政策争论》,周薇等译,上海人民出版社 2011 年版,第 4 页。

③ 赵孟营:《社会建设与建设现代社会体系》,《中国特色社会主义研究》2011 年第 3 期。

其中最主要的社会后果就是贫富差距拉大，社会分配不公凸显，民众不满情绪加深。因为长期执行市场化政策，医疗、住房、教育成为新的三座大山，给普通民众生活带来巨大压力，社会上因病返贫、教育致贫现象广泛存在，高企的房价挑战普通人一生的收入预期，成为城市生活无法承受之重。保障缺失导致一般群众不敢消费，国内消费水准长期低迷，内需低迷间接阻碍了经济的发展，从而为上文所说"社会领域的改革和建设却对长期经济的发展和健康有重大的影响"提供了生动的脚注。在这样的背景下，人民群众对社会福利的要求也就越来越强烈，对改革开放的理解也就出现不同的角度，其中对高度平等社会的呼唤、对改革开放前社会的美好回忆就是在这种情况下出现的。

首先要明确公共产品供给是政府的责任。改革开放以来的市场化探索打破了社会主义只能搞计划经济的意识形态栅锁，为中国的经济腾飞探索出了一条崭新的金光大道。无论是经济总量还是发展速度，中国都取得了举世瞩目的成就。在总体的繁荣之下，政府主导的经济体制改革也出现了若干不尽如人意的偏差，在社会管理方面公共服务的被忽视就是一个重要的例子。因为长期专注于经济增长，也因为受到"唯生产力论"、"GDP至上"等思想和行政考核体系的限制，强调发展经济成为政府的当务之急、头等大事，"发展是硬道理"成为应对一切批判的武器。如此积累的社会问题越来越多，因为公共产品和服务的缺乏导致的民间不满也逐渐堆积，成为影响社会和谐发展的不利因素。从理论上说，在成熟市场经济的条件下，政府对于发展经济没有根本的责任。无论是自由主义的自由放任还是凯恩斯主义的市场国家，都不赋予政府发展经济的责任；只有在计划经济条件下，政府对于经济成果才有完全的责任。经历了30多年的经济体制改革，我国已经建立起受世界多数国家承认的市场经济体制，政府由经济活动的运动员变成了制定和执行规则的裁判员，政府的根本责任也从参与经济活动转变为给经济发展创造条件，解释规则，解决纠纷。在一定意义上，此时的政府角色应该回归为保障社会总体的福利。这既是市场经济的真谛，也是现代政府的宗旨。就此而言，维护社会秩序、提供服务全体社会成员的公共产品才是政府真正的职责所在。

　　政府提供的公共产品既包括国防安全、社会秩序、道路交通等普遍性的产品，也包括教育、医疗、社会保障、就业等有一定需求差别的产品及服务。在现代社会条件下，无论是西方的福利主义国家，还是一般的市场经济国家，虽然对政府主导的社会资源再分配有不同的制度安排，但是基本共识是存在的，那就是：如果仅仅依靠市场，无法确保社会资源公平、合理分配。第二次世界大战之后，凯恩斯主义兴起带给全世界的新启示就在于在坚持市场经济的条件下，充分发挥政府的作用，以最大限度地追求社会公平、降低社会不平等。所以，由政府以某种福利形式对社会资源分配进行干预几乎是各国通行的二次分配机制，差别只在于分配的资源多寡、人群的边界确定标准、纳入分配领域的福利数量。可以说，在公共产品供给领域通过政府之手改善民众福利，减少社会不公平是现代社会治理的重要特色。

　　我国曾经有过极其强调社会平等的发展时期，全社会贫富差距不大，对社会公平满意度很高。但是近年来，衡量社会平等的基尼系数一直在 0.5 附近，达到或接近世界公认的警戒线，说明我国社会阶层差距较大；尤其是在城乡之间，城乡居民平均收入差距长期保持在 3 倍左右，形成了边界明显的二元世界，有学者称之为"断裂"。[①] 在这种情况下，强调政府提供公共产品的责任，以普遍性的福利供给来达成二次分配的目的，尽可能消解社会不平等，降低社会不满，就不仅具有促进政府职能转变、助力社会建设的政策意义，而且具有保持社会稳定、维护阶层团结、消弭社会裂痕的深远社会和政治含义。

　　公共服务是社会生活品质的保障。完善公共服务是提高公共产品供应质量的必由之路。

（三）福利社会建设的功能和路径

　　对于福利社会建设的社会功能，不同的学者有不同的认识。有的学者提出福利社会建设有三个基础的社会功能：提高穷人对贫富差距

---

① 孙立平:《断裂》,社会科学文献出版社 2003 年版,第 1—19 页。

的容忍度；激发富人的社会责任感；转变政府职能，增强执政的合法性。① 类似的三功能说也有不同的表述："普惠福利系统的运行发挥三个基本功能：保护功能、调和功能、促进功能。保护功能，就是指普惠福利系统要为那些面临无法抵御的自然风险和社会风险的公民，提供必要的物质帮助和社会服务，使他们能够应对风险，获得生存机会。调和功能就是普惠福利系统通过税收、社会保险、社会救济等方式，调节收入差距，在兼顾公平与效率的基础上，保障全体公民共享社会进步的成果。促进功能是指普惠福利系统要通过对劳动者的劳动自由和职业成就机会的充分保障来激发社会的创造性和活力，要通过各种生活保障使公民摆脱对私人关系的依赖而成为社会的公民。"②

概括起来，福利社会建设对社会各个阶层有不同的作用，是个能够惠及各阶层的普惠政策：保障功能、调和功能、转型功能和教育功能。

保障功能：对于社会底层，通过福利社会建设能够提高其生活水准，使其不至于沦落到无法生存之地，既体现了一定的社会关心，也能降低社会不满，减轻社会敌意，此其保障功能。尤其对于高龄老年人、残疾人群体、因病致贫群体等，福利社会建设的保障功能尤其明显，做好这项工作是社会主义社会优越性的重要保证。

调和功能：弥合社会差距，调和社会矛盾，促进群体和阶层和谐。对于富裕阶层来说，通过政府的税收安排，其一部分收入被转移支付给底层社会成员，起到收入调节的作用，同时也提高了富裕阶层的社会责任感，增强其对社会整合的参与意识。

转型功能：通过适度福利安排，既克服高度计划弊病，也扭转过度市场的极端，促进社会转型，建立现代社会体系。长期的计划经济强调无差别的绝对主义平等安排，改革开放以来的市场经济探索专注于经济成长，无论是企业还是政府都忽视了自己的社会责任，通过一定的福利社会建设步骤，唤醒政府和企业的社会责任意识，促进公私

---

① 景天魁：《社会管理创新与福利社会建设》，《北京工业大学学报》2012 年第 1 期。
② 赵孟营：《社会建设与建设现代社会体系》，《中国特色社会主义研究》2011 年第 3 期。

部门向现代社会体系角色转型。

教育功能:现代福利社会建设强调政府责任的同时也要求福利申请人担当相应的责任,即所谓"工作救济",只有在以一定的工作回报的情况下,有一定能力的福利申请者才会被接受,从而避免了过去福利国家"养懒汉"的制度弊端,最大限度地调动每个社会成员的参与积极性,发挥自身潜力,追求自身福祉。通过深思熟虑的体制设置,既满足了底层群众的福利需求,也避免了资源的无效浪费,救济与教育并重,外部因素与内部因素共同协作,一起达到改善民众福利的社会目的。

福利社会建设可以为社会管理创新提供坚实的物质基础,成为社会建设和社会管理创新的基础和平台。从这个意义上说,福利社会建设不是一个独立的过程,它与社会管理的其他领域有着复杂的联系。解决现存的社会问题需要提高底层民众的福利供给,这是一个方面;另一方面,解决现实问题只是社会建设的一个起点,从此开始进行新的管理创新才是福利社会建设要真正达到的目的。由此推论,要进行成功的社会建设,福利社会建设是一个合适的起点。

借鉴西方发达国家的经验,选择福利社会的建设路径时,不宜面面俱到,形成一个无所不包的福利体系。目前,中国无论是医疗、养老和社会保障,都已经有了基本的制度基础,做到了所谓的"应保尽保"。在这种情况下,首要的问题不是提高福利水平,而是在福利分配原则上做一些探索。当前,中国的福利社会建设以福利享有人的身份做区分,大体形成了三个体系:一个是农村人口的福利体系;一个是城镇居民的福利体系;一个是城镇国有企事业单位职工的福利体系。这三个体系在保障项目和保障水平上有一定的差异,目前要探索的是如何在现有的广覆盖的前提下,尽量缩小不同身份群体的福利差距。

福利社会建设另一个可以立竿见影的思路是着力研究探索特殊人群的需要,比如老年群体的社会需要。第六次人口普查时全国 60 岁以上的老年人口已经达到 1.78 亿,像北京这样的发达城市,60 岁以上的老龄人口已经达到 286.6 万,占 13.8%,65 岁以上的老龄人口也达到 190.4 万，占 9.2%，成为名副其实的老龄化社会。我国几十年来一直执行严格的计划生育政策，目前形成的家庭结构是"421"，即四个老人一对夫妇一个孩子，家庭养老压力极大。社会养老资源严重不足，经费、场地设施、人才等都严重短缺。可以说，进入一个老龄化社会，无论是物质层面还是精神层面我们都没有准备好，可是一切已经发生了。在未富先老的社会形势下，如何以有限的社会资源保障老龄群体的生活质量是一个严峻的问题。这也是对福利社会建设的考验。

另一个福利社会建设可以一展身手的领域是残疾人照顾。除了常规的身体残疾外，各类精神残疾也引起社会的关注。在前现代社会，残疾人可以依托大家族、兄弟姐妹等传统的血缘关系群体获得适当的照顾，在福利制度健全的社会也可以享受到社会照顾的温暖。我国现阶段情况与此不同。上文提到了新家庭结构的问题，在这样的家庭结构下很难保证残疾人得到高质量的生活。同时随着几十年市场经济改革，原有的社会福利基础如工作单位的劳保等都在追求经济效益的旗帜下功能停滞，无法满足社会的需要。而时代却在进步，社会文明程度越来越高，残疾人的权利也受到越来越多的重视。在这样的社会风气下，人们对残疾人的社会照顾预期也较高，这就需要更多的社会资源进入这个领域，进行残疾人照顾的福利社会建设实验。

三 社会建设与市民社会

（一）社会建设需要人民参与以凝聚社会资本

如果说增加福利供给是国家对社会让渡经济利益的过程，那么市民社会建设则是一个对社会赋权的过程：开放社会自我管理、自我约束的权能。现代社会是一个高度组织起来的社会，也是一个有着高度行动能力的社会。传统上国家对社会的动员与支配关系是国家—社会关系的主导模式，尤其是在东方社会，更具有相当的悠久历史和实践传统。这个悠久传统不但影响到现实的政治—社会实践，也影响到人们对国家—社会关系的认知，成为一个具有高度统治力的行动—认知范式。但是随着开放市场的建立，社会相对于国家的自主性逐步提高，其展开独立行动的愿望也越来越强烈，集中体现就是自 20 世纪 80 年代以来席卷世界的志愿活动运动，这成为认识国家与社会关系的新参考体系。就中国社会的发展来说，后奥运会时代，志愿活动虽然没能遍地开花，但也不仅仅是一块仅供赏玩的"他山之石"，人们认识社会的角度已悄然发生变化。

就根本而言，社会建设的过程是建立和完善现代社会体系的过程。从东西方社会发展的历史经验来看，现代社会体系建设过程有一定的步骤和规范，有一些关键环节是无法超越的，"建设现代社会体系必须完成三个核心进程：重建社会资本，培育市民社会，建设有限政府"[①]。这一过程涉及的主要是协调国家与社会的关系，简单地说就是控制政府的专断权力，赋予民间社会以参与的地位和权能。

社会建设、民众参与的关键是培育社会资本。就概念来说，因为强调的角度不同，界定的重点不一样，对社会资本的理解也不同。皮埃尔·布迪厄强调社会资本是"真实或虚拟的社会资源的总和"。亚历山德罗·波茨认为："社会资本指的是处在网络或更广泛的社会结构中的个人动员稀有资源的能力。"布坎南强调社会资本表现的是社会组织的特征，如信任、规范和网络[②]。从社会建设的角度来说，着眼点在社会整体，关心的是作为组织形态的社会表现出的特征，而不是个人的资源动员能力。有鉴于此，有学者把社会建设重建的社会资本概括为"重建信任关系、重建社会协调的共识性规范、重建公民的社会网络三大相互关联的部分"[③]。

大幅度提高社会资本是社会参与的基础，也是社会建设成就的重要标志。一个无法互相信任、没有共识也没有参与渠道的社会，社会资本自然无从谈起，社会建设"成果"也就不值得估量。因为在这

---

① 赵孟营:《社会建设与建设现代社会体系》,《中国特色社会主义研究》2011 年第 3 期。

② 杨雪冬:《社会资本:对一种新解释范式的探索》,载李慧斌、杨雪冬主编《社会资本与社会发展》,社会科学文献出版社 2000 年版,第 32—33 页。

③ 赵孟营:《社会建设与建设现代社会体系》,《中国特色社会主义研究》2011 年第 3 期。

样的社会生态下，每个人都只有自己的利益，都只能按照某种独立的规则各行其是，乐观者认为这样的社会一时还不会出现，有学者比较悲观，指出目前离这样的社会已经不远，即将出现"社会溃败"①。所以就社会建设向社会赋权这个角度来说，培育社会资本是重要的目的。

仅就社会资本的三要件——社会信任、社会共识和社会网络三个部分而言，社会信任是基础内容，是培育社会资本的起点。重建社会的信任结构是社会建设的当务之急。社会的信任结构可以区分为几个层次，首先是培育官民互信，其次是社会群体互信，最后是个体层面的互信。从目前的社会现实来看，社会信任结构的缺失在各个层面都有表现。在官民层面上，最近几年群体性事件的发生、处理和应对，在一定程度上可以看出在政府与民众之间，信任关系比较脆弱，彼此都缺乏对对方的信赖。从政府来说，造成这种状况的原因值得反思。于建嵘指出，目前群体事件迭起主要的原因在于官民之间无法达成互信。此外，群体互信也不易达成，最近几年不断见诸媒体报道的农民工讨薪问题就是群体间信任缺失的铁证，劳动报酬都不能兑现，何谈信任？个体层面上，各地屡见报道的交通事故见死不救现象，正可说明当前人际之间互信缺失。

社会建设还要凝聚社会共识。目前，社会共识缺乏。从宏观方面来说，全社会思潮存在着左右之争，对改革的道路有不同的认识。中观层面，不同群体利益要求不一致，也难以达成共识，比如城乡之间，因为受到各自发展水平和利益诉求掣肘，谈论发展道路选择时共识就不易达成。从微观方面来说，在市场经济的条件下，不同群体的价值观也出现差异，彼此虽然不至于因价值碰撞产生冲突，但是分歧也不容忽视，比如后现代的消费观念、家庭观念、性观念，都与中华文化传统价值观有别，谋求不同群体在此类问题上达成观念共识难度不小。

---

① 孙立平：《中国社会正在加速走向溃败》，人民网四川视窗：http://sc.people.com.cn/news/HTML/2011/2/16/20110216113747.htm。

社会建设还要拓宽公民参与的社会网络。目前的现状是市民社会参与的机会不多,能够引导社会参与的网络比较狭窄,参与成本较高。虽然经过 2008 年奥运会之后志愿者运动由起步到发展,经历了从无到有的过程,但是志愿精神并没有真正在社会现实里扎根,人际之间缺乏友爱与信任,社会制度安排上也没真正为志愿服务广泛开展提供渠道。比如,志愿时间积累问题、志愿者组织问题都没能真正解决,这束缚了公民参与的选择面。

社会建设就其根本而言,应该是一个"自组织"而非"他组织"的过程。① 通过社会建设完成社会资本的重建需要社会自身的努力,如果只依靠政府对社会的指导,社会资本的积累无疑还需要更多的时日。另外,政府完成社会建设的政策目标也需要人民的参与,借参与建设的机会,社会在参与中互动,在参与中凝聚。只有通过社会自身的行动,在行动中建立信任、找寻共识,建构网络,社会资本才能最终积聚起来,社会的力量也才能最终壮大,社会建设也才算完成。

社会要行动起来路线选择很多,最重要的选项是市民社会。

(二) 市民社会的发育是逐渐成长的社会进步过程

根据戈登·怀特的界定,"公民社会是国家和家庭之间的一个中介性的社团领域,这一领域由同国家相分离的组织所占据,这些组织在同国家的关系上享有自主权并由社会成员自愿地结合而形成以保护或增进他们的利益或价值"②。一般而言,市民社会又被称作第三部门,是指其相对于作为公权力部门的政府和作为私人部门的经济部门而言的状态;还被称作公共领域,指向社会组织和公民开放的公共事务领域。

市民社会成长的过程也就是社会自身不断完善的过程。

20 世纪初,市民社会运动发轫于在美国开始的进步运动。

---

① 清华大学社会学系社会发展研究课题组:《走向社会重建之路》,《民主与科学》2010 年第 2 期。

② [英]戈登·怀特:《公民社会、民主化和发展:廓清分析的范围》,何增科译,载何增科主编《公民社会与第三部门》,社会科学文献出版社 2000 年版,第 64 页。

1900—1917 年，面对垄断资本主义的发展和社会不公平日益严重的现实，美国经历了一场社会进步运动（progressive movement）。历史学家认为："在性质上，进步运动是以中产阶级为主体、有社会各阶层参与的资产阶级改革运动，目的在于消除美国从'自由'资本主义过渡到垄断资本主义所引起的种种社会弊端，重建社会价值体系和经济秩序。在内容上，进步运动同时在联邦、州和市三级展开，从政治上的争取妇女选举权、市政改革到经济领域的反托拉斯运动，从救济穷人和改善工人待遇的社会正义运动到自然资源保护，囊括社会生活的各个方面，影响深远。"①

市民社会在第二次世界大战之后获得了长足的发展。尤其是 20 世纪 60 年代开始的一系列社会运动：人权运动、女权运动等，西方世界的社会面貌大为改观，由资本和政治主导的局面一去不复返，各类成长起来的社会组织使得整体社会活力大增，成为左右社会发展道路的重要力量。20 世纪 80 年代开始，又一波公民结社运动风起云涌，被称为结社时代到来。在环境、福利等领域，社会获得越来越多的发言权，市民社会成为左右相关政策的重要力量。

中国国内经过几十年改革开放，民间社会也逐步复苏、发育，在重要的国内国际场合也留下自己的身影。如 1995 年在北京召开的世界妇女大会、2008 年召开的北京奥运会上，中国民间组织充分向世界展示了自己在公共事务中的能力，显示了中国妇女和青年的力量与精神面貌，获得了世界的尊重。在北京召开的非洲论坛、在丹麦首都哥本哈根召开的世界环境大会上，作为公共事务的重要参与力量，中国的民间组织更以理性务实的精神，在国际事务的舞台一展身手。在这些国际和国内事务的关键场合，作为中国公民力量的代表，相关的妇女组织、青年组织和环保组织的言论、活动都给世界留下深刻印象，也为中国市民社会的培育提供了榜样。

培育市民社会的进程应当包括三个层面：培养公民意识和确保公

① 参见百度百科 http：//baike. baidu. com/link？ url＝jSMU_ pVocmq6vpygWQHuUV KFnoK7egXMbXz45wAymZwWHAjlmWYflRQ1hlH10uXhiMlpfnA8Z－jD50GHR6QZBK。

民身份；培育社会组织；推进社区建设。①

从公民意识来说，目前中国的市民社会还处在起步阶段。标志公民意识水平的言论空间仍然狭窄，传统出版物发行困难，现代传媒手段虽然丰富，但是因为各类信息芜杂，真正体现公民意识和精神的言论夹杂在众生喧哗中，社会效果有限。此外，社会公共事务的参与空间也不广阔。一个原因是总体社会环境和风气限制。如最近出现的"小悦悦事件"等，虽然社会舆论对不当行为有所谴责，但是人心冷漠和制度缺失却是不容置疑的现象。由此观之，很难说现在中国的公民意识水平很高。

公民组织更是相当缺乏。长期以来，因为受注册登记制度安排的影响，我国社会组织登记难问题一直无法解决。虽经广州地区试水，放低部分公益类型社会组织登记门槛，但是却无法推进到全国。北京市尝试以枢纽型组织方式为申请登记注册的社会组织寻找主管部门降低难度，政策设计初衷虽然可贵，但是在实际操作中并没有出现大量社会组织涌现的情况，可见各种隐性的限制依然存在。即便是最近阶段号称开放公益、福利、服务类社会组织登记，也没有明显增加登记社会组织的数量。

公民活动相对较少。市民社会活跃的舞台在基层。如今虽然城市社区随处可见各种中老年自娱自乐的集体游艺活动，但是这多属于自我娱乐性质，与真正的公民公共事务尚存在差距。对于基层公共事务，如环境保护等问题，最近几年越来越引起了普通公民的关注，但是因为在参与途径上缺乏正式的制度安排，往往会出现某种行动方式如集会议事、表达意见不符合相关规定的情况。倒是在某些有关财产权的维权领域，能见到公民集体行动的情况发生，但是多属于有违法违规嫌疑的行动类型，不足以效法和推广。

所以从目前的情况来看，吸收西方社会发展的经验和我国近年来民间组织活动的有益启示，把社会建设当作一场社会进步运动来做仍

① 赵孟营：《社会建设与建设现代社会体系》，《中国特色社会主义研究》2011年第3期。

然任重道远。完善的公民参与公共事务模式既需要公民的参与热情、有序组织，也需要规范的参与形式、理性的议题选择，前者离不开公民自主成长，后者则需要政府部门放下管理者的身段，积极探索与社会互动的模式，通过与社会的协商来寻找共识，在社会的支持下实现政令畅通。目前要做的功课很多，当务之急在于放弃敌情意识，认清目前的社会问题大都属于人民内部矛盾领域，人民的要求无论合理与否，都有表达的权利和自由，而政府的义务则在于仔细倾听、积极应对。如果不放弃"城管式"执法，那么人民的不满就无处排解，意见无法表达，则怨气必深，为害也必烈。

缓解民间的不满没有别的办法，只有逐渐以行动来疏解一途。而最好的行动方式是让民众参与到社会管理中来，通过社会建设，开放管理，使百姓知道其间的难处，体会其间的苦衷，自然也就理解其间的无奈。具体操作无外乎以下几点：

首先是培育公民意识。在公共事务管理中多吸纳社会的意见，在民众意见表达中培育其参与意识，也逐渐示范公共事务的议事规矩。

其次是开放公民组织。目前的民间组织登记管理办法弊端明显，经多方呼吁多年仍未见改观，是时候该完善相关立法、鼓励社会自我组织、自我管理了。以政府之力应对千家万户越来越多样化的需求势难周全。以社会之余力自我管理，政府负责定规矩、督效果，国力轻省而民心顺畅，何乐而不为？

最后是鼓励公民行动。只要边界清晰、规矩明确，政府不必事事紧跟在后，社会自然有理性和良知自我管理和行动。圈养既久，奔跃艰难；长期在政府的羽翼下生活，社会欲求自理也难，何谈自立？

（三）公民参与是完善社会管理的必要补充

社会建设的最终目标是建设一个和谐社会。和谐社会离不开管理与服务。在社会管理领域，过去的实践强调的是"管理"：国家对社会的支配关系。在社会建设过程中，随着社会需求的变化和社会管理理念创新，服务意识逐渐成为社会管理的核心关注。不仅民众有服务需求，政府对于改善自身的工作，增加服务内容，增强服务意识也有相当的自觉。

　　现代社会管理与服务的关系越来越模糊，寓管理于服务是现代政府公共行政的重要创新，也是现代社会体系建设的主要成就。中国社会在大一统王朝统治下的历史悠久，对政府与民间的角色和功能定位长期以来形成稳定的民族共识，从好的方面来看，这有利于保持政令畅通、社会稳定，从另一角度来看，则比较容易困于单纯行政管理的窘局，无法突破为现代社会中国家与公民的关系体系。从长远来看，国家和社会的现代化必然也影响到包括政府治理方式在内的整个社会体系的现代化。从这点来说，通过社会建设探索政府治理与民众参与的新的关系格局，对于中华民族形成新的政治与社会文明来说，功莫大焉；对于自鸦片战争以来各代先贤致力探索的现代社会建设，也会有良好的促进作用。

　　现代社会体系的完善是一个渐进的过程。从学理而言，通过近百年现代国家的建设，并且借鉴各国社会发展的经验，在一般社会关系上，传统社会官治民享的做法逐渐被各种社会参与取代，社会生活的创造和维护不再仅仅出于政府的行政意志，民间的主动性也得到相当的张扬。公众参与包括社会管理事务在内的一般公共事务，成为各国普遍采取的做法，对于完善行政体制、提高管理效率和质量都有相当的助益。这是发展经验的总结，也是目前在讨论社会建设时可以直接借鉴的思想与实践的结晶。

　　现代社会管理处于风险管理的时代。市场经济条件下社会生活复杂程度远超从前，技术进步也使得各种利益表达很容易找到同声相应的感觉，社会生活的丰富带来的是潜在的冲突酝酿的土壤丰厚，各种社会问题和风险无处不在。社会管理本意在于消弭社会冲突，解决社会问题，但是在社会条件复杂、社会矛盾交错的情况下，管理风险也随之加大。

　　从日常管理的角度看，行政作为既要避免无的放矢，也要避免消极后果，以免造成不必要的社会风险。尤其是在社会心态比较不稳定的时期，不主动引起不必要的麻烦是明智的选择。目前，中国的国民社会心态属于比较敏感时期，社会秩序比较脆弱，集中表现在各种群体或个体冲突频发，整个社会生活的伦理底线频频失守，如此的社会条件下管理工作既要求有作为，也要确保避免不必要的社会风险。在复杂的社会情境下，社会风险各种各样，既有行政不作为风险，如怠于履职引起群众义愤，也有过度行政的风险，如城管的很多清理行动，往往引发官民冲突；而且风险多以群体冲突的形式发生，往往造成恶劣的社会影响；随着社会经济的发展，环境承载力越来越脆弱，各种环境风险也到了频频爆发的时期，造成的社会危害很大。这是目前社会管理面临的客观现实，同时也是提出社会建设的背景。

各类社会管理风险的存在是客观现象，在健康的社会形态下规避这些风险的最佳策略是提前预警、客观评估、积极应对、科学避险。从风险管理的角度来看，风险预警的核心是风险识别。社会风险因为与人类行为息息相关，具有极强的非预见性，导致很多社会管理风险几乎处于不可测状况。其表现形态是多来源、多发生地，发生偶然，预警难度很大。如果仅以政府的信息渠道和资源投入追求对社会管理的风险准确预测，以政府的人力、物力几乎无法承担。但是社会管理的风险又不是完全无法识别、评估，积极的方法是动员社会成员的参与，民众的参与是社会管理风险预警与评估的重要支持。因为只有动员起来的群众才最能够做到对社会管理基层风险准确及时把握，快速评价，及时预警。这个无所不在的人民"海洋"超过任何现代技术，是真正衡量社会管理效果的试金石、展现民间心态的晴雨表。

完善社会风险管理需要人民群众的参与。长期以来，在片面行政和社会管理观念的作用下，对于社会管理的主体认识一直存在片面化倾向，往往只强调政府的责任，最多强调民众的协同责任，而忽视同样作为行动主体的社会的直接参与责任和权利。这样的忽视不仅对形成正确的社会认识带来障碍，在管理实践中也造成极大的资源浪费。在现代管理理念下，管理行为的相对人参与不但是广被采用的管理策略，在实际的管理实践中也往往取得事半功倍的效果，道理很简单：这样做既节省了管理方的人力，也调动了相对人的热情，变被动管理为主动参与，其社会效果自然与单方治理不同。从管理现代化的角度看，对传统管理理论和管理主体的突破势在必行，也符合现代社会治理民主参与的世界风潮。

按照中央的部署,社会建设关系国计民生,完善社会管理是社会建设的必要手段。为完成现代社会管理转型,无论是日常管理、特殊人群管理,还是特大城市管理、环境管理、食品安全管理及社会安全管理,都依赖广大民众充分参与。社会建设依赖社会管理,但不仅仅是政府单方面的传统行政和社会管理,它需要动员社会参与,形成政府与民间在社会生活领域的协同共治。只有动员起人民群众的参与,在社会管理过程中形成共治的局面,才能够保障人民群众的需求和愿景被政策吸纳,也才能保证政府的各项政令真正落到人民群众具体生活的实处。

总而言之,社会管理创新的出路在于调动民众的参与,完善社会建设。

四　北京社会建设概述

北京的社会建设一直走在全国前列。自 2007 年在全国率先成立了首家社会建设工作机构——北京市委社会工作委员会和北京市社会建设工作领导小组办公室以来,每年召开一个大会,每年出台一系列文件,每年推出一系列重要举措,不断推动社会建设、改革、治理迈上新台阶。2008 年,召开全市社会建设大会,出台"1＋4"文件;2009 年,召开全市志愿者工作大会;2010 年,召开全市社会服务管理创新推进大会;2011 年,召开市委十届九次全会,市政府发布《北京市"十二五"时期社会建设规划纲要》;2012 年,召开全市网格化社会服务管理体系建设推进大会;2013 年,围绕深化社会体制改革、社会服务管理精细化出台文件、召开大会、推动工作。

过去的五年,抓顶层设计、抓综合协调、抓基层基础工作,北京社会建设的成效有目共睹。作为一个社会进步的持续过程,新时期北京的社会建设应该站在一个较高的起点上寻求新的突破,抓住社会管理中的难点和重中之重——人口管理,将可以起到纲举目张的效果。

北京社会管理创新的基础是从社会建设的顶层设计出发,在夯实基础的同时，在体制机制、治理结构上实现新的突破。①

（一）顶层设计高屋建瓴

北京社会建设的顶层设计由"一个平台、两个支撑"的工作体制，"五个更加、一个全覆盖"的工作体系，"1＋4＋X"的政策体系和"城市网格化、农村社区化"的工作格局构成，经过将近四年的努力，形成了一个政策体系框架。

"一个平台、两个支撑"的工作体制："一个平台"是指北京市社会建设工作领导小组办公室，负责整合党政部门的力量和资源，协调解决社会建设面临的横向问题；"两个支撑"是指市社工委、社会办作为党委和政府的部门，起牵头、领头的作用，市、区（县）建立相应机构，解决社会建设遇到的纵向问题。北京社会建设"一个平台、两个支撑"的体制机制，有利于抓重点、抓协调、抓落实，凸显党政齐抓共管的制度优势。

"五个更加、一个全覆盖"的工作体系：构建以完善社会服务为重点、以创新社会管理为核心、以动员社会参与为基础、以优化社会环境为保障、以构建社会和谐为目标、以社会领域党建为龙头的"六大体系"，使社会服务更加完善，社会管理更加科学，社会动员更加广泛，社会环境更加文明，社会关系更加和谐，社会领域党建全覆盖。

"1＋4＋X"的政策体系：着眼于构建具有时代特征、中国特色、首都特点的社会建设科学体系，从2009年开始，北京市相继制定出台若干社会建设的政策规定。"1"是指核心文件《北京市加强社会建设实施纲要》；"4"是指《中共北京市委关于进一步加强和改进社会领域党建工作的意见》《关于加快推进社会组织改革与发展的意见》《北京市社区管理办法（试行）》《北京市社区工作者管理办法（试行）》等一系列配套文件；"X"是指2011年以后出台的若干文

---

① 宋贵伦：《北京实践与中国特色——关于社会建设、改革、治理的几点思考》，2013年4月13日在北京国际饭店举办的首届"中国社会建设论坛"暨社会建设与社会治理研究中心成立仪式上发言的PPT。

件，包括《北京市社会服务管理创新行动方案》《中共北京市委关于加强和创新社会管理全面推进社会建设的意见》《北京市"十二五"时期社会建设规划纲要》，以及一系列涉及"六大体系"建设的实施方案、通知和实施意见，等等。

"城市网格化、农村社区化"的工作格局：是指借鉴城市管理的经验，在城市社区根据属地管理、地理布局、现状管理等原则，将管辖地域划分成若干网格状的单元，并对每一网格实施动态、全方位管理。政府通过这一系统整合政务资源，为辖区内的居民提供主动、高效、有针对性的服务，从而提高公共管理、综合服务的效率。在农村社区则是把城市社区服务管理理念推广到城乡结合部和流动人口较多的村庄，通过加强和创新村庄社会服务管理，进一步提升村庄城市化程度和社区化服务管理水平。其主要内容包括：加强党的领导，推进村民自治；加强基础建设，完善配套设施；整合资源力量，提升服务管理；实施综合治理，实现动态防控；等等。

（二）夯实基础卓有成效

以社会领域党建为龙头，通过夯实社区、社会组织两个基础，建设社工、志愿者两支队伍，推动政府、社会、市场三维互动，实现社会领域党建、社会服务管理两个覆盖，北京的社会建设实现了顶层设计与夯实基础的有效对接。

1. "三个全覆盖"构建社会领域党建新格局

通过对各类人群服务管理全覆盖、"枢纽型"社会组织工作体系全覆盖、社会领域党建全覆盖，北京社会领域党建"纵向到底、横向到边"的工作网络基本形成（见图1）。

2. "四步走战略"促推城乡社区服务管理一体化

北京社区服务管理"四步走战略"，即通过"社区规范化"、"1060工程"、"一刻钟社区服务圈"和"网格化社会服务管理"，逐步实现社区服务管理城乡一体、全面覆盖。

2008年启动社区规范化建设试点。通过开展"有人管事、有钱办事、有场所议事，推进城市基层党建区域化建设"的"三有一化"

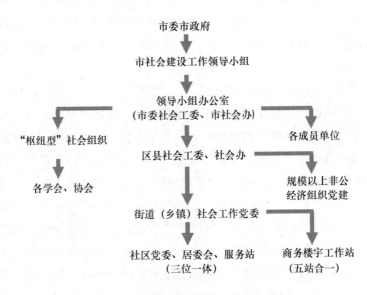

图 1　北京社会领域党建体系示意图

活动，为加强社区服务打下了坚实的基础。

2009 年启动"1060 工程"。梳理出全市当前居民群众最关心、最急需的社区就业服务、社区社会保障服务、社区社会救助服务等 10 大类 60 项社区基本公共服务项目，与居民需求一一"对表"。按照"缺什么补什么"的原则，集合全市 30 多个委、办、局的资源，全面推进居家养老、托幼早教、家庭医生、安全保障、文体活动等 60 项政府基本公共服务，年底实现对全市 2000 个社区的基本公共服务全覆盖。

2010 年打造"一刻钟社区服务圈"。自 2010 年起，市政府已连续三年把"一刻钟社区服务圈"建设纳入为民办实事项目，让居民在步行 15 分钟内享受到快捷便利的基本生活服务，实现"小需求不出社区，大需求不远离社区"的目标。截至 2011 年底，全市已建成 409 个示范点，共涉及 160 多个街道（地区、镇），覆盖 575 个社区，620 万社区居民享受便利。

2011 年启动网格化社会服务管理试点。社区网格建设可以有效解决社区管理不够深入、不够细致的问题。通过运用现代化信息技术,科学划分社区网格,将社区人、地、物、事、组织全部纳入网格,将各种工作力量、服务内容下沉到网格,推进社区服务管理精细化。2011 年首先在东城、朝阳、顺义开展试点工作,2012 年网格化社会服务管理体系建设在全市推广,2013 年上半年实现全覆盖。

3. "四个创新"完善社会组织服务管理体系

创新之一：首创"枢纽型"社会组织。2009 年,北京提出建立"枢纽型"社会组织,它是由负责社会建设的有关部门认定,在对同类别、同性质、同领域社会组织的发展、服务、管理工作中,在政治上发挥桥梁纽带作用,在业务上处于龙头地位,在管理上承担业务主管职能的联合性社会组织。作为一种创新性社会组织服务管理体制,经过 5 年的发展,"枢纽型"社会组织已经形成社会组织分类服务管理工作体系。目前,全市共认定 27 家市级"枢纽型"社会组织,服务管理覆盖 85% 以上的市级社会组织。各区县认定 110 余家"枢纽型"社会组织,初步形成市、区、街三级社会组织"枢纽型"工作网络。

创新之二：建立政府购买服务制度。2010 年北京市开始建立社会建设专项资金制度,已经连续 3 年累计投入 2 亿元,购买社会组织服务项目 1029 个。2013 年北京市计划安排 8000 万元市社会建设专项资金,向社会组织购买 500 个公共服务项目[①]。政府购买社会组织服务,培育引导了一大批专业社会组织参与社会公共服务,在一定程度上弥补了公共服务不足的缺陷,在政策上发挥了较好的示范引导作用。

创新之三：培育发展社会组织孵化中心。2010 年底,北京市社会组织孵化中心成立。主要服务内容是：对初创期的民间公益组织提供前期孵化、能力建设、发展指导等关键性支持,其中,"孵化"的主要方向和领域为社会需求度高、影响力大、品牌效果突出的公益性

---

① 王东亮：《2013 年北京计划安排 8000 万元市社会建设专项资金》,《北京日报》2013 年 2 月 7 日。

组织。这是北京市为初创期公益性社会组织提供服务，推进社会组织服务管理创新的一项重要举措。

创新之四：搭建社会组织公益行平台。2013 年，公益行系列活动以"践行公益、服务社会"为主题，广泛动员全市各级各类社会组织踊跃参与，开展各具特色、主题鲜明、服务社会的公益活动，努力营造"天天有公益、人人做公益"的良好社会氛围。全年 27 家市级"枢纽型"社会组织和 16 个区县协调安排共计 1200 余项活动，近 1.2 万家各级各类社会组织参与其中，活动涉及扶老助残、支教助学、就业帮扶、科普宣传、心理咨询、节能环保、法律维权、服务"三农"等多个领域①。

4."五项举措"提高社工队伍专业化、职业化水平

举措一：2008 年至今，三次给社区工作者提高待遇。市政府明确提出，社区工作者今后的待遇要参照本区县全额拨款事业单位的标准，做到同步同幅增长。

举措二：北京市从 2009 年开始实施"大学生社工计划"，连续三年共选聘 5000 名首都高校应届毕业生担任专职社会工作者，到城市社区工作，2012 年又增加 1 万名。

举措三：社工事务所作为专业社会工作服务机构，是创新社会管理、提高服务水平的重要载体，政府通过社会建设专项资金购买岗位和项目的方式支持和指导社工事务所。从 2008 年 7 月创建至今，北京市社工事务所总数已经达到 50 家，全面覆盖了北京市 16 个区县。

举措四："政府购买社会组织管理岗位"是北京市社会管理服务创新的一种探索和实践。通过政府购买岗位、服务，分别缓解社会组织"缺人"、"缺钱"的窘境。2011—2012 年全市购买社会组织岗位1500 个，每个社工岗位每年由社会建设专项资金提供含五险一金、税费及管理费在内的 5 万元经费补贴。

举措五：为了提高社区工作者的专业化水平，北京市从 2012 年

---

① 赵莹莹：《北京社会组织公益行系列活动启动》，2013 年 5 月 7 日，人民政协网：www.rmzxb.com.cn。

起实施社区工作者三年培训计划，每年培训 1 万名社工，3 万名社工三年轮训完成。市级统一培训将主要以社区工作专业知识和政策为主，帮助社区工作者通过人保部门相关职业资格认证。社工实操培训由各区县组织。

5. "三项机制"完善志愿服务

2009 年，北京市委、市政府正式印发《关于进一步加强和改进志愿者工作的意见》。文件提出，以通用志愿者为基础、专业志愿者为骨干，建立起一支规模宏大、门类齐全、组织严密、高效有序的志愿者队伍，不断满足经常性志愿服务、重大活动志愿服务和应急性志愿服务的需求，努力实现志愿服务经常化储备、规范化管理、常态化服务、品牌化培育、项目化配置、信息化支撑、社会化运作。

（三）基层社会治理的"北京模式"①

主要包括：在社区建设方面，初步形成社区党委、社区居委会、社区服务站"三位一体"、各负其责的社区建设规范化模式；在社会组织建设方面，初步形成分类规范、以社管社、党建业务一起抓的"枢纽型"社会组织管理模式；在社会工作队伍建设方面，初步形成专业化、职业化模式；在志愿服务方面，初步形成转化奥运成果，重大活动志愿服务、应对突发事件志愿服务与常态性志愿服务相结合的长效模式；在社会领域党建方面，初步形成社区党建区域化模式、社会组织党建在"枢纽型"社会组织建立社会组织联合党委模式、新经济组织商务楼宇党建模式；等等。

总结北京社会建设五年来的工作，从基础工作上讲，至少完成了70%的任务，整个北京社会建设的上层、中层、底层的格局已经形成②。

---

① 王明浩：《北京市创新社会建设 社区建设"三位一体"》，2010 年 10 月 13 日，人民网：http：//qingyuan. people. com. cn/GB/14748/12935140. html。

② 宋贵伦：《北京社会建设成效显著》，2013 年 2 月 1 日，中国网：http：//fangtan. china. com. cn/2012 - 03/12/content_ 24873188. htm。

五　本书章节安排和写作思路

本书除导论外，一共分上、下两篇，共 9 章。

导论分析了社会建设的出发点，其理论旨趣和现实归宿，并介绍北京市社会建设的总体特点；上篇"民生服务"，涵盖了民生服务的五大领域：教育、就业、收入、社会保障和医疗，全面展示北京市社会建设过程中民生服务领域的成就与问题；下篇"社会管理"，根据北京市既是首都又是特大城市的地位和发展现状，分为四章：城乡统筹与社会发展、社会管理创新与人口有序管理、特大城市管理与民生服务和公共安全管理。前两章涉及的是北京市城乡统筹与人口管理等社会管理中最基础的内容，后两章涉及的是交通管理、垃圾管理、水资源管理、空气安全管理、食品安全管理和社会安全管理等相关方面，都是目前北京市社会建设过程中引起社会关注较多的新领域，以往的社会建设研究中提及较少，本书也纳入社会建设过程中社会管理内容范畴予以论述，既是对北京这种国际大都市社会建设领域的拓展，也体现了对特大城市目前社会建设中面对的最新问题的关注。

本书的写作思路：在合理安排章节布局的前提下，以各个章节独立、并行表述结构成篇。在每个章节中，针对研究的主要问题，既介绍当前北京市社会建设在该领域的成就，也分析其存在的问题，并结合对国外城市发展相关领域经验的介绍和国内其他大城市发展经验的对比，在分析的基础上提出进一步发展创新的建议。

上篇 民生服务

第一章　北京市教育领域社会建设创新研究[①]

一　北京市教育领域的成就

（一）基本指标

北京市各项教育指标远高于全国水平。由表 1 可知，2010 年北京市学前三年毛入园率达到 90% 以上，远高于全国的 56.6%；义务教育毛入学率和高中阶段教育毛入学率分别达到 105% 和 98%，远高于全国的 89.7% 和 82.5%；高等教育毛入学率达到 59%，教育普及水平已超过中等发达国家同期平均水平，是全国水平 26.5% 的两倍以上；外国留学生规模达到 7.1 万人，占全国 26.5 万留学生的 1/4；北京市主要劳动年龄人口受过高等教育的比例超过 1/3，也远高于 10.5% 的全国水平。表 1 还显示，到"十二五"末，北京市各级各类教育入学率比起"十一五"时期进一步提高。

表 1　北京和全国"十一五"时期各项教育成就指标及"十二五"计划

指标	2010 年		2015 年计划	
	北京	全国	北京	全国
学前三年毛入园率（%）	>90	56.6	>95	65
义务教育毛入学率（%）	105	89.7	100 以上	93

---

① 本章执笔人：汪琳岚。

续表

指标	2010 年		2015 年计划	
	北京	全国	北京	全国
高中阶段教育毛入学率（%）	98	82.5	>99	87
高等教育毛入学率（%）	59	26.5	65	36
外国留学生规模（万人次）	7.1	26.5	12	——
新增劳动力平均受教育年限（年）	14	12.7	15	13.3
主要劳动年龄人口受过高等教育的比例（%）	35	10.5	40	15

数据来源：《北京市"十二五"时期教育改革和发展规划》，《国家教育事业发展第十二个五年规划》，2010 年外国留学生人数来自施剑松《教育部：在华外国留学生人数突破26 万》，《北京晨报》2011 年 3 月 16 日。

（二）生均经费

从 2009 年到 2011 年，北京市的生均教育经费支出远高于全国水平，并且高于上海。表 2、表 3、表 4 为 2009—2011 年北京、上海以及全国各级各类学校生均教育支出，可见北京各级各类学校生均教育经费支出是全国水平的 3—6 倍不等；除了 2009 年普通高中生均教育经费支出、2009 年普通小学生均教育经费支出之外，其余各级别学校各年份的生均教育经费支出均高于上海。

从 2009 年到 2011 年，北京市农村初中和小学的生均经费相对于全市普通初中和普通小学的比重也高于全国和上海，说明近年来北京市对农村义务教育的投入力度较大。由表 2、表 3、表 4 可知，2009—2011 年北京市农村初中和全市普通初中生均教育经费的比值、农村小学和全市普通小学生均教育经费的比值均大于 1，以 2011 年为例，两比值分别为 1.25 和 1.09，而全国的比值是 0.91 和 0.93，上海的比值是 0.82 和 0.71，均小于 1。

表2   2009 年生均教育经费支出   单位：元

地区	普通高中	农村高中	普通初中	农村初中	普通小学	农村小学	特殊教育学校	幼儿园
全国	7059.63	5508.54	5564.66	5023.51	4171.45	3842.26	26440.5	3901.96
北京	25840.4	25012.1	23172.7	25782.2	16061.2	17582.7	66547.5	15606.6
上海	29727.9	20262.1	21179.4	17973.7	17340.4	14092.6	52122.9	15059.6

数据来源：《中国教育经费统计年鉴2010》。

表3   2010 年生均教育经费支出   单位：元

地区	普通高中	农村高中	普通初中	农村初中	普通小学	农村小学	特殊教育学校	幼儿园
全国	8100.6	6280.5	6526.7	5874.1	4931.6	4560.3	38906.7	3601.9
北京	34626.4	26093.3	30791.3	35135.4	19762.1	22781.0	80620.7	15771.1
上海	33115.9	17651.1	22497.0	18812.7	18982.9	14442.3	58113.3	15472.1

数据来源：《中国教育经费统计年鉴2011》。

表4   2011 年生均教育经费支出   单位：元

地区	普通高中	农村高中	普通初中	农村初中	普通小学	农村小学	特殊教育学校	幼儿园	农村幼儿园
全国	9978.4	7878.2	8179.0	7439.4	6117.5	5719.0	42346.6	4419.9	2439.6
北京	43752.8	40222.3	37827.0	47365.2	24920.5	27262.7	87039.7	18478.9	15276.9
上海	41848.0	25801.0	25224.5	20605.6	21183.5	15121.3	68092.2	17487.9	14465.8

数据来源：《中国教育经费统计年鉴2012》。

（三）教师队伍素质

北京市教师队伍素质较高。由表5可知，除全国普通高中教师学历普遍为本科及以上学历以外，2012年北京市幼儿园、小学、普通初中、特殊教育教师中本科学历及以上教师的比例均远高于全国水平。北京市小学教师中本科学历及以上比例为83.2%，远远高于全国水平的32.6%；普通初中教师本科学历及以上比例达到97.1%，高于全国水平的71.6%。相比上海，北京幼儿园教师中本科学历及

以上的比例低于上海，而小学、普通初中教师中本科学历及以上水平
的比例高于上海。

表5　　　　　2012年各级学校专任教师中本科学历及以上比例　　　　单位:%

地区	幼儿园	小学	普通初中	普通高中	特殊教育
全国	15.5	32.6	71.6	96.4	52.9
北京	33.0	83.2	97.1	99.2	82.5
上海	57.5	67.1	96.4	99.7	80.6

数据来源:《中国教育统计年鉴2012》。

　　北京市各级学校教师中研究生学历获得者的比例也远高于全国水
平并略高于上海的水平。如表6所示，除特殊教育阶段研究生及以上
学历者比例与上海几乎持平以外，2012年北京市幼儿园、小学、普
通初中、普通高中这几个阶段教师中有研究生学历的比例均高于上
海，且远高于全国。可见北京市各级学校高学历教师集聚程度在全国
首屈一指。

表6　　　　2012年各级学校专任教师中研究生学历获得者比例　　　　单位:%

地区	幼儿园	小学	普通初中	普通高中	特殊教育
全国	0.2	0.3	1.0	5.0	1.4
北京	1.0	1.7	8.3	16.5	5.5
上海	0.5	1.6	4.7	10.7	5.6

数据来源:《中国教育统计年鉴2012》。

二　北京市教育领域社会建设创新

（一）学前教育

1. 推出《北京市学前教育三年行动计划（2011—2013年)》

2011年，北京市推出《北京市学前教育三年行动计划（2011—

2013 年）》。该计划推出前的 2010 年底，全市户籍适龄儿童学前三年入园率达到 85% 以上，常住人口中的适龄儿童学前三年入园率达到 80% 以上，边远山区基本普及学前一年教育。据该计划统计，全市共有幼儿园 1245 所，办学主体日益多样化。其中，教育部门举办的 347 所，集体举办的 234 所，其他部门举办的 219 所，民办的 445 所；在园儿童 27.8 万人；幼儿园教职工 37227 人，其中，专任教师 21677 人，大专及以上学历专任教师占教师总数的 77.84%；"十一五"期间，市级学前教育专项经费累计达到 5 亿元，2011 年市级学前教育专项经费达到 5 亿元左右，幼儿园办园条件得到显著改善。

然而，根据《北京市学前教育三年行动计划（2011—2013 年）》分析，由于北京市经济社会快速发展、人口出生高峰到来、外来人口不断涌入，新增入园需求快速增长，产生了几方面的问题：一是学前教育资源总量不足，"入园难"问题比较突出，户籍和非户籍适龄儿童入园需求都未得到完全满足；二是学前教育资源在城乡之间、区域之间分布不均衡，优质学前教育资源大多集中在城区，而郊区和农村的幼儿园办园条件欠佳，并且新建住宅小区幼儿园配套建设不到位，造成入园难，尤其是入公办园难；三是幼儿园运行成本日益增加，公办幼儿园收费标准为 1997 年制定，公办园收费标准最高为每人每月 230 元，在现有物价水平下明显偏低，而现有的财政投入相对不足，使得部分幼儿园通过收取赞助费、办班等维持运转，导致入园贵的现象较为突出；四是城乡结合部地区无证办园在安全、质量等方面问题突出，而随着外来人口的增加，原本资源就较少的城乡结合部及外来人口聚集地，供需矛盾将更加突出，使得治理无证办园的难度很大。

针对这一现状，北京市推出《北京市学前教育三年行动计划（2011—2013 年）》，提出规划建设并改扩建 769 所幼儿园，三年分别增加学位约 2.7 万个、2.4 万个、2.4 万个，共增加学位约 7.5 万个。从 2011 年起，教育部门办园的生均定额从每生每年 200 元提高到 1200 元，并以此为标准为部门和集体办园提供生均定额补助。2012 年起，北京对提供普惠性服务且考核合格的民办园也将给予补助，非教育部门办园补贴从生均 1200 元提高到 3000 元。市教委预测，待

2013 年"三年行动计划"完成后，全市户籍适龄儿童学前三年入园率可由 2010 年的 85.6% 提高到 95% 以上，常住适龄儿童学前三年入园率将由 80.8% 提高到 90% 以上，"入园难"问题得到有效缓解。

在具体措施方面，一是多种形式扩大公办学前教育资源；二是做好小区配套幼儿园的规划、建设、接收、使用和管理；三是进一步鼓励规范民办幼儿园；四是加大政府投入，实施奖励补贴政策，包括提高生均经费标准，对中央及地方各部门办园、街道及乡镇集体办园进行补贴，对接受政府委托、办成普惠性幼儿园的民办幼儿园，采取减免租金等补贴政策，对连续两年考核成绩优秀的民办幼儿园，参照教育部门办园生均经费标准给予一定奖励，通过减免保教费等方式资助家庭经济困难儿童接受学前教育等；五是完善幼儿园收费管理机制；六是形成幼儿园安全监管机制。①

2. 收费标准改革

2012 年 9 月起，北京市开始试行《北京市幼儿园收费管理实施细则（试行）》，调整 15 年未变的公办幼儿园收费标准，使幼儿园在现有物价水平下能够合理收取规定范围内的费用。公办幼儿园保教费上限标准每生每月为：一级园为 750 元（其中市级示范园可在一级园收费标准基础上上浮 20%）、二级园为 600 元、三级园为 450 元、无级类园为 250 元。住宿费标准每生每月不超过 300 元。

在收费项目方面，禁止各类幼儿园收取赞助费，并且对能够收取的费用类别进行了规定。2011 年 12 月 31 日，国家发改委、教育部、财政部下发《幼儿园收费管理暂行办法》，提出"两严禁"要求，即禁止以任何名义向幼儿家长收取与入园挂钩的赞助费、捐资助学费、建校费、教育成本补偿费等费用，禁止以开办实验班、特色班、兴趣班、课后培训班和亲子班等特色教育为名向幼儿家长另行收取费用，并同时规范了各省、市、自治区政府制定或调整幼儿园收费标准的原则和程序。按照国家及北京市有关规定，今后北京市幼儿园可向入园

---

① 《北京市学前教育三年行动计划（2011—2013 年）》，http：//zhengwu. beijing. gov. cn/ghxx/qtgh/t1185228. htm。

幼儿收取保育教育费（简称"保教费"）、对住宿幼儿可以收取住宿费以及经市政府批准的代办服务性费用，此外幼儿园不得向幼儿家长收取其他任何费用。

3. 政府购买民办幼儿园服务

北京市 2011 年推行的《北京市学前教育三年行动计划（2011—2013 年)》提出，对接受政府委托、办成普惠性幼儿园的民办幼儿园，采取减免租金等补贴政策。

在此前的 2010 年，政府在朝阳区试点向民办幼儿园购买服务，启明国风双语幼儿园是第一家采取"政府委托"办园模式的民办园。实行委托办园之后，园所可以不用缴纳国有资产使用费，就相当于免除了房租，同时政府对园所提出限价，费用为每月 1700 元（不含伙食费）。该园园长认为，尽管短期内盈利上会有一定牺牲，但政府委托的资质有助于其长远发展。[①]

政府向民办幼儿园购买服务，既能降低民办幼儿园的经营成本，从而降低收费，减轻群众负担，又能引导民办幼儿园正规发展，并且购买现有民办幼儿园服务比新建幼儿园更快速高效。

4. 允许兴办小规模幼儿园

针对学前教育供给总量不足的问题，2011 年 5 月北京市出台《北京市举办小规模幼儿园暂行规定》，允许社会力量小规模办园，缓解幼儿园入园难的问题[②]。以往，一般幼儿园必须要达到 6 个班、180 人以上的规模，并有必要的生活设施等才能申请，2011 年起对规模的限定改为最小规模不能少于 40 个幼儿，每班不超过 30 人并且幼儿活动时建筑面积不低于 60 平方米。

文件规定，个人小规模办园，必须具有北京市户籍，在北京有固定居所；社会组织办园，则应当具有法人资格；另外，小规模办园若设在高层建筑内，最高不能高过 3 层，并至少要有 2 个单独的安全出入口；幼儿每天在幼儿园的户外活动时间不少于 2 小时；同时还要求

---

① 王佳琳、杜丁：《北京全市将新建 300 幼儿园》，《新京报》2010 年 10 月 14 日。
② 王思海：《北京市规定个人办小型幼儿园必须具有北京市户籍》，2011 年 4 月 9 日，新华社，http://www.gov.cn/jrzg/2011-04/09/content_1840648.htm。

园长要有 5 年以上教育教学经验，中小学、幼儿园中级以上职称，同时要有园长上岗合格证书。也就是说，对办园安全、师资等要求不会降低。

这类小规模幼儿园的优势在于占地面积小、灵活性强。市教委希望这一新规定能吸引优质公办园举办小规模的分园，原有的一些因面积不达标的民办无资质幼儿园如达到要求也可以申请办园许可，纳入政府的管理。市教委官员表示，由于这些小规模的办园就餐条件受到限制，将允许这类幼儿园采取半日制、小时制等灵活的办园方式，可联系有资质的送餐公司送餐，使得小规模办园的方式更加灵活①。

在兴办灵活性强的小规模幼儿园方面，北京市可以参考借鉴上海市的经验。目前，上海市 3—6 岁适龄儿童入园率达 98% 以上。上海市为缓解外来务工人员子女的入园压力，允许郊区兴办幼儿看护点，申请资质比北京更为灵活。2008 年 9 月，上海市出台了《关于做好本市农民工同住子女学前教育工作的若干意见》《上海市民办三级幼儿园设立基本条件的规定》。和北京市不同，上海市不限定申办人的户籍，在班级规模和注册资本方面的要求也更为宽松。3 班以下的，不低于 20 万元；3 班以上 6 班以下的，不低于 30 万元；6 班以上的，不低于 40 万元。2010 年 9 月 1 日，上海市出台了《关于加强本市郊区学前儿童看护点管理工作的若干意见》，规定看护点是指接收郊区农村人口集中地区的适龄儿童 10—50 人的符合相关要求的看护场所（具体人数可根据当地实际适当放宽），看护点的生均活动面积不少于 1 平方米。看护人员要有保育证，在安全卫生方面也有要求，但是对看护人员资质并没有严格参照幼儿园教师或者园长的标准。看护点由所属街镇管理，并接受街道（镇）社区卫生服务中心的卫生指导。

（二）推进义务教育优质均衡发展

近年来，北京市在推进义务教育均衡发展方面投入很大。由上文的表 2、表 3、表 4 可知，2009—2011 年北京市农村初中和小学的生

① 张灵：《招够 40 人即可申办幼儿园》，《京华时报》2011 年 4 月 7 日。

均经费相对于全市普通初中和普通小学的比重高于全国和上海，说明近年来北京市对农村义务教育的投入力度较大。

1. 北京市中小学建设三年行动计划

2012 年，针对入学高峰的到来，市政府正式颁布实施了《北京市中小学建设三年行动计划（2012—2014 年）》，基本目标就是满足今后一个时期基础教育阶段常住适龄人口入学需求。市教委在城乡结合部、城市功能拓展区、新城建设区实施了城乡新区一体化学校建设工程，在入学矛盾和需求集中的地区建设一批优质中小学校。该行动计划的特点是引入有优质教育资源的名校输出教育资源，实现优质教育资源共享。对城乡一体化学校建立经费审批绿色通道，赋予学校用人自主权。新校区教师采取全市（全国）招聘的方式统筹解决，对资源输出学校在高层次人才引进等方面给予政策支持，单独审批进京指标。允许学校根据发展需求引进国内外不同学科和类型的优秀教师。[①]

2012 年是三年行动计划的第一年，共投入约 2.4 亿元在就学需求强烈的重点困难地区建设 15 所城乡一体化学校。2013 年继续实施该行动计划，开工建设 30 个项目，支持 23 所小区配套学校二次改造，支持城乡结合部、新城等地区 30 所城乡一体化学校建设。[②]

2. 经费投入

北京市重视教育经费投入，市、区（县）政府依法将义务教育经费全面纳入财政预算，在教育减免政策、公用经费、办学条件达标等投入方向上实行分项目、按比例的市区共担机制。"十二五"期间，市级财政加大对义务教育经费统筹力度，提高分担比例，增加财政困难区县转移支付额度，各级财政优先保障义务教育均衡发展的经费需求。

教师绩效工资发放使城乡教师工资水平趋于均衡。2009 年，我国对义务教育教师实行绩效工资制，教育部明确要求，在同一县级行

---

① 李莉：《30 所城乡一体化学校今年建成，23 所小区配套学校改造》，《北京晚报》2013 年 1 月 22 日。

② 同上。

政区域内，义务教育学校绩效工资水平要大体平衡；对农村学校特别是条件艰苦学校给予适当倾斜，争取做到同一区县同一职级的教师，农村工资高于城市①。2009 年，北京市绩效工资改革在朝阳区进行试点，区财政拿出 3 亿元用于补贴朝阳区 235 所学校教师的绩效工资，不再靠学校自筹资金解决。朝阳区按照全区事业单位年平均绩效工资 3.16 万元的标准，负担全区 200 多所中小学教师的绩效工资；155 所学校的教师绩效工资以往低于事业单位平均绩效工资水平，这一政策实施后能达到这一平均水平。这一举措大大提高了农村教师的工资水平，有助于改善各校教师待遇不均衡的问题。②

　　3. 推进名校办分校

　　北京各区县开展"城乡手拉手"、"名校办分校"等改革，推进"校区制"、"集群化"、"集团化"和学校联盟等优质资源辐射的学校组团化发展模式，扩大优质资源辐射范围。

　　2005 年 4 月 27 日，北京第二实验小学、北京八中分别与顺义后沙峪中心小学、仁和中学签署了联合办学协议，这是北京名校办分校试点工作启动以来第一批挂牌的两所学校。北京城区的优质教育资源开始向京郊辐射，此后，在全市范围内名校建分校逐步推进。此举已成为推进城乡基础教育一体化发展的有效举措，并对疏解中心城区和城乡结合部人口压力、提升新城区和郊区农村公共服务承载能力有重要意义。例如，东城区有 6 所学校——二中和二中分校、西中街小学和北新桥小学、史家小学和东四七条小学实行了"一长长两校"制度，即两所学校一个校长、一个法人代表，进行一体化管理。此举能逐步缓解家长们对择校的忧虑，发挥优质资源的辐射和带动作用。③

---

　　① 熊丙奇：《统一城乡教师工资待遇，需推进教育制度改革》，《北京青年报》2011 年 2 月 25 日。

　　② 郭爱娣：《北京朝阳教师绩效工资财政买单，城乡教师待遇均衡》，《京华时报》2009 年 1 月 9 日。

　　③ 周亦楣、全昌连：《城乡手拉手，义务教育均衡发展》，《新京报》2012 年 6 月25 日。

4. 提高教师素质，推进跨校交流

近年来，北京市为提高农村教育水平，开展了一系列行动①。第一，城镇教师支教工作。2005年，为发挥城市优秀教师对农村教育的支持作用，北京市在全国率先启动了城镇教师支援农村教育工作。每年选派1000名城镇优秀教师到农村中小学全职支教一年，2000名左右骨干教师到农村中小学兼职支教。到2011年，已经有5批共5000多名城镇教师到农村中小学全职支教。第二，2004年，北京市启动实施了专门针对京郊农村教师的"绿色耕耘行动计划"，整合全市优质教师教育资源，开展远郊区县乡镇以下学校骨干教师专项培训，每年培训农村中小学教师2000名左右。到2011年，已有超过10000名教师从中受益。第三，2006年，为了提高城区师资薄弱学校教师素质，北京市在城区范围内确定办学困难的初中和小学，加大财政投入和政策支持，启动了"春风化雨行动计划"。在北京市几所定点高校每年培训重点建设学校的教师和管理人员1000名，几年来取得明显效果。第四，2008年，北京市启动农村中小学教师城镇研修工作。每年两批、每批500名农村中小学教师进城研修半年，在城区优质资源学校设立40个农村教师研修工作站，聘请238名市级以上骨干教师担任导师，改善农村中小学教师的知识结构，提高其教育教学技能。

相比起支教、培训等形式，固定的跨校交流更具有可持续性，为将来进一步推进优秀师资的流动打下基础。2009年9月，北京市东城区开始试点跨校交流。东城区各学校干部、教师实现全职跨校交流。东城区按照街道行政区域将教育机构划分为5个学区，均配有不同类型的优质教育资源的品牌学校，在区域内实现教育资源的整合。学校之间可以共享设施设备、课程资源、人力资源。东城区各校中层以上干部和区级以上（含区级）骨干教师均规定了一定比例的跨校交流要求。在跨校交流人员的人事关系方面，全职跨校交流的干部、教师，在与原单位签订聘用合同的同时，与接收学校签订为期1学期

① 《让每一所学校、每一名学生都精彩——北京市义务教育区域统筹特色发展》，2011年3月23日，教育部网站：http://www.moe.gov.cn/publicfiles/business/htmlfiles/moe/s5203/201103/116141.html。

或 1 学年的岗位聘任协议书，人事关系仍保留在原单位，原则上享受原单位相应岗位的各项工资福利待遇并由原单位发放。①

2010 年，北京开始在全市各区县逐步推行教师、校长在区域内进行跨校轮岗。按照市教委规划，这种流动首先将在各区县范围内进行，重点是优质校的教师向一般校和薄弱校流动；在条件成熟后，将由市教委组织，实现跨区域的校长、教师交流制度。同时，市教委加大政策倾斜和经费支持力度，开展包括干部教师交流在内的基础教育区域均衡发展改革试验。② 2012 年，西城区出台的《西城区教育系统教师履职考核奖励办法》规定，西城区的北京市特级教师、市区级学科带头人、市区级骨干教师除了积极进行课题研究、培养青年教师、承担公开课等教学任务外，还要跨校兼职兼课、跨校联合教研。考核结果直接影响到教师津贴的发放。③

5. 北京市推进义务教育均衡发展的进展

"十二五"期间，根据与教育部签订的《关于推进义务教育均衡发展备忘录》，北京市将逐步形成具有北京特色的义务教育均衡发展评价标准，即办学条件标准化、学校管理规范化、教师流动和队伍建设制度化，探索建立义务教育均衡发展的北京模式。

北京市制定了区县"义务教育均衡发展评估体系"，包括入学机会、保障机制、教师队伍、质量与管理四大类指标，20 项细化要求。三类残疾儿童（视力残疾、听力语言残疾、智力残疾）、少年入学率不低于 95%；优质普通高中招生名额分配到区域内初中的比例逐步提高；义务教育阶段不设重点校、重点班，公办义务教育择校现象有效缓解；中小学过重课业负担减轻等都纳入了评估体系。评估系统满分 100 分，各区县分数达到 90 分才算及格。为确保所有学校硬件达到中小学办学标准，从 2012 年起，如果区域内有未达标学校，区县不能把经费投入到非义务教育阶段学校和超标学校。

---

①　李莉：《北京东城教师流动模式将向全市推广》，《北京晚报》2010 年 1 月 27 日。

②　张灵：《教师区域内流动今年启动》，《京华时报》2010 年 1 月 26 日。

③　李莉：《西城骨干教师需跨校兼课》，《北京晚报》2012 年 4 月 5 日。

　　根据市教委与各区县签订的"均衡发展责任书"，2012 年底实现县域义务教育基本均衡的 11 个区县包括东城、西城、朝阳、海淀、石景山、门头沟、大兴、顺义、通州、密云、延庆。剩余的丰台、昌平、房山、平谷、怀柔将于 2015 年实现教育基本均衡①。比教育部规定的 2020 年全国义务教育要达到基本均衡的目标提前了 5 年。

（三）推进外来人口随迁子女教育

1. 外来人口随迁子女在各级学校的比例

　　表 7 列举了 2009 年和 2013 年北京市幼儿园、小学和特殊教育机构在校生中的非本市户籍学生比例。由表 7 可以看出，非户籍学生比例增长最快的学龄段是小学。2013 年，北京市小学中非本市户籍学生比例已达到 46.8%，幼儿园中非本市户籍学生比例也已达到 27.4%。可见，非户籍学生对小学学位的需求量非常大，这种趋势也会逐步扩散到中学阶段。

表 7　北京市幼儿园、小学、特殊教育在校生中的非本市户籍学生比例

单位：人、%

	2009 年			2013 年		
	非本市户籍学生数	学生总数	比例	非本市户籍学生数	学生总数	比例
幼儿园	60311	247778	24.3	95645	348681	27.4
小学	251356	647101	38.8	369583	789276	46.8
特殊教育	682	7921	8.6	737	8348	8.8

　　注：本表未列出中学生人数，是因为《北京统计年鉴》中表 18—18 提供的是"普通中学"的外省学生人数，而表 18—1 提供的则是"普通中等学校"中的学生总数，两者定义不同，普通中等学校除了普通中学以外，还包括了普通中专、成人中专、技工学校、职业高中，故无法相除。

　　数据来源：《北京统计年鉴 2010》、《北京统计年鉴 2014》。

---

　　① 李莉：《北京：将在年底实现 11 个区县义务教育基本均衡》，《北京晚报》2012 年 6 月 12 日。

表 8 表明，非京籍学生在民办学校就读具有一定普遍性。2013
年，非本市户籍学生在民办幼儿园就读的比例高达 49.6%，在民
办小学就读的比例也达到 18.3%。北京市《"十二五"时期教育改
革和发展规划》提出，"逐步健全来京务工人员随迁子女义务教育
公共财政保障机制"，可见公办教育资源还需进一步向非户籍学生
倾斜。

表 8　　　　　北京市幼儿园、小学、特殊教育非本市户籍
　　　　　　　在校生中民办学校学生比例　　　　单位：人、%

	2009 年			2013 年		
	非本市户籍学生数	其中民办学校学生数	比例	非本市户籍学生数	其中民办学校学生数	比例
幼儿园	60311	22912	38.0	95645	47461	49.6
小　学	251356	23334	9.3	369583	67507	18.3
特殊教育	682	35	5.1	737	35	4.7

数据来源：《北京统计年鉴 2010》、《北京统计年鉴 2014》。

2. 推进外来人口随迁子女在京接受义务教育

从 2009 年春季开学起，北京市公办中小学对所有外来务工人员
随迁子女全部免收义务教育阶段借读费用，由政府财政全额负担。现
随迁子女在京申请入学时，需提供暂住证、户口簿、在京借读证明等
材料，免收借读费、学杂费和教科书费。

2012 年底，北京市推出《北京市中小学建设三年行动计划
(2012—2014 年)》，该计划旨在解决中小学建设中的几大问题，包括
推进来京务工人员随迁子女接受义务教育保障工程，依法保障来京务
工人员子女接受义务教育的权利。工作目标是以公办学校为主，随迁
子女就读公办学校的比例保持在 70% 以上；完善对已审批的民办学
校扶持政策；出台解决目前 79 所未经审批学校的工作方案，确保不
再新增，有效解决随迁子女接受义务教育问题。

具体措施包括，针对公办学校，各区县加大财政投入，通过扩大
总量、优化存量的方式，提高公办学校接收能力。通过专项补贴、派

驻公办教师、配备教育教学设备设施等多种途径，支持民办学校改善办学条件，提高教育质量。对接收随迁子女数超过在校生总数 50% 的 680 所公办学校，市级财政每年给予经费支持；在来京务工人员随迁子女较多的区县，市级财政支持区县改扩建校舍。

除提高公办学校接收能力以外，北京市也通过专项资金拨付和使用，探索政府委托办学、购买服务等多种方式保障随迁子女在京接受义务教育。2010 年，朝阳区探索政府主导下的委托办学模式，分阶段在来京务工人员聚集地区整合公办校资源，委托具有丰富教育教学经验的退休老师为校长，创办定向接收外来务工人员子女的民办学校。教委对委托办学者不仅免费提供校舍，还给予专项经费支持，如提供公用经费定额补助、负担校舍供暖费、负担教师保险费用总额的 50%、为学校提供必需的教育教学设备设施等支持。委托民办校拥有与公办校同样的校舍及硬件设施，教职员工选聘严格参照北京市小学教师资格标准，教委还为教师进行上岗通识培训，以提升教师教育教学水平[1]。2011 年，朝阳区拨专项经费对受委托的民办学校进行改扩建，探索以生均教育成本为标准，向民办学校购买学位[2]。

在自办学校的管理方面，北京市将制定来京务工人员自办学校管理意见。针对具备基本条件的未经审批自办学校，引导办学者规范办学，尽快达到审批标准。对存在严重安全隐患、无法达到基本办学条件的自办学校，制定安置学生的方案予以分流。

3. 推出随迁子女在京接受义务教育后的升学方案

2012 年底，北京市出台了《北京市随迁子女升学考试工作方案》。北京市教委在对该方案的说明中列举了该方案的政策依据、考虑因素、难点、过渡期设置等问题。[3] 2013 年，北京市教委的工作重

---

① 王超群：《北京市朝阳区委托民办校接受外来务工人员子女》，《中国教育报》2010 年 9 月 24 日。

② 李新玲：《北京朝阳区向民办学校买学位解决流动儿童入学》，《中国青年报》2011 年 3 月 21 日。

③ 《关于北京市随迁子女升学考试工作方案的说明》，2012 年 12 月 30 日，北京市教委网站：http://www.bjedu.gov.cn/publish/portal0/tab103/info26670.htm。

点之一是制定具体实施办法，落实随迁子女义务教育后在京升学考试工作方案。

　　该方案的政策依据是，2012 年 8 月国务院办公厅转发教育部等部门《关于做好进城务工人员随迁子女接受义务教育后在当地参加升学考试工作意见的通知》，要求各省市因地制宜地制定随迁子女升学考试具体政策，国家要加大对做好随迁子女和流入地学生升学考试工作的统筹力度，积极稳妥地推进随迁子女升学考试工作；各地方案原则上应于 2012 年底前出台。同时考虑北京、上海等人口流入集中地区的工作特殊性，提出"要进一步摸清底数，掌握非本地户籍人口变动和随迁子女就学等情况，抓紧建立健全进城务工人员管理制度，制定出台有关随迁子女升学考试的方案"。

　　北京市随迁子女教育工作的难点在于，不是单一的教育改革问题，而是一项系统的社会管理工程，在推进改革的同时不得不考虑北京市作为特大城市的人口、资源、环境的承载能力、教育公共服务的供给能力以及统筹考虑京籍学生和非京籍学生升学考试利益。《关于北京市随迁子女升学考试工作方案的说明》提供的数据显示，近年来进城务工人员随迁子女持续快速增长，截至 2012 年底，在北京市义务教育阶段就读的随迁子女达到 41.9 万人，占学生总数的 40.9%，同时 74.7% 以上的随迁子女就读于公办学校。从 2011 年开始随迁子女高峰期与本市户籍学龄人口高峰期叠加，如按照"十一五"期间北京市常住人口增长速度预测分析，到 2020 年本市小学阶段需要新增学位 30 万个，初中阶段需要新增学位 11.5 万个；加上随迁子女入学新政策实施后所带来的增量需求，北京市教育资源的建设任务更加艰巨。

　　北京市对随迁子女入学的过渡方案是，自 2013 年起，凡进城务工人员持有有效北京市居住证明，有合法稳定的住所，合法稳定职业已满 3 年，在京连续缴纳社会保险已满 3 年，其随迁子女具有本市学籍且已在本市连续就读初中 3 年学习年限的，可以参加北京市中等职业学校的录取考试。学生从中等职业学校毕业后，可按照有关规定参加高等职业学校的录取考试。自 2014 年起，凡进城务工人员持有有效北京市居住证明，有合法稳定的住所，合法稳定职业已满 6 年，在京连续缴纳社会保险已满 6 年，其随迁子女具有本市学籍且已在京连续就读高中阶段教育 3 年学习年限的，可以在北京参加高等职业学校的录取考试。学生从高等职业学校毕业后，可参加优秀应届毕业生升入本科段学习的推荐与录取考试。

（四）促进职业教育发展

1. 北京市职业教育生均经费支出与毕业生人数变化

《中国教育经费统计年鉴 2012》显示，2011 年地方职业高中和地方中等职业学校的生均教育经费排名中，北京市居于首位。由表 9 可知，北京市地方职业高中和地方中等职业学校的生均支出分别是全国水平的 3.7 倍和 2.9 倍，且均高于上海。

表9　　　　2011 年两类职业教育学校生均教育经费支出　　　　单位：元

	地方职业高中	地方中等职业学校
全国	9659.73	10391.91
北京	35410.04	29985.50
上海	28065.47	29098.59

数据来源：《中国教育经费统计年鉴 2012》。

近年来，北京市职业高中和普通中专的吸引力有所下降。由表 10 可知，从 2010 年到 2013 年，职业高中的招生数从 2010—2012 年的基本稳定到 2013 年大幅下降，毕业生数则逐年下降，2013 年的毕业生数比三年前下降了 16.7%；此外，普通中专的招生人数也已呈逐年下降趋势，2013 年的毕业生人数比三年前下降了 28.0%。在全国范围内，近年来职业教育的吸引力也在下降。《中国统计摘要 2013》显示，2010—2012 年全国职业高中的招生人数分别是 278.7 万人、246.4 万人、213.9 万人，呈逐年下降趋势。

表 10　　2010—2013 年北京市职业高中和普通中专招生数和毕业生数

单位：人

	2010 年		2011 年		2012 年		2013 年	
	招生数	毕业生数	招生数	毕业生数	招生数	毕业生数	招生数	毕业生数
职业高中	21562	21616	21633	20851	21925	19281	7162	17999
普通中专	17620	23609	15186	17896	14753	16111	14029	17002

数据来源：《北京统计年鉴（2011—2014）》。

2．成立大型职教集团，有组织性推进职业教育

面对职业教育的潜在危机，北京市鼓励成立大型职教集团，加强统筹建设和资源整合。职教集团的特点是，深度推进校企合作，围绕北京市经济社会发展的重点行业和专业领域，以职业院校为主，联合行业协会、骨干企业等组成，面向行业服务，将教育与行业紧密结合，实现供需对接、标准对接、队伍融合、产教结合。2009 年，北京交通职教集团和昌平职教集团组建成立，促进了职业教育与行业发展的紧密结合。其中，北京交通职教集团是北京市首个经市委、市政府批准成立的职业教育集团，由北京市交通委员会、北京市教育委员会、北京市人力资源和社会保障局共同组建，现有 39 个成员单位发挥各自的优势和力量，包括 6 个政府机关、8 个交通行业国有集团公司、5 所中职学校、1 所高职学院、2 所大学、1 所成人高校、10 家国内外企业、4 个行业协会、1 个科研机构、1 个职业技能鉴定机构；北京市昌平职教集团是昌平区政府为适应区域经济和产业发展需要成立的区域性职教集团，有成员单位 22 个，包括中高等职院校 10 家、企业 8 家、乡镇 4 家。①

3．实施职业教育空间布局规划

北京市在推动普通教育与职业教育融通方面做出了一定尝试。北京市昌平区 2007 年开始试点普通高中自愿二次选择，即允许高中学

---

① 《创新职业教育办学体制，探索集团化办学规律》，2011 年 7 月 29 日，http：//www. tech. net. cn/web/articleview. aspx？Page＝1&id＝20110729110627934&cata_ id＝N163。

生根据自身学习情况、就业需求转入职业学校。转入后，文化课程适当予以免修，重点加强专业学习和技能训练。到 2011 年底，该模式已推广到昌平区所有的普通高中。同时，昌平区也允许职业学校的学生进行二次选择，即转入普通高中就学和参加高考①。

根据国家统一规定，从 2012 年秋季学期起，全国中等职业教育免学费范围扩大到所有农村（含县镇）学生、城市涉农专业学生和家庭经济困难学生。到 2013 年，全国有内蒙古自治区、山西省、江苏省、福建省、重庆市、贵州省、青海省、宁波市、厦门市 9 个省市区将免学费范围扩大到所有中职学生，免学费资金由财政补贴职业学校，补贴标准从 2000 元至 6500 元（每生每年）不等。

北京市尚未推行中职教育学费全免政策，免学费的对象除农村学生和涉农专业学生以外，还包括具有正式学籍的城乡低保家庭（含生活困难补助家庭）学生、城乡低收入家庭学生、享受抚恤补助的优抚对象及其子女、孤儿（含福利机构供养和社会散居）、残疾人子女、残疾学生。除公办中等职业学校外，政府教育、人力社保行政管理部门依法批准成立的民办中等职业学校也纳入免除学费范围。

值得注意的是，农村学生和涉农学生免费的对象不仅是北京户籍学生，还包括随迁子女。自 2013 年起，凡进城务工人员持有有效北京市居住证明，有合法稳定的住所，合法稳定职业已满 3 年，在京连续缴纳社会保险已满 3 年，其随迁子女具有本市学籍且已在京连续就读初中 3 年学习年限的，可以参加北京市中等职业学校的录取考试。其中来自农村的学生和学习涉农专业学生等符合相关规定的学生享有北京市中等职业教育免学费和国家助学金政策。

（五）推动特殊教育发展

1. 北京市特殊教育发展水平

北京的特殊教育入学率始终保持在全国领先水平。市区财政对特

---

① 邓兴军：《走什么样的高中路可以有二次选择》，《北京青年报》2011 年 11 月 8 日。

殊教育的投入体现在以下几个方面：自 2001 年秋季起，拥有北京市户籍、在公办特教学校就读的残疾中小学生不仅实现免费特殊教育，而且获得了生活和助学补助；在实施绩效工资的基础上给特教学校教师增设每人每月 300 元的岗位津贴；从 2010 年起，北京市再次调整基础教育特教学校公用经费定额中的综合定额标准，将现行标准调整为每生每年 4500 元，比原定额的 2200 元增加 2300 元，其他定额部分与现行基础教育公用经费定额标准相同。由表 2、表 3、表 4 可知，北京市特殊教育学校的生均经费支出远远高于其他各级各类学校的生均经费支出。

北京市从 2010 年开始，从学龄前、中小学到大学，为残疾人提供各阶段教育资源[①]。截至 2013 年 6 月，北京市共有基础教育阶段特殊教育学校 22 所，在校生 2988 名，其中 285 名重度和多重残疾学生接受送教上门服务；5682 名残疾学生在 1093 所普通中小学随班就读，占全市义务教育阶段在校残疾学生总数的 66%[②]。

2. 推进随班就读模式

基于随班就读的融合教育是在世界范围内受到广泛认可的特殊教育模式。从 20 世纪 90 年代开始，北京市先后出台了《关于进一步加强九年义务教育阶段残疾儿童少年随班就读工作的意见》《关于在全市各区县开展建立随班就读工作支持保障体系工作的通知》等系列文件为随班就读的推进提供保障，在全国较早开始探索资源教室、特殊教育中心等专业支持模式，2002 年起增设专项资金推进资源教室建设。北京市在随班就读的政策支持、物质保障、专业指导、师资培训和教育教学质量提高等方面都做出了有益的探索和切实的实践，走在全国前列。

在特殊教育体系中，随班就读的组织管理和支持保障体系建设还有待加强、教学质量还有待提高。2013 年 2 月，北京市教委发布

---

① 刘昊：《北京：2010 年残疾学生毕业时将有"特制"毕业证》，《北京日报》2009年 11 月 5 日。

② 杜燕：《2012 年北京残疾少儿义务教育入学率要超 99%》，2013 年 6 月 6 日，中国新闻网：http://www.chinanews.com/df/2013/06-06/4903958.shtml。

《关于进一步加强随班就读工作的意见》，制定了《北京市残疾儿童少年随班就读工作管理办法》和《各类残疾类别随班就读具体标准》。随班就读对象的确认应执行本市《各类残疾类别随班就读具体标准》，该标准对视力残疾、听力残疾、言语残疾、肢体残疾、智力残疾、精神残疾和多重残疾的随班就读标准做出了详细规定。普通学校要依法接收本校服务范围内经检测符合规定的残疾儿童少年随班就读，随班就读儿童少年，应当与普通儿童少年一样免试就近入学；经区县特殊教育中心确认的随班就读学生，学校应根据残疾儿童少年的能力和障碍现状给予适当的教育安排。① 特殊教育学校学生具有特殊教育学校和户口所在地就近普通学校两个学籍，学生可以根据自身康复情况，通过教师专业指导，在普通学校和特殊教育学校间选择最适合自己的教育形式②。

2013 年 5 月，北京市教委、市残联启动《北京中小学融合教育行动计划》，在制定随班就读管理办法和具体标准的基础上进一步推进随班就读工作。未来 3 年，北京将重点支持 100 所随班就读工作突出的义务教育学校建立软、硬件完备的示范性资源教室，创建 20 所市级融合教育示范学校；在管理模式上增强区县特殊教育支持中心的职能。

该行动计划还包括，实施学前特殊教育服务工程，以幼儿园为依托，建立 60 个特殊儿童随园就读康复资源中心。每个康复资源中心一般应配备专业教师 1 名，同时可在特殊教育学校开设学前班，确保特殊儿童及家长的教育与指导。在教师队伍建设方面，加强特殊教育教师、巡回指导教师、资源教师、随班就读教师、送教上门教师等多类教师的队伍建设。此外，拓宽特殊教育的社会支持渠道，包括建立北京市特殊教育专家咨询委员会；依托信息技术，建立残疾儿童少年

---

① 《北京市教育委员会、北京市人民政府教育督导室、北京市残疾人联合会关于进一步加强随班就读工作的意见》，2013 年 2 月 6 日，首都之窗：http://zhengwu.beijing.gov.cn/gzdt/gggs/t1298617.htm。

② 陈荞、张灵：《北京听力、肢残、言语等七类学生可享双学籍》，《京华时报》2013 年 5 月 16 日。

信息平台和资料库，实施随访和跟踪服务，做好医教结合；逐步对现有社区实施无障碍改造；街道、乡镇等有针对性地加强残疾儿童少年文化、卫生、体育和美育工作，帮助残疾少儿融入社会。

《北京市中小学融合教育行动计划》的目标是在全国率先实现残疾儿童"普九"目标，各类残疾儿童少年义务教育入学率达99%以上；对义务教育阶段不能入校就读的重度和多重残疾儿童少年实施送教上门，制定《北京市残疾儿童少年送教上门管理办法》，力争做到零拒绝、全覆盖；通过学校教育、社区教育和社会教育为非义务教育阶段残疾人提供教育服务。

（六）完善教育资助体系

北京市教育资助体系涵盖各级各类学校。全市普通中小学低保家庭和低收入家庭子女、革命烈士子女、享受社会优抚待遇家庭的学生和残疾学生可享受人民助学金；特定家庭的寄宿学生也可获得补助：在公办中小学就读的城乡低保家庭寄宿学生、在公办特殊教育学校就读的残疾寄宿学生、具有北京市农村户籍的在10个远郊区县公办农村寄宿制中小学就读的寄宿学生、在本市工读学校就读的寄宿学生，免收寄宿费，并享有伙食补助。专门针对残疾学生的补助有：在特殊教育学校就读的普通高中、职业高中残疾学生免收学杂费和教科书费，并每年获得300元补助；而对于随班就读的普通高中学生，每人每学年补助1000元，中等职业学校学生，每人每学年补助2000元。

从2007年开始，北京市为考上大学的城乡困难家庭子女提供一次性临时救助金4000元，用于支付当年的学费。2011年，该救助金金额调高500元，救助对象从城乡低保家庭学生和领取生活困难补助的重残人家庭学生，扩大至所有城乡低收入家庭学生。城乡居民最低生活保障、低收入救助的家庭和享受生活困难补助的重残人士家庭中，当年考入普通高等学校接受全日制本科、专科或高等职业教育的学生，可申请享受一次性救助，救助金最高为 4500 元。[①] 为鼓励残疾人接受高等教育，残疾大学生、研究生每人每学年补助 4000 元，其中享受国家助学补助的学生，高于补助标准的不再补助，低于补助标准的补足到 4000 元；对参加全国成人高考、高等教育自学考试、成人研究生考试的残疾人，取得相应学历证书后按照大专 4000 元、本科 5000 元和研究生 6000 元的标准给予一次性的助学补助；同等学历只补助一次。[②]

值得注意的是，2012 年 9 月 1 日《北京市学前教育资助管理办法》出台，教育资助延伸到学前教育阶段。资助分两等，甲等资助标准为，凡持有《北京市城市（农村）居民最低生活保障金领取证》《北京市城市居民生活困难补助金领取证》《农村五保供养证》《中华人民共和国烈士证明书》《儿童福利证》的适龄儿童和残疾儿童，入园后免交保教费。乙等资助标准为，持有《北京市低收入家庭救助证》的适龄儿童，入园后免交 50% 的保教费。

（七）整合发展高等教育

1. 整合在京中央高校和市属高校资源，促进共建

借助在京中央高校的资源优势，北京市探索在京中央高校与市属高校的多种合作形式，整合优质高等教育资源。从 1999 年开始，北京市引导 13 所高校联合成立学院路地区高校教学共同体，在共同体的教学和教学管理上组建一个虚拟的单一学校，统筹资源进行管理，成立了秘书处、处长联席会及全体理事会，建立了网站。该共同体目前已包括除军事之外的 11 个学科的 265 门课程组成的跨校选修课程体系，开设了 34 个"跨校辅修专业"，16 个"共同体辅修专业"。目前，学院路教学共同体的成员已包括 13 所中央高校和 6 所市属高校，参与的高校已不限于学院路周边地区。这种开放办学、资源共享的方式对全国高校具有积极的辐射和示范作用。

---

① 童曙泉：《北京：北京市贫困大学新生入学救助金将增至 4500 元》，《北京日报》2011 年 10 月 8 日。
② 杜新达：《北京：残疾大学生每年补助 4000 元》，《北京晚报》2009 年 4 月 24 日。

　　北京市推进中央在京高校和北京市属高校的共建，形式包括学科共建、平台共享、人员交流等。2009 年，北京市出台《关于开展北京中央高校与市属高校共建工作的通知》等文件，从政策上给予高校共建保障和支持。2009 年 9 月，首批在京中央高校与市属高校共建协议签署，北京交通大学等 11 所中央高校分别与北京信息科技大学等 11 所市属高校签订了结对共建协议。从共建开始至今，高校根据协议积极开展交流合作。例如，北京交通大学和北京信息科技大学两校实现了部分专业学生跨校选课、学分互认、教师互访以及教学管理人员开展交流。中央高校和北京市属高校的合作还包括共建专业群。北京市从 2011 年起重点开展了专业群建设，首批试点的五个专业群是机械类、计算机与信息类、经济与贸易类、会计学类和英语类，每个专业群各由一个中央高校和一个市属高校牵头①。

　　2. 搭建校企合作平台，促进科技成果转化

　　为促进高校的科技成果转化和人才培养创新，2012 年 2 月北京印刷学院与中关村发展集团签署校企战略合作协议，搭建校企合作平台。中关村发展集团计划向印刷学院的两项拥有自主知识产权的绿色印刷技术投资千万元，形成产业规模并在全国推广。这是市属高校首次与中关村开展股权合作。这两个项目将采用政府资金引导、企业重点投资、学校成果作价入股的方式在北京进行转化和产业化，这是一种"产学研协同创新"的模式。此外，北京印刷学院和中关村发展集团还将开展多种形式的校企合作。②

　　3. 推出高层次人才培养计划

　　在北京市市属高校的教学科研人才培养方面，2013 年 2 月北京市教委推出《北京市属高等学校高层次人才引进与培养三年行动计划（2013—2015 年）》，加强和改善对高层次人才的引进与培养。该计划的目标是引进 100 名左右高端领军人才，培养 100 名左右长城学

　　① 《北京六大举措促在京高校协同发展》，教育部网站：http：//www.moe.gov.cn/publicfiles/business/htmlfiles/moe/s6635/201302/147487.html。

　　② 左志红：《中关村发展集团与北京印刷学院签署校企战略合作协议》，《中国新闻出版报》2012 年 2 月 29 日。

者，聘请一批国内外知名学者指导学校学科建设等工作，培育 500 名左右优秀青年人才，提升北京市属高等学校人才队伍的素质和水平以及市属高等学校办学质量。

三　北京市教育领域社会建设创新的发展趋势

（一）统筹规划教育资源，改进政府管理方式

教育领域社会建设的推进，除了要在具体领域改进之外，还需要省级政府的统筹协调和综合改革。2010 年底，教育部公布省级政府教育统筹综合改革的试点地区，包括北京市、上海市、安徽省、广东省、云南省、新疆维吾尔自治区和深圳市。这些试点地区的任务是：深化教育管理体制改革，探索政校分开、管办分离实现形式。统筹推进各级各类教育协调发展。统筹城乡、区域教育协调发展。统筹编制符合国家要求和本地实际的办学条件、教师编制、招生规模等基本标准。建立健全地方政府履行教育职责的评价制度。探索建立督导机构独立履行职责的体制机制。

《北京中长期教育改革和发展规划纲要（2010—2020 年）》在推进教育管理体制改革这一问题时提出，要转变政府教育管理职能，建立首都基本公共教育服务标准，实现基本公共教育服务均等化，维护教育公平和教育秩序。改进政府管理方式，更多地运用法规、政策、标准、公共财政等手段引导和支持教育发展，减少和规范对学校的行政审批和直接干预，落实和扩大学校办学自主权。完善教育行政决策制度，规范决策程序，建立首都教育决策咨询委员会。

在空间布局方面，还需要建立健全北京市教育资源空间布局调整工作协调机制，明确市、区（县）两级政府职责，制定规划引导、经费投入、土地储备、资源整合等相关政策，加强统筹规划和实施指导。统筹配置各级各类教育资源，实现学前教育全面配置、基础教育均衡配置、职业教育协调配置、高等教育优化配置。

在配置资源时要充分考虑人口和产业的变动和发展趋势。例如，考虑北京市人口迁移聚居分布趋势和各个学龄段人口的变化趋势，强

化市、区（县）政府科学统筹配置力度，促进中小学教育资源在区域内和区域间的均衡配置。在职业教育配置方面，依据首都城市空间布局规划和产业发展规划，制定实施职业教育空间布局规划，推动职业院校向产业集中区集聚。在高等教育方面，加强科学规划，优化完善由中关村及周边高校组成的大学集聚中心和北部、南部、东部3个高校集聚区构成的"一心三区"首都高等教育空间布局，形成与首都空间布局相协调、产业结构相适应、区县功能相结合的首都高等教育资源空间布局。

（二）健全多渠道筹措经费的体制

在推进教育事业的经费保障方面，《北京中长期教育改革和发展规划纲要（2010—2020年)》提出，要完善义务教育经费保障机制，健全义务教育经费市级统筹、市与区县政府分担、管理以区县为主的体制，不断加大市政府统筹和引导力度。完善非义务教育阶段培养成本合理分担机制，根据经济发展状况、培养成本和居民可承受能力适时调整学费标准。

在财政经费支持教育事业方面，北京市要求各级政府优化财政支出结构，强化把教育作为财政支出重点领域予以优先保障，进一步落实"三个增长"，年初预算和预算执行中的超收收入分配都要体现法定增长，各级政府教育财政拨款增长应高于财政经常性收入的增长，并使按在校学生人数平均的教育费用逐步增长，保证教师工资和学生人均公用经费逐步增长。

在不同教育阶段，投入主体的构成有所不同，健全以政府投资为主、多渠道筹集教育经费的体制。学前教育实行政府投入、社会举办者投入、家庭合理负担的投入机制。普通高中实行以财政投入为主、其他多种渠道筹措经费为辅的体制。中等职业教育实行政府、行业、企业及其他社会力量多渠道依法筹集经费的投入机制。高等教育实行以举办者投入为主、受教育者合理分担培养成本、学校设立基金接受社会捐赠等多渠道筹措经费的投入机制。

健全公共财政对民办教育的扶持政策，市、区（县）两级政府采取经费资助和出租、转让闲置的国有资产等措施，对办学规范、特色明显的民办学校给予奖励，鼓励民办学校特色发展、可持续发展。对校企合作办学中积极参与支持实习实验和实训基地建设的企业，政府制定相应的优惠政策，给予表彰奖励。

完善社会捐赠教育和学校筹款的激励机制。落实个人教育捐赠支出税收政策。鼓励社会积极捐赠，增强学校积极争取社会捐赠的意识和能力。

（三）推动社会力量发展教育事业

公众对教育的需求量大、需求方式多样，政府无法供给所有的教育服务，需要社会力量参与。《北京市"十二五"时期社会建设规划纲要》中提出的完善公共服务供给机制的方式是，按照政府保障基本公共服务、市场提供多样化选择的原则，创新社会服务提供方式，推进非基本公共服务市场化改革，形成政府主导、企事业单位和社会组织广泛参与的公共服务提供机制。完善政府购买公共服务政策，健全和规范项目化运行管理机制。探索多种有效措施，鼓励社会资本以多种方式参与公共服务，推动公共服务社会化、多元化。完善社会建设专项资金制度，加大政府购买社会组织服务力度。

2013年，北京市计划安排8000万元市社会建设专项资金，向社会组织购买500个公共服务项目。2010年以来，北京市已连续3年累计投入2亿元，购买社会组织服务项目1029个[①]。从2011年起，北京市公布社会建设专项资金的项目申报指南，开始细化购买社会公共服务项目，其中第一大类为社会基本公共服务类，包括支教助学服务类项目。2013年，审批通过的教育类项目的申报单位有高校、社工事务所、协会等，项目主题涉及外来务工人员子女教育、青少年校外成长、残疾人送教上门等。

2012年，教育部印发了《关于鼓励和引导民间资金进入教育

---

① 王东亮：《2013年北京计划安排8000万元市社会建设专项资金》，《北京日报》2013年2月7日。

领域促进民办教育健康发展的实施意见》，鼓励民间资金进入教育领域。提出要拓宽民间资金参与教育事业发展的渠道，以独立举办、合作举办等多种形式兴办民办学校（含其他教育机构），拓宽民间资金进入教育领域、参与教育事业改革和发展的渠道。在制度设计上，要完善民办学校办学许可制度，在多方面与公办学校享有同等待遇。例如，民办高校申请学士、硕士和博士学位授予权的，按与公办高校相同的程序和要求进行审批。清理并纠正对民办学校的各类歧视政策。民办学校教师在资格认定、职称评审、进修培训、课题申请、评先选优、国际交流等方面与公办学校教师享受同等待遇。民办学校学生与公办学校学生同等纳入国家助学体系，在政府资助、评奖评优、升学就业、社会优待等方面与同级同类公办学校学生享有同等权利。民办普惠性幼儿园与公办幼儿园在园儿童享受同等的资助政策。

《北京中长期教育改革和发展规划纲要（2010—2020年）》则提出北京市发展民办教育的重点方向。在义务教育领域之外，要改进公共服务提供方式，引导社会资金以多种方式进入教育领域，尤其是鼓励举办学前教育和职业培训。提供不同阶段教育的民办学校发展的侧重点有所不同，包括重点发展面向社区服务的民办学前教育，鼓励民办中小学办出特色，推进民办高等职业教育与经济社会发展的紧密结合，大力提高民办高等教育的办学质量，积极发展教育培训产业。

在民办学校的管理方面，加大对民办教育的分类指导和分类管理力度。按照"扶需扶特，促优促强"的原则，落实民办教育平等优惠政策，建立民办教育表彰奖励制度，重点扶持、培育一批适应社会发展需要的高水平、高质量、有特色的品牌学校。加强对民办教育的规范管理和监督，探索建立各类民办学校的退出机制，进一步完善民办学校法人治理结构，推动民办学校党团组织和工会组织建设。完善民办教育服务体系，建立民办教育信息服务平台和民办学校预警机制，加强行业协会建设。

（四）改善教师待遇和职业发展

今后，北京市将继续改善教师福利待遇和发展路径，包括依法保障教师工资水平，落实教师绩效工资制度；研究制定教师住房保障政策，建设专家公寓和青年教师公寓；对农村教师的工资、职务（职称）等实行倾斜政策，完善津贴补贴制度，稳定农村教师队伍；对在远郊区县农村地区长期从教及贡献突出的教师给予奖励。落实民办学校教师职务（职称）评定制度。

未来，北京市中小学教师编制和职称改革的方向是实行统一的中小学教师编制标准，建立统一的职务（职称）系列。特殊教育学校和随班就读的学校则应考虑设立服务残疾儿童的编制标准，并研究将理疗师、社会工作师等服务残疾少儿的工作人员纳入学校的正式编制之中。

2012 年 11 月 30 日，北京市正式启动中小学教师职称制度改革试点，首次在中小学设置正高级职称，这也是北京市 2013 年教育工作的改革突破点之一。本次选定西城区、朝阳区和通州区作为试点，共涉及 35149 名中小学教师。此次改革打破了实施 20 多年的中小学职称评价体系，将原来相互独立的中小学教师职务系列统一起来，以便在中小学教师队伍建设上统筹考虑。以往北京中小学教师最高等级分别为副高级和中级，此次改革将中学和小学教师职称最高等级均设置到正高级，打通了教师职业发展通道。此次改革后，试点区县的中小学教师职称将设置为正高级、高级、一级、二级、三级[1]。中小学教师获得副高、正高职称之后，基本工资将与同职称等级大学教师一致。

为实现教育均衡发展，北京市将进一步推广和完善义务教育学校教师和校长合理流动机制，扩大优质教育资源的覆盖范围。2013 年 4 月，东城区为进一步推进教师跨校流动，计划在每个学区建立教师交

---

[1]　杜燕：《北京中小学教师首设正高级职称》，2012 年 11 月 30 日，中国新闻网：http：//www.chinanews.com/edu/2012/11 - 30/4373907.shtml。

流中心，由区域内的名校招聘和管理教师，让这些教师在学区内流动。例如，给史家小学多配备 20% 的教师编制，由史家小学招聘和培养教师，在各学校间交流，这些教师的人事关系仍留在史家小学。未来在评选优秀教师时将向流动教师倾斜，流动教师评优名额单列并可以破格认定为骨干教师①。

---

① 李莉：《东城区拟定教师流动方案，名校招教师学区内流动》，《北京晚报》2013年4月10日。

第二章 北京市就业领域社会建设 创新研究①

一 北京市就业人口分布分析

(一) 就业人口的产业分布、单位分布和工资水平

1. 就业人口的产业分布

由图2可知，从1990年到2013年，北京市三大产业的就业人员比例的变化趋势是第三产业就业人员逐步增长，2013年在从业人员中所占比例已达到76.7%。第一产业、第二产业就业人员逐步减少，尤其是第二产业，就业人员比例下降幅度很大。1990年，第二产业就业人员占从业人员的44.9%，到2013年已经降到18.5%。

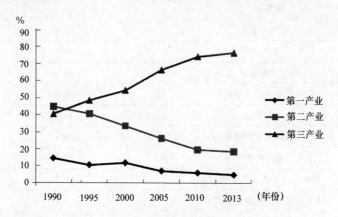

图2　1990—2013年北京市三次产业从业人员构成

数据来源：《北京统计年鉴2014》。

---

① 本章执笔人：汪琳岚。

　　按行业分，由表11可知，从2013年末北京市就业人口数来看，制造业、批发与零售业的就业人数排前两位，均过百万，分别为133.2万和122.6万。可见，吸纳就业人口最多的前两个细分行业仍然属于第二产业和传统服务业的范畴。吸纳人数最多的制造业范围较广，既包括传统制造业，也包括高科技、高附加值的电子信息制造业等现代制造业。年末从业人员数排在第四位和第五位的为信息传输、计算机服务和软件业以及科学研究、技术服务与地质勘查业，均为现代服务业，这也与北京市现代服务业发展较快的产业优势相吻合。

表11　　　　　　2013年北京市法人单位年末从业人员数　　　　　　单位：万人

行业	年末从业人员数
制造业	133.2
批发与零售业	122.6
租赁和商务服务业	109.5
信息传输、计算机服务和软件业	79.4
科学研究、技术服务与地质勘查业	79.1
交通运输、仓储和邮政业	65.5
建筑业	60.8
房地产业	52.0
教育	49.5
住宿和餐饮业	46.2
公共管理与社会组织	45.5
金融业	40.5
卫生、社会保障和社会福利业	26.1
文化、体育与娱乐业	23.0
居民服务和其他服务业	17.8
水利、环境和公共设施管理业	11.4
电力、燃气及水的生产和供应业	9.1
采矿业	6.8

续表

行业	年末从业人员数
农、林、牧、渔业	3.9
国际组织	—

数据来源:《北京统计年鉴2014》。

2. 就业人口的单位分布

由表12可知,1990—2013年北京市按登记注册类型分城镇从业人员年末人数中的就业人口的分布趋势是,市场经济的发展推动了各种经济实体的兴起,从业人员也向国有、集体单位之外的各类单位集中。国有单位、集体单位的就业人员数逐步减少,2013年在国有单位工作的人数仅为1990年人数的52.9%,集体单位的就业人数则仅为1990年的20.2%;而有限责任公司、股份有限公司、外商和港澳台商投资的公司、私营企业和个体就业人员的数量逐步增长。

表12　　1990—2013年北京市按登记注册类型分城镇从业人员年末
人数中的就业人口　　　　　　　　　　　单位:万人

年份	国有单位	集体单位	联营单位	有限责任公司	股份有限公司	外商投资	港澳台商投资	私营企业	个体
1990	357.9	86.8	5.1	—	—	4.6		—	6.3
1995	358.2	72.1	3.7	—	—	17.4	10.0	—	21.9
2000	266.2	48.3	4.0	34.2	14.0	23.8	14.2	—	24.4
2005	195.0	23.8	2.4	149.4	36.4	49.6	21.7	131.2	57.2
2013	189.5	17.5	0.7	278.0	85.4	96.1	56.1	265.9	64.8

注:有限责任公司和股份有限公司1998年开始有数据。

数据来源:《北京统计年鉴2014》。

结合图3可知,2013年北京市按照单位注册类型计算的城镇就业人员数可分为三个梯队。有限责任公司、私营企业、国有单位雇用的就业人员数在所有类型的单位中位列前三,均在200万上下浮动,三者之和约占城镇就业人员数的 68.4%，是真正的就业大户；外商投资单位、股份有限公司、个体和港澳台商单位就业人员均在 50 万到 100 万之间，各自在城镇就业人员数中的比例均不超过 10%；最后是集体单位和联营单位，就业人员数量较小，分别是 17.5 万和 0.7 万，在城镇就业人员中的比例微乎其微。

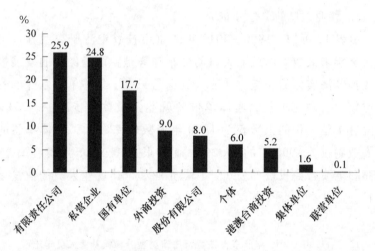

图 3　2013 年北京市按登记注册类型分年末城镇就业人员占比

数据来源：《北京统计年鉴 2014》。

3. 工资水平

由表 13 可知，从 2013 年北京市各法人单位年均工资额的排名看，外商投资单位从业人员的年平均工资额高于内资注册单位，而内资注册单位中规模偏大的股份有限公司、国有单位、有限责任公司的人均年收入高于联营、私营单位等。外商投资单位、股份有限公司和港澳台商投资单位的人均年收入排在前三位，分别为 12.9 万元、12.5 万元和 10.5 万元。股份有限公司从业人员的年均工资 12.5 万元也是内资单位中最高的，其次是国有单位，年均工资为 9.4 万元。

表 13　　2013 年北京市法人单位分登记注册类型从业人员平均工资　单位：元

登记注册类型	平均工资
外商投资	128513
股份有限公司	125033
港澳台商投资	104819
国有单位	94173
有限责任公司	74007
其他	54442
联营单位	48850
私营企业	48027
集体单位	42502
股份合作	38149

数据来源：《北京统计年鉴 2014》。

表 14 列举了 2013 年北京市法人单位分行业年均工资。按行业分，金融业的平均工资远高于其他行业，达到 20.1 万元，是采矿业平均工资 8.2 万元的 2.4 倍，其次是信息传输、计算机服务和软件业，年平均工资约为 12.0 万元，是全部行业平均工资的 1.5 倍。租赁和商务服务业其下所列的行业的平均工资低于全部行业的平均工资，这些行业主要集中在传统服务业、第一产业和第二产业。

表 14　　　　2013 年北京市法人单位分行业从业人员平均工资　　　　单位：元

行业	年平均工资
金融业	200529
信息传输、计算机服务和软件业	119766
卫生和社会工作	106907
文化、体育与娱乐业	99851
科学研究、技术服务与地质勘查业	99072
电力、燃气及水的生产和供应业	97934
教育	85406
采矿业	82239

续表

行业	年平均工资
租赁和商务服务业	81934
公共管理、社会保障和社会组织	73552
房地产业	69020
交通运输、仓储和邮政业	68379
批发和零售业	66681
制造业	66218
建筑业	60713
水利、环境和公共设施管理业	56201
农、林、牧、渔业	45286
住宿和餐饮业	41708
居民服务、修理和其他服务业	39390

数据来源:《北京统计年鉴2014》。

(二)北京市常住外来人口的职业分布

1. 北京市常住外来人口在传统服务业中占比较大

表15列举了2010年北京市分行业外来就业人口的比例。居民服务和其他服务业的就业人口中,外来人口就业比例最高,达到74.9%,将近3/4;住宿和餐饮业的外来人口占就业人口的72.6%,也相当重要;批发和零售业、建筑业、制造业中外来人口的比例也超过一半。合计外来就业人口占全部就业人口的比例达到45.9%。

表15　　　　2010年北京市分行业外来就业人口的比例　　　单位:人、%

	外来就业人口	就业人口总计	外来就业人口的比例
居民服务和其他服务业	22301	29794	74.9
住宿和餐饮业	42024	57901	72.6
批发和零售业	132407	194595	68.0
建筑业	41150	65813	62.5

续表

	外来就业人口	就业人口总计	外来就业人口的比例
制造业	79515	152617	52.1
信息传输、计算机服务和软件业	19039	39806	47.8
租赁和商业服务业	22375	49023	45.6
房地产业	15353	34711	44.2
文化、体育和娱乐业	11056	27454	40.3
采矿业	1141	3330	34.3
交通运输、仓储和邮政业	16949	61509	27.6
卫生、社会保障和社会福利业	6126	25288	24.2
教育	10975	45991	23.9
科学研究、技术服务和地质勘查业	7273	30488	23.9
金融业	6252	26898	23.2
水利、环境和公共设施管理业	2791	12292	22.7
国际组织	47	231	20.3
电力、燃气及水的生产和供应业	1542	9320	16.5
农、林、牧、副、渔业	6571	53312	12.3
公共管理和社会组织	3479	57014	6.1
合计	448366	977387	45.9

数据来源：总就业人口数据来自《北京市 2010 年人口普查资料》表 4—6；外来人口就业数据来自《北京市 2010 年人口普查资料外来人口卷》表 2—3。

2. 常住外来人口中的高学历人口聚集于现代服务业

由表 16 可知，在几类现代服务业中，2010 年北京市外来人口中大专及以上学历从业人口的比例已与户籍人口接近，外来人口对现代服务业的发展作出了很大贡献。从事信息传输、计算机服务和软件业的外来从业人口中大专及以上学历的比例已达 82.4%，与户籍从业人口中大专及以上学历从业人口的比例 87.7% 相当；就职于国际组织的外来从业人口中大专及以上学历的比例为 80.9%，高于户籍人口中的 76.6%；在金融业，两者的比例分别为 74.1% 和 85.6%；在科学研究、技术服务和地质勘查业，两者的比例分别为 73.4% 和 84.1%，外来人口的学历结构略低于户籍人口。其他几类现代服务业如卫生、社会保障和社会福利业，文化、体育和娱乐业，教育，租赁和商业服务业的外来就业人口中，大专及以上学历的比例也超过一半。相比起现代服务业，传统服务业如批发和零售业，交通运输、仓储和邮政业，住宿和餐饮业，居民服务和其他服务业中，外来从业人口中高学历人口的比例较低。

表 16　2010 年北京市分行业、分户籍类型从业人口中大专及以上学历人口的比例　　　　　　　　　　　单位:%

	常住外来从业人口中大专及以上学历的比例	常住户籍从业人口中大专及以上学历的比例
信息传输、计算机服务和软件业	82.4	87.7
国际组织	80.9	76.6
金融业	74.1	85.6
科学研究、技术服务和地质勘查业	73.4	84.1
卫生、社会保障和社会福利业	59.4	72.0
文化、体育和娱乐业	58.0	77.4
教育	56.6	80.8
租赁和商业服务业	53.6	71.7
公共管理和社会组织	45.8	61.6
电力、燃气及水的生产和供应业	43.5	53.0
采矿业	32.3	37.7
房地产业	31.8	50.2
制造业	20.7	39.6
水利、环境和公共设施管理业	18.4	31.2
批发和零售业	17.2	45.3
交通运输、仓储和邮政业	16.9	25.7
建筑业	11.9	37.6

续表

	常住外来从业人口中大专及以上学历的比例	常住户籍从业人口中大专及以上学历的比例
住宿和餐饮业	8.7	35.1
居民服务和其他服务业	7.1	25.3
农、林、牧、副、渔业	5.1	2.4
合计	25.5	50.4

数据来源：外来人口数据来自《北京市 2010 年人口普查资料外来人口卷》表 2—3；户籍人口数据来自《北京市 2010 年人口普查资料》表 4—6。

二　北京市就业领域社会建设创新分析

（一）以重大产业项目、重大基础设施和重点功能区建设带动就业岗位开发

产业发展是就业的前提。以大兴和顺义为例，随着北京市各区县的重大产业项目、功能区的落地，会出现大量新增就业岗位。

据测算，未来几年，大兴区新增就业岗位将超过 40 万个。比如，已经启动建设的新机场总投资预计超过 2000 亿元，加上规划的临空产业区和新航城，带动就业超过 30 万人。再如，作为首都南部高技术制造业和战略性新兴产业集聚区，大兴区确定了十大主导产业，以京东方、奔驰汽车、诺基亚、云计算、生物医药为龙头的多个千亿级产业集群正在大力打造中。以 2012 年初开工的奔驰汽车零部件产业园为例，需要数千名劳动力。青云店镇 2012 年底投产的金晶项目，需要劳动力超过 500 人。①

顺义也是如此。如 2011 年落户赵全营镇的北京自主品牌乘用车基地投资 41.8 亿元，2013 年二期工程建成后将达到年产 30 万辆的产能，能够直接拉动引进相关配套企业 20 余家，带动 3000 人就业，

----

① 本报记者：《依托重大项目和就业岗位的增加，预测未来几年大兴新增岗位将超 40 万个》，《北京劳动就业报》2012 年 6 月 5 日。

所有配套企业全部投产后可带动周边 1 万人就业。空港 C 区、板桥创意天承产业基地 2012 年底可吸纳 300 名劳动力就业；依托板桥村土地一级开发后，打造科技成果转化基地和高端人才生活基地，能吸纳大量劳动者就业。①

近年来，随着中关村国家自主创新示范区核心区四大功能区建设的推进，海淀区以生态环境建设、绿色资源管护为代表的绿色产业和以节能减排技术、环保技术、低碳技术、清洁能源技术等为代表的产业转绿项目不断增加，带动了绿色产业发展，也使绿色就业岗位资源得以增加，解决了周边地区部分农业户籍劳动力的就业。

（二）特定群体的就业促进

1. 大学毕业生的就业促进

近年来，北京市高等院校毕业生人数增长很快。2008—2013 年，普通高校大专至博士学历毕业生总人数（不含成人教育、网络教育、自考、研修班等毕业生）呈上升态势，从 2008 年的 20.6 万人增长到 2013 年的 22.2 万人，大学毕业生的就业压力逐年增大（见表 17）。

大学生就业难的原因：一是宏观经济增速放缓，就业岗位增速有限；二是高等教育招生规模大、增速快，而市场上无法提供足够的、符合大学生就业预期的白领岗位。此外，大学的部分专业和课程设计与市场需求有所偏离。

表 17　2008—2013 年度北京市高等学历教育毕（结）业生人数　单位：人

	2008 年	2009 年	2010 年	2011 年	2012 年	2013 年
专科	46828	42964	42578	42415	41448	36780
本科	102631	109372	107578	108862	111532	111909
硕士	44748	46114	46417	49878	57020	59552

① 胡小兵：《实施重大项目带动战略　推动重点镇城乡一体化发展》，《中华合作时报》2012 年 5 月 29 日。

续表

	2008 年	2009 年	2010 年	2011 年	2012 年	2013 年
博士	11298	12666	12827	13318	13471	13805
合计	205505	211116	209400	214473	223471	222046

数据来源：《北京统计年鉴（2009—2014）》。

（1）资助高校开展特色就业项目

2011 年 12 月，北京市教委启动高校"就业特色工作项目"建设工作，从各高校遴选一批工作基础好、发展有潜力的工作项目进行重点建设，打造具有示范推广价值的典型就业工作项目，形成北京就业工作特色品牌，拟通过 2—3 年的建设，在北京地区高校建设 20 个左右就业特色工作项目，并将先进经验在全市推广①。北京大学的"探索建立适合当代中国国情和大学生实际需求的就业指导体系"、清华大学的"构建就业引导工作体系，促进毕业生紧密结合自身发展和国家需要，实现职业生涯持续科学发展"、中国政法大学的"毕业生就业权益保护"②、中央财经大学的"构建全程化、立体式课外就业指导活动体系"③、中国石油大学的"以服务国家能源战略需求为使命，构建企业—学校—学生三方联动就业市场建设机制，为学生就业和实习实践搭建广阔平台"④、北京信息职业技术学院的"基于大学生职业倾向测评基础上的个性化就业指导"⑤ 等获得项目立项和专项

---

① 北京市教委：《北京市教育委员会关于开展北京地区高校就业特色工作项目建设工作的通知》，2011 年 12 月 2 日，http：//www. bjedu. gov. cn/publish/portal0/tab67/info12917. htm。

② 北京市教委：《市教委开展高校就业特色工作项目评审和建设工作》，2012 年 1 月 18 日，http：//www. bjedu. gov. cn/publish/portal0/tab103/info13094. htm。

③ 中央财经大学：《我校获得"北京地区高校就业特色工作项目建设立项"》，2012 年 3 月 26 日，http：//www. cufe. edu. cn/pub/zycjdxxww/jdxw/31841. htm。

④ 中国石油大学：《石大申报的就业特色项目被评选为北京地区高校就业特色工作项目》，2012 年 3 月 19 日，http：//www. cup. edu. cn/news/zhxw/54527. htm。

⑤ 北京信息职业技术学院：《北京信息职业技术学院"北京地区高校就业特色工作项目"建设启动会隆重举行》，2012 年 4 月 1 日，http：//www. bjbys. net. cn/yxzt/yxhd/250574. shtml。

支持。

（2）为大学毕业生提供特定岗位

A. 社区工作者。

北京市从 2000 年开始组织社区工作者公开招考。2009 年，北京市选聘 2000 名高校毕业生到社区党组织、社区居委会、社区服务站、商务楼宇社会工作站等工作。[①] 2010 年，北京市延续 2009 年的政策，在高校应届毕业生中集中选聘社区工作者。2009 年、2010 年两年共招聘了 5400 名大学毕业生到社区工作。2011 年，北京市将往届大学毕业生纳入社区工作者的招聘范围，也就是说，社区工作者的岗位不再专门面向应届毕业生，而是面向社会招聘。

B. 大学生村官。

北京市自 2006 年开始选聘普通高校毕业生到京郊农村担任村党支部书记助理、村委会主任助理，统称为大学生村官。

自 2011 年开始，北京市进一步扩大了大学生村官服务农村基层的范围，面向普通高校毕业生招聘农民专业合作社理事长助理。大学生村官与乡镇签订劳动合同，合同期三年；大学生村官参加五种社会保险，并自 2008 年起建立住房公积金。

大学生村官在落户和后续发展方面享受一定待遇。非北京生源毕业生在落户方面享受的待遇是，聘用两年连续考核合格者，按照北京市接收非北京生源高校毕业生的有关规定与程序，上报北京市人力资源和社会保障局批准后，人事档案转至所在区县人才服务机构，户口转至所在区县人才服务机构集体户；此外，大学生村官还享有定向考录公务员和事业编制人员、列为后备干部培养、用人单位定向招录、鼓励创业、考研加 10 分并优先录取等优惠政策[②]。

C. 基层工作岗位。

从 2011 年起，北京每年都要选拔 300 名左右应届优秀高校毕业

---

①　赵鹏：《北京出台 15 项措施促进大学生就业具体内容一览》，《京华时报》2009 年 3 月 12 日。

②　《北京市大学生村官政策问答》，2013 年 2 月 26 日，http：//www. bjbys. com/html/article_ content/201307/2bee7290a0db4efa8599b26464716de3. html。

生到基层工作，进行跟踪培养。对各高校推荐而且经过考录、选聘进入北京乡镇、街道、国有企事业等基层单位的应届毕业生，每年从中择优选拔进行培养锻炼，数量均为 300 名左右。选拔范围不但面向列入国家统招计划的普通高校北京生源、北京地区普通高校非北京生源，还提出京外"985"高校全日制大学本科以上应届优秀毕业生也可参加招录。这是北京打破户籍限制，首次对外地院校、外地户籍的"双外生"敞开大门，开放基层公务员岗位。

选拔应届优秀高校毕业生到基层培养锻炼，结合全市公务员考试录用和国有企事业单位招聘组织实施。选拔到北京市基层公务员岗位的，可以按照有关规定确定职务，并且享受相应职级待遇。其中，硕士研究生试用期满后核定为副主任科员，博士研究生试用期满后核定为主任科员，职数单列。选拔到国有企事业等其他基层单位的，依照有关规定核定职务及待遇①。

D. 中小学教师。

2007 年，继选拔大学生村官之后，北京市又推出大学毕业生支教计划，计划三年从北京高校中选拔共 2000 余名毕业生到农村中小学任教，实现为北京市农村中小学每校配置两名支教毕业生的目标。和大学生村官一样，非北京生源毕业生户口保存在培养学校，连续两年考核合格，按接收非北京生源高校毕业生的有关规定与程序上报市人事局批准后，户口转至所在支教区县人才服务机构；此外，也享受考研加 10 分的优惠待遇②。

该计划于 2007 年、2008 年推行了两年，2009 年取消③，改为在全市的教育系统提供 3000 个中小学教师岗位，公开招聘优秀应届高校毕业生到中小学任教，一方面缓解毕业生就业压力，一方面加大对

①　朱竞若、王明浩：《北京年招 300 大学生到基层，打破户籍限制》，2011 年 1 月 25 日，http：//politics. people. com. cn/GB/14562/13806326. html。

②　北京市教委：《关于组织北京高校毕业生到农村中小学开展支教活动的意见》（京教工〔2007〕6 号），2009 年 4 月 2 日，http：//learning. sohu. com/20090402/n263155173. shtml。

③　王佳琳：《北京可能取消大学毕业生到农村支教计划》，《新京报》2009 年 2 月 21 日。

中小学师资结构调整力度。

　　E. 硕士及以上学历受聘科研岗考核合格可落户。

　　各高校、科研单位、大学科技园、中关村科技园区研发型高新技术企业，以及其他承担国家和北京市重大科研项目的单位，可聘用北京地区高校硕士及以上学历的优秀毕业生参与研究。聘用期间，其劳务性费用和有关社会保险费补助按国家有关规定执行。课题结束后，对于在聘用期间完成科研任务、连续考核为合格及以上且符合进京条件的非北京生源高校毕业生，可按照程序办理北京市户口。聘用期满，根据工作需要可以续聘或到其他岗位就业，就业后工龄与参与项目研究期间的工作时间合并计算，社会保险缴费年限连续计算①。

　　（3）鼓励大学毕业生创业。

　　2010 年，北京高校毕业生就业指导中心成立了创业服务部，对大学生进行创业教育、培训，并配备导师，进行团队辅导。2011 年，中心面向大学生发放创业证，共有 2000 多人申请。全年共对 300 多名大学生进行了创业培训，有的大学生经培训后已走上创业道路。2012 年，中心进一步加大工作和服务力度，包括建设 100 个左右的创业导师团队，为真正想创业的大学生进行配套服务；筛选出 100 支左右的创业团队，每个团队将有一位导师进行定期辅导；还依托全市 20 多所大学科技园建设大学生创业实习基地②。

　　2013 年，北京市出台了一系列政策鼓励高校毕业生创业。高校毕业生从事个体经营的，按规定免收行政事业性收费；创办公司制企业的，投资人可以专利、非专利、股权等非货币资产出资；注册资本在 50 万元以下的，可按出资人约定，自公司成立之日起两年内分期缴足。凡开办个体工商户或创办企业，符合本市小额担保贷款政策，自筹资金不足的，可申请小额担保贷款；经营项目属于微利，符合本

　　① 《北京市人民政府办公厅关于做好 2009 年普通高等学校毕业生就业工作的通知》，2009 年 3 月 12 日，http://news.163.com/09/0312/01/545UFQT5000120GU.html。
　　② 李江涛：《北京大学生创业将有导师指导》，2012 年 2 月 23 日，新华网：http://news.xinhuanet.com/local/2012-02/23/c_111560887.htm。

市小额担保贷款贴息政策的，可享受贷款贴息；持《就业失业登记证》并具有自主创业证明的高校毕业生，从事个体经营的，三年内按每户每年 8000 元为限额依次扣减当年实际应缴纳的营业税、城市维护建设税、教育费附加和个人所得税；此外，大学毕业生在毕业两年内创业的，均可得到创业培训补贴①。

2013 年 7 月，北京市首家毕业生创业基地在石景山区建成，该创业基地为来自首都乃至全国有创业意愿的大学毕业生提供创业教育、创业战略指导、创业融资等一条龙服务。该创业平台一共有 3000 平方米，最多可容纳 300 个创业初期团队。创业者入驻基地后，每年交纳 4000 元，即可获得配备了电脑、电话等设备的办公场所。北京市将通过该基地，了解创业者最需要的政府支持，并出台相应政策，鼓励各区县建立毕业生创业基地，在经费、场地、税费等方面给予优惠；将创业大学生纳入贴息范围，同时扩大贴息范围，对吸引了风险投资的创业者也给予贴息。此外，还有望在目前最高 100 万元的基础上提高创业者小额担保贷款的额度②。

（4）补贴企业。

2009 年 11 月底，海淀区在北京市 18 区县中率先出台了《未就业应届毕业生参加见习培训补贴办法》。办法规定，企业为大学生设见习岗位，区政府将按照每人每月 500 元的标准给予企业见习补贴。但这个补贴并非每家企业都能覆盖，需具有一定规模，并且符合海淀区的产业发展要求。企业必须提供满足见习培训人员的岗位及工作条件，与参加培训的应届毕业生签订见习培训协议，制订见习培训计划，确定指导教师，见习培训结束后对符合企业用人条件的办理人员录用手续。海淀区人力资源和社会保障局将对参加见习培训的应届毕业生进行按月跟踪；每人见习时间最长 6 个月③。

---

① 余荣华：《北京鼓励毕业生创业，补贴延至毕业两年内》，《人民日报》2013 年 6 月 6 日。

② 袁京：《北京拟给大学生创业贴息，首家毕业生创业基地成立》，《北京日报》2013 年 7 月 10 日。

③ 陈厚舜：《北京市海淀企业设大学生见习岗政府给补贴》，《北京日报》2009 年 12 月 8 日。

（5）鼓励大学毕业生到二、三线城市就业。

北京市大学生就业问题的特殊性在于，北京市的现代服务业发展程度较高，提供了较多需要大学生的岗位，然而北京市面临着人口、资源、环境紧张的态势，生活成本高，对大学生也有一定的挤出效应。2012年3月，北京大学已签约的毕业生中，约有七成本科生选择京外就业，约有四成研究生去京外就业①。2012年，清华毕业生京外就业的比例为48.3%，2013、2014届毕业生京外就业率将突破50%，而10年前只有三成选择到京外就业②。

（6）鼓励大学生入伍。

经国务院、中央军委批准③，从2013年起，全国征兵时间由冬季调整到夏秋季，使学生毕业时间与征兵时间有机衔接。这是自1990年实行冬季征兵23年以来，首次调整征兵时间。2013年度新兵的入伍服役时间从9月1日起算，按照中国现行兵役法的规定，义务兵服现役的期限为两年。

所有符合征集条件、自愿报名的，具有北京市大学学籍的全日制在校生、应届毕业生可应征入伍。同等条件下，高校毕业生士兵在选取士官、考军校、提拔为干部、安排到技术岗位等方面优先；具有普通高等学校本科以上学历，取得相应学位的高校毕业生士兵，表现优秀，符合总政治部有关规定的，可以直接选拔为军官。

在校生入伍后，补偿入学前所交学费（每学年不超过6000元），复学后每年发放6000元助学金；应届毕业生补偿入学期间所交学费（每学年不超过6000元）。此外，服义务兵役期间，由区政府每年发给其家庭不低于2.2万元的优待金。

具有高等教育学历的士兵退役后，三年内参加硕士研究生考试初试加10分；立二等功及以上的，退役后免试推荐入读硕士研究生；

---

① 许卉：《就业调查：北大签约本科生七成选择京外就业》，《北京考试报》2012年3月27日。

② 任敏：《四千清华大学毕业生预计半数不留京》，《北京日报》2013年3月23日；万玉凤：《清华毕业生京外就业率攀升》，《中国教育报》2015年3月19日。

③ 饶沛：《北京市学生入伍优待金每年不低于2.2万元，退伍一次性就业补助金4.3万元》，《新京报》2013年6月16日。

退役复学后，报考本校研究生时，同等条件下优先录取；取得本校保研资格的，同等条件下优先录取。具有高等教育学历的士兵退役后，参加政法院校为基层公检法定向岗位招生时优先录取。

非京籍大学本科学历以上，从北京市入伍的退役士兵，被用人单位接收的可落户北京。服役期视为工作经历，在公务员考录和企事业单位招聘工作人员时计算工龄。北京市主要高等院校大学生义务兵正常退伍时，由区政府一次性发放就业补助金 4.3 万元。

（7）北京生源毕业生的就业政策。

A. 鼓励创业。

2009 年，北京市出台政策支持北京生源应届高校毕业生创办投资少、开办费用低的合伙、个人独资企业及个体工商户。除享受免收行政事业性收费、非货币资产出资等大学毕业生创业的普惠性政策之外，对于开办文化经纪、动漫制作等文化创意产业及技术开发、技术转让、技术服务等科技企业或个体工商户的，可以注册在区县人民政府确定的集中办公区，也可以利用住宅作为住所（经营场所）进行登记注册，其中在居民住宅楼内设立的，应按国家有关规定办理。北京市要求工商行政管理机关设立绿色通道，为其申请办理企业和个体工商户登记注册提供便捷的服务①。

此外，区县还制定了鼓励本区户籍大学生创业的政策。2009 年 9 月 15 日，北京市朝阳区政府在促进大学生就业的文件中提出，创业大学生的经营用租房可以获得房租补贴，补贴额度为 50%，每年最多补贴 3 万元，最长补贴 3 年。创业大学生的项目带动 3 人就业的，一次性给予 1 万元奖励，每带动一人就业奖励 2000 元，总额不超过 10 万元。未就业的朝阳户籍的大学毕业生创业时，可以向所在地社会保障事务所、区劳动保障部门提出小额担保贷款申请，个体经营最高可获得 8 万元贷款，合伙经营可以获得 50 万元的贷款，项目属于微利的，还可以申请小额贷款财政贴息，贷款利率按照人民银行同期

---

① 《北京市人民政府办公厅关于做好 2009 年普通高等学校毕业生就业工作的通知》，2009 年 3 月 12 日，http://news.163.com/09/0312/01/545UFQT5000120GU.html。

贷款利率执行,不上浮①。

B. 鼓励用人单位招收。

对于小企业招用北京生源应届高校毕业生达到在职职工人数规定比例的,可享受最高为 200 万元的小额贷款,并享受财政贴息。各职能部门要为这些毕业生提供档案、人事代理等服务。而高校毕业生到中小企业就业的,在专业技术职称评定、科研项目经费申请、科研成果或荣誉称号申报等方面,享受与国有企事业单位同类人员同等待遇。

C. 给予实习补贴。

2011 年,北京市出台政策,毕业时间在 3 年以内的北京生源高校毕业生均可申请进入认定的见习基地进行 3—6 个月的全日制就业培训,并享受每月 500 元的基本生活补助财政专项补贴。而见习基地要保证至少留用 30% 的进入本单位见习的高校毕业生。用人单位申请见习基地需满足一定条件②。

2. 残疾人的就业促进

残疾人就业的形式有集中就业、按比例就业、公益性岗位就业、个体及其他形式就业这几种。其中,集中就业是指集中安置残疾人到特定单位就业,按比例就业是指用人单位依法履行按特定比例招收残疾人就业的义务。针对每种就业形式,在全市普惠政策的基础上制定出台了一系列促进残疾人就业的特惠政策。在残疾人按比例就业工作中出台了《北京市用人单位安排残疾人就业岗位补贴和超比例奖励办法》,在残疾人集中就业工作中出台了《北京市扶持集中安置残疾人就业单位实施意见》,在残疾人个体就业自主创业工作中出台了《北京市扶持残疾人自主创业个体就业暂行办法》。

由表 18 可知,在北京,按比例就业的城镇残疾人比例与上海持平,达到 56.4%,为最主要的就业门类;而在全国范围内,个体及

① 北京市朝阳区人民政府办公室:《北京市朝阳区人民政府办公室关于促进 2009 年度普通高校毕业生就业工作的实施意见》,2009 年 9 月 4 日,http://wenku.baidu.com/link?url=Z7z8ztePVdHnx8SR7nX58z92ot5ZVWLRNc9qEoPkmfiPOcYELSMz77RV9kNikIQvdg9JeI5LYL27Bb4mbb1LcsEmrMAhH-uNlMKbRtHzclW。

② 杜燕:《北京生源毕业生在京见习享受月补贴》,2011 年 7 月 28 日,中国新闻网:http://www.chinanews.com/edu/2011/07-28/3218036.shtml。

其他形式就业的比例最高。可见，北京在残疾人就业工作方面成效较大。北京市行政区域内的各级党政机关、社会团体、事业单位和各类企业，都应当按规定履行按比例安排残疾人就业的义务，福利企业和个体工商户不在此范围之内。北京市将各类用人单位安排残疾人就业应达到本单位职工总数，由国家规定的 1.5% 提高至 1.7%。《北京市残疾人就业保障金征缴管理办法》（京政〔2006〕18 号）规定，从 2006 年 7 月 1 日起，各用人单位每年都应当向市、区县残疾人就业服务机构申报安排残疾人就业情况，对安排残疾人就业未达到规定比例的单位，由市、区县残疾人就业服务机构核定其应缴纳残疾人就业保障金金额，由地方税务机关代征。

表 18　　　　　　　　　2012 年城镇残疾人各种形式的就业比例

	集中就业（%）	按比例就业（%）	公益性岗位就业（%）	个体及其他形式就业（%）	辅助性就业（%）	比例合计（%）	就业合计（人）
全国	27.1	26.8	2.6	43.2	0.3	100	4447807
北京	8.7	56.4	17.8	16.4	0.6	100	72969
上海	24.9	56.8	6.9	11.1	0.2	100	69379

数据来源：《中国残疾人事业统计年鉴 2013》表 3—1。

除按比例就业以外，北京市城镇残疾人公益性岗位就业比例远高于全国水平。由表 18 可知，北京市城镇残疾人公益性岗位就业比例达到 17.8%，远高于全国的 2.6%，也高于上海市的 6.9%。残疾人就业工作"十二五"实施方案提出，把公益性岗位安置就业作为促进残疾人就业的重要渠道之一，各级政府开发的适合残疾人就业的公益性岗位，应优先安排残疾人就业。从安排残疾人在公益性岗位就业的实践来看，北京市的实施力度最大。

为鼓励残疾人参加培训，2009 年北京市出台了《北京市残疾人职业培训补贴暂行办法》，规定残疾人参加各级残联、残疾人就业服务机构委托培训机构、与用人单位联合举办的职业培训都属于免费培训；重点加大了对失业残疾人和农村转移就业残疾人培训力度；并且，在职残疾人可享受不同标准的培训补贴。比起 2001 年出台的补贴办法，补贴方式更为多样。

2011 年 11 月 30 日，北京市人力资源社保局与北京市残联共同开发了残疾人就业服务信息系统，打破了以往残疾人只能到市残联就业服务中心登记、被动等待岗位信息的局面。22 万余名残疾人的信息统一入库。系统还覆盖全市 347 家公共就业服务机构和 19 家残疾人就业服务中心，这些机构每天发布岗位信息，供残疾人选择。①

3. 城乡结合部改造和农村城镇化地区农民转移就业

2009 年 1 月 1 日，北京市开始实施由市劳动社会保障局推出的《关于促进农村劳动力转移就业工作的指导意见》，包含了九项内容。其中，直接促进就业的政策主要是鼓励用人单位招收农村就业困难人员、改善创业环境和给予培训补贴这几项。

在具体执行中，各区县都制定了详细的政策。以海淀区为例，海淀区在全市率先实现就业失业制度城乡统一，推动城乡一体化就业发展格局。2012 年出台促进城乡就业"1 + 10"政策体系，区政府每年投入 1.4 亿元，通过发放补贴的形式鼓励农业户籍人口采取多种方式就业。其中，就业政策 5 条，培训政策 5 条，基础管理政策 1 条②。

为鼓励本区农业户籍劳动力到原户籍所在村镇之外的各类企业就业，海淀区 2012 年出台了《海淀区鼓励农业户籍劳动力转移就业补贴办法》，对农村户籍劳动力转移就业补贴的发放对象、发放金额和发放方式作出详细规定。

该办法规定，持有《就业失业登记证》的海淀区农业户籍劳动力，不限年龄，被本市行政区域内的企业、个体工商户、民办非企业单位、事业单位及社会团体（以下简称"用人单位"）招用且签订一年及以上期限劳动合同，并按城镇职工社会保险缴费标准缴纳社会保

---

① 张森森：《北京残疾人就业服务系统开通，覆盖 300 余就业机构》，2011 年 11 月 30 日，新华网：http：//news. xinhuanet. com/2011－11/30/c_ 111206853. htm。

② 海淀区人力资源和社会保障局网站：http：//www. hdlsj. gov. cn/zfxx2013/zcfg2013/hdqcsbf2013/。

险费的，可申请享受合同期限内的个人转移就业补贴。在由镇村出资、主办、控股的企业就业的本区农业户籍劳动力不纳入补贴范围。农业户籍劳动力享受个人转移就业补贴期限累计最长不超过 5 年。转移就业补贴标准为挂账村及土地腾退村人员每人每年 3600 元，其余人员每人每年 2400 元。补贴资金按照区财政负担 80%、镇政府负担 20% 的比例共同筹集。农业户籍劳动力未按期申请或提前解除劳动合同的，视为自动放弃享受补贴。转移就业补贴采取"先就业、后补贴"的方法。农业户籍劳动力在用人单位就业，缴纳城镇职工社会保险，劳动合同每满 1 年后的 90 日内，向户籍所在地的村就业服务站提出申请。

与这一规定相配套的规定是，针对招收本区农业户籍劳动力的本区镇村企业，出台了《海淀区鼓励用人单位招用农业户籍劳动力岗位补贴和社会保险补贴办法》，本区镇村企业招用一名农业户籍劳动力给予岗位补贴每人每年 1200 元，招用女满 35 周岁以上或男满 40 周岁以上农业户籍劳动力给予岗位补贴每人每年 1800 元。镇村企业的社会保险补贴资金按照区财政负担 80%、镇政府负担 20% 的比例共同筹集，其余用人单位的社会保险补贴资金由区财政就业资金列支。社会保险补贴按照现行社会保险最低缴费基数，补贴单位缴费部分。按照 20% 的比例补贴城镇职工基本养老保险，按照 9% 的比例补贴城镇职工基本医疗保险，按照 1% 的比例补贴失业保险。

由于部分农业户籍劳动力就业意愿不强，为鼓励农业户籍劳动力从事多种形式的工作，海淀区 2012 年还出台了一系列政策，将采取各类形式就业的人员纳入和城镇职工等同的社会保险体系。《海淀区农业户籍劳动力灵活就业城镇职工社会保险补贴办法》，为具有本区农业户籍、灵活就业并持有《就业失业登记证》的人员提供社会保险补贴；《海淀区农村公益性就业岗位安置农业户籍就业困难人员专项补贴管理办法》为从事公益性岗位的就业困难人员提供工资和社会保险补贴；《海淀区农村自主创业人员自主创业补助和城镇职工社会保险补贴办法》则鼓励农业户籍劳动力从事个体经营，为他们提供社会保险补贴和创业补助。

此外，海淀区 2012 年还出台了一系列鼓励农村户籍劳动力参加各类培训、提升职业技能的政策，如《海淀区农业户籍劳动力定岗培训补贴管理办法》鼓励农村劳动力参加岗前培训和在岗培训，参照市级工种目录给予补贴；《海淀区农业户籍新生代劳动力全日制定向培训资金补贴办法》支持未就业初、高中毕业生接受全日制技能培训，给予学杂费全额补贴；《海淀区城乡登记失业人员参加职业培训期间生活费补贴办法》支持城乡登记失业人员参加技能培训，按照每人每天 20 元的标准给予生活费补贴等。

4. 鼓励创业

创业方面，除上文提到的鼓励大学毕业生、残疾人、农业户籍人员创业的政策外，北京市还出台了鼓励女性、海归等人群创业的政策。2011 年下发的《妇女创业就业小额担保贷款财政贴息管理办法》规定，北京市农村妇女、未就业女大学毕业生、城镇登记失业妇女等劳动年龄内女性，如果个体经营网络销售、家政服务等微利项目可获得全额贴息的小额担保贷款；合伙经营或组织起来创办小企业，也可根据吸纳符合规定妇女的人数，享受全额贴息或者按一定比例贴息。针对海外留学归国人员的政策包括提供创业启动支持、创业园税费和房租减免、申请市政府创业资助基金等。

三　公共就业服务机构设置及管理创新

（一）政府部门及其下辖的就业服务机构

1. 市、区、街乡、社区（村）多级就业服务机构

北京市主要的就业管理和服务机构是北京市人力资源和社会保障局及下属的各区县分局。市级和区级的主要公共就业服务机构都隶属于市人社局和区县分局（见表19）。全市各乡镇和街道统一设立的就业服务机构为社会保障事务所，负责提供就业、培训、社会保障、保障性住房申请等方面的管理和服务；在社区、村庄，就业服务机构一般采取就业服务站的形式。目前，全市 326 个街道（乡镇）全部建

立了社保所，所有社区（村）建立了就业服务站。

表19 北京市各级政府下辖的就业服务机构

级别	主管的政府部门	下辖的机构名称
市级	北京市人力资源和社会保障局	北京市人才服务中心
		北京市人才开发中心
		北京市毕业生就业服务中心
		北京市人才档案公共管理服务中心
		北京市职业介绍服务中心
		北京市劳动服务管理中心
		北京市留学人员服务中心
		北京市人事考试中心
		北京市职业技能培训指导中心
		北京市劳动能力鉴定中心
		北京市职业技能鉴定中心
		北京市军队转业干部安置服务中心
		北京市军队转业干部培训中心
	北京市残疾人联合会	北京市残疾人就业服务中心
		北京市残疾人体育训练和职业技能培训中心
	北京市总工会	北京市总工会职业介绍服务中心
	北京市经济和信息化委员会	北京市工业系统人才开发中心
	北京市市政管理委员会	北京市市政管理委员会人才交流中心
区级（以海淀区为例）	北京市海淀区人力资源和社会保障局	北京市海淀区人才服务中心
		中关村人才市场
		北京市海淀区职业介绍服务中心
		北京市海淀区劳动服务管理中心
		北京市海淀区考试中心
		北京市海淀区培训中心
		北京市海淀区职业技能鉴定所
		北京市海淀区干部就业指导服务中心

续表

级别	主管的政府部门	下辖的机构名称
乡镇	社会保障事务所	—
街道	社会保障事务所	—

　　资料来源：北京市人力资源和社会保障局、北京市残疾人联合会、北京市总工会、北京市经济和信息化委员会、北京市市政管理委员会网站中对隶属机构的介绍。

　　各街道针对就业推出的公共服务形式不一而足。例如，西城区牛街街道组建了适应少数民族聚集特色的就业服务机构。牛街街道在原失业人员服务中心、失业人员就业模拟基地、大学生社会实践基地、困难人员就业援助中心的基础上，结合地区少数民族聚集特色，成立民族团结就业援助中心。同时联合辖区内的恩典家政服务公司、德顺楼清真饭庄、吐鲁番餐厅、聚宝源涮肉等30余家就业企业联盟成员，共同为地区各族群众就业再就业工作服务。[①]

　　除全市各级政府统一设置的机构外，各区县还设立了形式多样的就业服务机构，表19未列出。乡镇级的机构一般为人力资源市场（如大兴亦庄镇）、就业服务中心（如昌平十三陵镇）等，街道多为职业介绍所。

　　北京市街道（乡镇）社会保障事务所的工作人员中专职劳动保障协管员超过一半。截至2012年9月，全市有326家社保所，社保所工作人员为4298人，专职劳动保障协管员为2406人，社区工作者为419人，大学生村官为1194人[②]。劳动保障协理员是在社区（村）协助办理劳动就业、社会保障具体事务的人员，同时承办劳动监察维权等相关事务。

　　基层劳动保障工作人员的专业化是近年来北京市基层劳动社保工作人员的发展趋势。2009年，北京市开展了劳动保障协理员职业资

---

　　①　代丽丽：《北京牛街街道成立民族团结就业援助中心》，《北京晚报》2012年12月30日。

　　②　本报记者：《我市人力社保基层工作人员持证上岗率达86.9%》，《北京劳动就业报》2012年9月21日。

格培训和鉴定工作；2010 年，北京市人力资源和社会保障局从报名的 365 名大学毕业生中录取了 60 人到社区担任劳动保障协理员；2011 年 3 月，延庆 110 位专职劳动保障协管员上岗[①]；2011 年 5 月，顺义区推行劳动保障协管员持证上岗机制，所持认证为劳动保障协理员国家职业资格四级以上证书；截止到 2012 年 9 月，全市 326 家街道乡镇社保所中已经有 3735 名人力社保基层工作人员取得劳动保障协理员职业资格证书，占全市社保所工作人员的 86.9%[②]。

2. 政府下设的其他公共就业服务机构

市残联、市总工会、市经济和信息化委员会、市政管委等机构也设有针对该系统内专门人员的就业服务机构，如表 19 所示。北京市总工会、北京市发展和改革委员会编制的《北京市"十二五"时期职工发展规划》于 2011 年 10 月颁布，这是全国首个关于职工发展事业的地方专项规划。该规划的重点工作任务包括：发展和谐劳动关系，加强对劳动合同的执法检查和社会监督，地方企业劳动合同签订率达到 95% 以上；设立专业化的工资集体协商指导员队伍，建会企业集体合同签订率达到 95%，规模以上建会企业签订工资集体协商专项协议的比例达到 90%，规模以下企业积极开展区域性、行业性工资集体协商；强化劳动保护、增强职工职业安全意识与能力；健全行业性和区域性的职工社会保障机制；拓宽职工参与渠道，维护职工参与单位治理和社会治理的权益；提高职工教育的可及性和便利性、提升职工的综合素质[③]。

（二）公共就业服务方式创新

1. 就业服务的精细化

2012 年，西城区出台了有关《西城区失业人员精细化就业服

---

① 康彦峻、任雪莲：《北京延庆 110 名专职劳动保障协管员上岗》，《延庆报》2011 年 3 月 17 日。

② 本报记者：《我市人力社保基层工作人员持证上岗率达 86.9%》，《北京劳动就业报》2012 年 9 月 21 日。

③ 首都之窗：《市总工会细化分解〈北京市"十二五"时期职工发展规划〉》，2012 年 3 月 12 日，http://zhengwu.beijing.gov.cn/gzdt/bmdt/t1220152.htm。

务操作规程（试行）》的相关规定。规程规定，精细化就业服务要通过完善基层劳动保障就业服务平台，依托基层就业服务机构，将日常就业援助与重点援助结合，提供"一对一"求职技巧和短期职业经历训练、岗位推荐、职业培训、后续跟踪等救援服务。在促进失业人员就业中，西城区将加大对困难群体的帮扶力度，包括"4050"人员、低保失业人员、残疾失业人员和失业一年以上的人员。

2012年，海淀区人力资源和社会保障局制定出台了《海淀区城乡劳动力精细化就业管理服务操作规程》，制定绩效考核评价体系，明确区级、街镇、社区（村）三级就业服务机构工作的职责内容、操作流程、时限要求和工作标准，实现了精细化服务标准海淀全区统一。精细化就业管理包括为服务对象办理就业失业登记、发放失业保险待遇、失业人员动态管理、个人档案管理、城乡就业困难人员认定等七大类；精细化就业服务包括积极宣传政策、及时发布求职和培训等信息、征集招聘岗位和开发征集社会公共就业岗位、组织开展职业技能培训、办理求职登记并提供职业指导、制定城乡就业困难人员就业援助方案并组织落实等八大类。

针对就业困难群体实现就业后常处于就业不稳定状态，甚至出现再次失业的情况，在2012年的就业援助月活动中，北京市首次对援助对象开展实名制登记和援助效果回访跟踪，对纳入援助范围的每位就业困难人员进行电话回访，对于已实现就业的对象了解其劳动合同签订情况；对于尚未就业的人员纳入日常援助计划提供后续服务。①

2. 服务的专业化和长效化

2007年，北京市开展充分就业创建工作，分别制定了充分就业区（县）、充分就业街道（乡镇）、充分就业社区（村）的标准。2012年4月，北京市人力资源和社会保障局网站首次公示达到充分就业标准的1个区、78个街道（乡镇）、4678个社区（村），其中达

---

① 张雷：《北京：建立就业援助长效机制》，《中国组织人事报》2012年12月10日。

到标准的社区（村）已达七成①。

根据 2011 年 10 月颁布的《北京市"十二五"时期职工发展规划》，北京市将从专业化人力资源服务机构入手，提高就业指导与辅导人员的专业化程度，尤其是社会组织中此类人员的专业化水平。同时，北京市还将对社区服务、政府机构以及中介组织等的就业辅导和指导人员进行规范化的人员认证，以规范其执业资格，从而切实提高北京市各类组织就业促进的服务能力和服务效果。到 2015 年，专业化的、有资质的、全职就业辅导和指导师与职工人数的比例力争达到1∶3000，助理就业辅导和指导师的比例达到 1∶5000。

为强化对城乡困难人员的就业援助，通过健全认定评估机制更好地认定城乡就业困难人员，整合城乡就业援助制度，实施精细化就业帮扶，完善公益性就业岗位征集、评估、发布制度等措施。

2009 年，朝阳区率先建立起梯次失业预警机制。根据劳动力市场、失业人数等变化，对失业情况进行分级预警，其中：黄色代表失业人数和比例接近或超过预警线，开始告急；红色代表超过预警线一定程度，进入紧急状态。当城镇登记失业率进入警戒区后，就启动相应应急机制，包括稳定企业工作岗位、提供在岗人员培训、援助困难群体、实施公共工程、采取紧急政策等②。

2013 年 2 月，《海淀区 2013 年人力资源和社会保障局工作要点》也提出，要提升失业预警预测能力。"进一步扩大企业就业失业动态监测范围，试点开展城乡就业失业状况抽样调查，探索建立客观评价城乡就业的统计指标体系，研究构建重大社会经济建设项目对就业影响的评估机制，为实施失业监测预警提供科学可靠的数据支撑。研究制定经济波动、突发事件下的失业风险应急预案，确保就业局势的稳定。"③

---

① 张森森：《北京首次公布充分就业地区名单》，2012 年 4 月 6 日，新华网：http://news.xinhuanet.com/politics/2012-04/06/c_111745837.htm。
② 郭爱娣：《北京失业预警机制年内推行》，《京华时报》2009 年 2 月 17 日。
③ 海淀区政府：《海淀区 2013 年人力资源和社会保障局工作要点》，海淀区政府信息公开大厅，2013 年 2 月 28 日，http://www.bjhd.gov.cn/govinfo/auto4496/201303/t20130301_484210.html。

北京市积极推进就业援助法制化建设，将多年来推行的政策措施以地方立法的形式作为长期机制固定下来。2012 年 5 月 1 日，《北京市就业援助规定》正式施行，这是北京市首部地方性促进就业法规，将现行有效的就业援助政策法制化，保障了本市困难群体就业援助政策的可持续实施。

该法规规定就业困难群体的范围，即零就业家庭成员、享受城乡居民最低生活保障待遇人员、女满 40 周岁和男满 50 周岁人员、残疾人、连续失业一年以上人员以及绿化隔离、资源枯竭、矿山关闭、保护性限制等地区的农村劳动力。法规列举了针对这几类群体的就业援助机构职能、援助方式以及这几类群体享有的权利等内容①。重点包括：北京市就业援助工作坚持政府主导、市场调节、城乡统筹、属地管理的原则，对就业困难的城乡劳动者实行优先扶持和重点帮助；各级政府的工作中就业援助工作的重要性及考核方式、资金安排；就业矛盾突出的地区政府施行就业援助的义务；政府投资、购买适合就业困难人员的公益性岗位；就业困难人员的权益；企业招收困难人员享受特定税费减免和补贴，等等。

3. 政府购买岗位与服务

北京市公共就业服务的提供形式呈多样化的发展趋势。以往运用较多的方式包括政府购买公益性岗位解决特定群体就业以及对企业进行补贴，鼓励企业招收就业困难人员。2013 年 1 月，人保部、财政部联合印发《关于进一步完善公共就业服务体系有关问题的通知》，指出政府公共就业服务的范围主要是指面向所有劳动者免费提供的基本公共就业服务。该通知提出："将探索建立政府购买基本公共就业服务的制度。公共就业服务机构要严格执行国库集中支付制度和政府采购制度等有关规定。对基层公共就业服务平台提供的基本公共就业服务，可采取政府购买服务的方式给予补偿。"②

政府购买岗位的做法已有多年，以开发公益性岗位最为典型，已

---

① 张雷：《北京：建立就业援助长效机制》，《中国组织人事报》2012 年 12 月 10 日。
② 冯艺：《两部委探索建立政府购买基本公共就业服务制度》，《中国政府采购报》2013 年 1 月 21 日。

实行十余年。公益性岗位包括城市公共管理中的城市公共设施维护、城市公共秩序维护、保洁、劳动保障协管、城管协管、交通协管等，公益性岗位主要是为帮助下岗职工、失业人员中年龄较大再就业困难等人员再就业而设立。

随着大学毕业生就业压力逐年增大，2009年起北京市政府开发购买社区工作者等岗位提供给大学毕业生。提出将加大财政投入，探索通过政府购买服务的方式，开发城乡基层特别是城市社区和农村公共管理及社会服务工作岗位，引导高校毕业生到基层就业，也是政府在大学毕业生就业问题上开拓新就业渠道的主要办法。

近年来，政府购买社会组织服务的力度逐步加大，资助的社会组织服务便包含了就业创业类项目。2013年，北京市社会建设专项资金批复的项目有多个为促进就业创业类项目。例如：北京市密云县高岭养蜂协会申报的《助扶残疾人就业采蜜计划》；北京义联劳动法援助与研究中心申报的《构建立体化专业公益法律服务模式，化解工伤（职业病）职工法律与生活难题》；北京市社会组织服务评估中心申报的《社区低收入群体支援服务计划》；北京市注册会计师协会申报的《就业金钥匙——注册会计师行业搭建实训平台促进大学生就业行动》；北京市顺义区家庭服务促进会申报的《顺义区妇联靓丽京嫂40、50失业妇女再就业》；北京人才资源开发协会申报的《老有所为——老年人再就业互助服务》；北京市职工技术协会申报的《"高危行业外来务工人员技能水平提升"公益服务项目》；北京市西城区计划生育协会申报的《西城区社区婴幼儿早期发展社工人员培训项目》；北京市大兴区工商业联合会申报的《提升南城就业创业发展水平帮扶计划》，等等[1]。

（三）未来就业服务管理创新的趋势

1. 完善公共就业服务体系，依法促进民营就业机构发展

政府就业管理机构的职能应随着计划就业到市场就业的转变

---

[1]　北京市社会建设工作领导小组办公室：《关于2013年使用社会建设专项资金购买社会组织服务项目拟通过项目公示的通知》，2013年5月9日，http://210.73.89.225/cms/tz-tg/412.jhtml。

而逐步转变，营利性、收费性服务与政府公共就业服务逐步剥离。政府职能机构下属的人才服务中心、职介中心等公共服务机构面临着机构性质不一、职能交叉、人员情况复杂、经费有限、服务对象有限等问题①，在民办就业组织快速发展和网络求职日益普遍的情况下，面临着生存和发展的困难。未来，人力资源公共服务和市场化服务的区分会进一步明确，公共就业服务机构改革需进一步加强。2012 年 1 月，《人力资源和社会保障部、财政部关于进一步完善公共就业服务体系有关问题的通知》中进一步明确了公共就业机构提供的服务范围和特征。公共就业服务范围是"根据分类推进事业单位改革的相关规定，按照政事分开、事企分开和管办分开的要求，政府公共就业服务的范围主要是指面向所有劳动者免费提供的基本公共就业服务。劳动人事档案管理服务可按经当地物价主管部门审批的成本价收取费用，并逐步实行免费服务"。"对目前由公共就业服务机构以营利为目的向劳动者提供的收费服务项目，要从公共就业服务机构中逐步剥离，主要转由企业等社会力量提供。"②

　　未来，北京市还需充分利用社会资源开展就业服务，鼓励民营机构提供多种多样的就业服务，包括职业中介、职业指导、职业技能培训、技能鉴定等，尤其是鼓励非公共就业服务机构为就业困难人员提供服务。对提供公益性就业服务的社会组织给予补贴或者购买其服务。

　　各级部门在重点缓解群体性和地区性就业压力的同时，要依法管理各类民营职业机构，进一步加强对统一规范人力资源市场的建设，加快人力资源市场的立法工作。对经营性人力资源服务机构进行规范管理和监督；统一人力资源市场管理制度，完善市场运行机制，发展

---

　　① 民进北京市委员会：《北京市公共就业服务精细化管理亟待加强》，2013 年 4 月 16 日，http://www.mj.org.cn/lxzn/czyz/czyzjyxc _ 1/201211/t20121128 _ 146081.htm.

　　② 人力资源和社会保障部、财政部：《关于进一步完善公共就业服务体系有关问题的通知》，2013 年 1 月 17 日，http://www.gov.cn/zwgk/2013 - 01/17/content_ 2313686.htm.

人力资源服务业，培育和完善统一规范灵活的人力资源市场；加快对人力资源和社会保障局于 2013 年 2 月公布征求意见的《北京市人力资源市场条例（草案送审稿）》的修改和审议，通过立法明确人力资源服务机构的职能和业务范围，解决人才市场和劳动力市场的统一问题。

2. 在制定产业和就业政策时，充分考虑产业和人口的协调发展

首先，通过产业引导就业，吸引劳动者进入北京市优先发展的产业就业，带动职业素质整体提升。促进就业除扩大就业规模外，更要改善就业结构。在制定产业政策时，要充分考虑产业落地后对就业结构和就业水平的影响，要进一步合理规划产业布局、促进产业结构优化升级，借此调控人口规模、优化人口结构，重点发展技术含量高的高新技术产业、现代服务业等，吸引高素质人才聚集，实现人口规模、结构与产业相适应发展。其次，在引进特定产业发展的同时，促进不同就业层次的劳动者的协调发展。要提前预测新兴产业引进对原有就业模式的冲击，提前做好预警工作，估计可能引起的失业范围，为劳动力重新安置作出规划；在调整产业结构的同时，充分认可城市生活对普通劳动力的多样化需求，尊重普通劳动力的价值。

3. 进一步推进公共就业服务的城乡统一

《北京市"十二五"时期就业促进规划》中明确提出，"十二五"期间，北京市的就业促进工作要从城乡覆盖到城乡统一转变。首先，统一城乡就业管理。逐步合并城镇就业失业管理制度和农村劳动力转移就业管理制度，形成城乡统一的就业失业管理制度。2012年1月公布的《北京市"十二五"时期城乡经济社会一体化发展规划》提出，到2015年，北京市1/3的农民将转为城镇居民，城乡就业与社保体系全面接轨。其次，统一城乡就业促进政策，同时针对城乡各类劳动群体就业特点的不同，合理划分政策功能，提高促进就业的实效。最后，统一城乡就业服务。根据《北京市"十二五"时期就业促进规划》的要求，努力提高城乡公共就业服务的均等化和服务水平。重点强化城乡基层公共就业服务平台建设，通过升级改造街

道（乡镇）社会保障事务所基础设施，加强信息化建设，统一服务
项目、流程、标准，规范管理服务行为，建立并实行绩效考评制度，
开展公众满意度测评等措施，努力使城乡劳动者获得实在、有效、优
质的公共就业服务。

第三章 现阶段北京居民收入问题研究[①]

一 现状

（一）居民收入持续稳定增长

"十二五"以来，北京市居民收入持续稳定增长，城镇居民的人均可支配收入和农村居民的人均纯收入均保持了较高的增长速度。表 20 显示了城镇居民家庭总收入和人均可支配收入的增长情况，2012 年和 2013 年实际增长为近 6 年最快，均达到 10% 以上，2008 年到 2015 年期间，平均实际增速也达到了 8.6% 左右。表 21 显示了 2008 年以来农村居民人均纯收入的增长情况。可以看出，"十二五"期间，农村居民人均纯收入年平均实际增长 8.9%，略低于同时期城市居民人均可支配收入年均增长 9.3% 的增长速度。

在北京市"十二五"规划中，将增加城乡居民收入放在重要的战略地位，提出了城镇居民人均可支配收入、农村居民人均纯收入年均增长 8% 的目标，并首次提出城乡居民收入与经济发展同步增长的科学发展理念，在当前的经济形势下，迫切需要增大经济总量、调整收入分配政策等一系列执政创举予以保障，才能进一步提高居民收入水平。2014 年前三季度城镇居民人均可支配收入和农村居民人均纯收入分别比上年同期增加了 9.4% 和 10.1%，初步实现了年度发展目标，为完成五年总体任务奠定了基础。

---

① 本章执笔人：李洋。

表20　2008—2013年北京市城镇居民家庭总收入和人均可支配收入①

年份	人均家庭总收入（万元）	人均可支配收入（万元）	人均可支配收入实际增长（%）
2008	2.77	2.47	7.0
2009	3.08	2.67	9.7
2010	3.33	2.91	6.2
2011	3.71	3.29	7.2
2012	4.11	3.65	10.8
2013	4.52	4.03	10.6

注：城镇住户调查的口径范围：2006年是2000户城市居民（城八区）数据；2007年是3000户城镇居民（十八区县）数据；2008年及以后由3000户调整为5000户，覆盖所有区县。

数据来源：北京统计局。

表21　　　　　2008—2013年北京市农村居民②人均纯收入③

年份	人均纯收入（万元）	人均纯收入实际增长（%）
2008	1.07	6.5
2009	1.2	13.4
2010	1.33	8.1
2011	1.47	7.6
2012	1.65	12.2
2013	1.83	10.9

数据来源：北京市统计局。

---

① 城镇居民可支配收入是反映居民生活水平的一个重要指标，指城镇居民户用于最终消费支出和其他非义务性支出及储蓄的总和，即居民家庭可以用来自由支配的收入。下同。

② 抽样的农村常住户是指在农村范围内居住或即将居住半年以上的家庭户。农村范围是指按国家统计局《统计上划分城乡的规定》所确定的村委会、居委会、类似村委会和类似居委会，以及"城镇"类别中所有的村委会和类似村委会。户口不在本地而在本地居住或即将居住半年及以上的住户也包括在本地农村常住户范围内；有本地户口，但举家外出谋生半年以上的住户，无论是否保留承包耕地都不包括在本地农村住户范围内。下同。

③ 纯收入指的是农村住户当年从各个来源得到的总收入相应地扣除所发生的费用后的收入总和。农民人均纯收入指的是按农村人口平均的农民纯收入，反映的是一个国家或地区农村居民收入的平均水平。下同。

（二）城镇居民收入状况总体上初步呈现"橄榄型"特征

近年来，北京市在大规模的城市化进程中，城市化率迅速上升，据中科院《2012 中国新型城市化报告》测算，北京市城市化率排在上海之后，居全国第二位。在大规模城市化、经济社会转型的背景下，一方面，北京市农村人口比重逐渐降低，收入水平远低于城镇居民；另一方面，传统农业升级转型，实现已有产业升级，或向第三产业过渡，而郊区和边远山区中为数不多的从事农业生产的农民，在转型的大趋势下，成为农民收入"金字塔"中的最底层。因此，占人口比重大多数的城镇人口收入能直接反映北京市居民的收入状况，也体现了未来的经济社会发展趋势。

表 22 显示了 2013 年北京市城镇居民家庭人均可支配收入的情况，高收入户与低收入户的比值达到 3.8，与前两年相比基本持平，但已经到了差距较大的地步，而中低收入户、中等收入户和中高收入户差别相对较小，将其归为中等收入群体，城镇居民人均可支配收入初步呈现出"橄榄型"，在 5000 个样本中，高收入群体占 20%，人均可支配收入平均为 7.2 万元，中等收入群体占 60%，人均可支配收入平均为 3.5 万元，低收入群体占 20%，人均可支配收入平均为 1.9 万元。这表明北京市城镇居民收入基本呈现出"中间大、两头小"的优良结构，社会稳定性相对较高。从职业结构上也能印证这一点，2010 年北京市第六次全国人口普查显示，"国家机关、党群组织、企事业单位负责人"占城镇单位全部从业人员的 3%，"专业技术人员"占 20.4%，"办事人员和有关人员"占 15.5%，"商业、服务业人员"占 33.8%，"生产、运输设备操作人员及有关人员"占 21.5%，"农林牧渔水利业生产人员"占 5.8%，见表 23。其中，国家与社会管理者、私营企业主、专业技术人员、经理人员、办事人员等中间阶层占到 38.9%，比第五次人口普查提高约 5 个百分点，"橄榄型"社会结构特征明显。

表 22   2013 年北京市 5000 户城镇居民家庭人均可支配收入

项目	全市平均	低收入户 （20%）	中低收入户 （20%）	中等收入户 （20%）	中高收入户 （20%）	高收入户 （20%）
调查户数（户）	5000	1000	1000	1000	1000	1000
人均年可支配 收入（万元）	4.03	1.85	2.83	3.55	4.46	7.19

表 23   2010 年北京市分职业从业人数

职业分类	数量（万人）	百分比（%）
国家机关、党群组织、企事业单位负责人	2.9	3
专业技术人员	19.9	20.4
办事人员和有关人员	15.1	15.5
商业、服务业人员	33.1	33.8
农林牧渔水利业生产人员	5.7	5.8
生产、运输设备操作人员及有关人员	21	21.5
不便分类的其他从业人员	——	——
合计	97.7	100

数据来源：北京市第六次全国人口普查长表汇总数据。

（三）收入来源多样化，工资性收入和转移性收入占主体

从 2013 年数据来看（见表 24），工资性收入、转移性收入、财产性收入和经营净收入是构成家庭总收入的主要门类。其中，工资性收入占家庭总收入的 66.9%，居民的劳动收入所得是家庭收入的主要来源。为完成党的十八大提出的"2020 年城乡居民人均收入要比 2010 年翻一番"的发展目标，缩小居民收入差距，2013 年北京市最低工资标准调整为 1400 元，比 2010 年上升 75%，已经接近翻一番的目标。与此同时，与前几年相比，工资性收入占家庭总收入的比重有所下降，一是由于其他收入来源，如财产性收入和转移性收入总体上逐渐上升；二是随着社会保障体系的健全，所缴纳的个人所得税和社

会保障费在增长，在家庭总收入中的比重逐渐增加。

转移性收入在家庭总收入中居于第二位，达到 28.5%，主要包括养老和离退休金、失业救济金、赔偿、辞退金、保险索赔、住房公积金、家庭间的赠送和赡养等项目，其中养老金和离退休金比例最大。自 2010 年起，北京市建立了居民养老金（含基础养老金和福利养老金）的正常调整机制，随之企业退休人员基本养老金等其他社会保障相关待遇标准同步调整。尤其是在近几年北京市经济发展水平持续提高，物价水平高位徘徊，民众的生活需求不断增加的背景下，政府逐年提高各项养老金水平，居民转移性收入不断提高，惠及大量离退休人员和企业退休人员，在一定程度上发挥了缩小居民收入水平差距的功用。

表 24　　　　　2013 年北京市 5000 户城镇居民家庭现金收入　　　单位：万元

项目	全市平均	低收入户（20%）	中低收入户（20%）	中等收入户（20%）	中高收入户（20%）	高收入户（20%）
家庭总收入	4.53	2.12	3.13	3.88	4.93	8.25
其中，可支配收入	4.03	1.85	2.83	3.55	4.46	7.19
工资性收入	3.03	1.36	1.81	1.99	3.06	6.22
工资及补贴收入	2.9	1.28	1.78	1.91	2.98	5.85
其他劳动收入	0.13	0.08	0.03	0.08	0.08	0.37
经营净收入	0.15	0.08	0.09	0.1	0.1	0.36
财产性收入	0.06	0.02	0.04	0.03	0.04	0.17
利息收入	—	—	—	—	—	0.04
股息与红利收入	—	—	—	—	—	0.02
保险收益	—	—	—	—	—	—
其他投资收入	—	—	—	—	—	—
出租房屋收入	0.03	0.01	0.03		0.02	0.09

续表

项目	全市平均	低收入户（20%）	中低收入户（20%）	中等收入户（20%）	中高收入户（20%）	高收入户（20%）
知识产权收入	—	—	—	—	—	—
其他财产性收入	—	—	—	—	—	—
转移性收入	1.29	0.6	1.19	1.76	1.72	1.5
养老金或离退休金	1.19	0.6	1.14	1.69	1.64	1.28
社会救济收入	—	—	—	—	—	—
辞退金	—	—	—	—	—	—
保险收入	—	—	—	—	—	—
失业保险金	—	—	—	—	—	—
赡养收入	0.01	—	—	—	0.02	0.02
捐赠收入	0.02	—	0.01	—	0.01	0.05
提取住房公积金	0.03	—	—	—	0.02	0.09
记账补贴	0.03	0.02	0.02	0.03	0.02	0.03

注：1. 空格表示数量太少，省略。

2. 经营净收入是指家庭成员从事生产经营活动中除成本和税收所获得的净收入。财产性收入是指家庭拥有的动产和不动产所获得的收入，包括所获得的利息、租金、专利、红利、财产增值收益等。转移性收入是指国家、单位、社会团体对居民家庭的各种转移支付和居民家庭间的收入转移，包括离退休金、失业救济金、赔偿、辞退金、保险索赔、住房公积金、家庭间的赠送和赡养等项目。

3. 家庭总收入与可支配收入的差额主要是个人所得税和社会保障费用的缴纳。

数据来源：北京市统计局。

（四）因城乡、行业、单位性质和社会保障等制度性因素呈现收入分化

1. 城乡居民收入分化

表 25 对比了 2008—2013 年北京市城镇人均可支配收入和农村居民人均纯收入情况。近 6 年来，两个数字的比值基本维持在 2 以

上，由于统计口径的差异，这一比值无法反映城乡收入差距的真实情况，但考虑到城镇人口收入来源的复杂情况，以及农村居民人均纯收入高估的情况，两者的差距有可能更大。虽然近年来农村居民人均纯收入的增速快于城镇人均可支配收入，但两者的绝对差却在不断拉大，2008 年两者差额为 1.4 万元，但到了 2013 年这一差距拉大到 2.2 万元，差距扩大了 1.6 倍。如果将这一数字放在更长的时间考察，实际上，自 1984 年城市经济体制改革之后，城乡居民收入差距就开始逐年拉大，到 1992 年社会主义市场经济体制建立之后，城乡居民的收入差距迅速扩大，这一趋势到目前为止仍没有改观，甚至愈演愈烈。

表 25　　　　　　2008—2013 年北京市城乡人均收入和比值

年份	城镇人均可支配收入（万元）	农村居民人均纯收入（万元）	人均可支配收入和人均纯收入之比
2008	2.47	1.07	2.31
2009	2.67	1.2	2.23
2010	2.91	1.33	2.19
2011	3.29	1.47	2.24
2012	3.65	1.65	2.21
2013	4.03	1.83	3.1

数据来源：北京市统计局。

2. 行业收入分化

社会主义市场经济体制下的经济秩序，首先按照资源的稀缺与否，由市场配置，形成高科技行业、高端行业、新兴行业的收入高于低知识附加、传统行业收入的格局，按上述划分从事不同行业的从业人员收入差异较大；其次按照行业垄断程度，由行政指令，形成完全垄断行业、自由经营行业等区别，不同从业人员收入也有所差异。如表 26 所示，2013 年北京市从业人员平均工资排名前五的分别是：金融业（23.42 万元），信息传输、计算机服务和软件业（13.53 万元），科学研究、技术服务与地质勘查业（11.66 万元），文化、体育与娱乐业（11.51 万元），卫生、社会保障和社会福利业（11.2 万元），其中有的是高科技、高端行业和新兴行业，有的是垄断性行业。

与之反差鲜明的是，从业人员平均工资排名倒数五位的分别是：居民服务和其他服务业（4.4 万元），住宿和餐饮业（4.72 万元），农、林、牧、渔业（4.88 万元），水利、环境和公共设施管理业（5.93 万元），以及建筑业（6.95 万元）。其中，大多是低知识附加和传统行业。但值得注意的是，居民服务和其他服务业，以及水利、环境和公共设施管理业这两个一定意义上的新兴行业，从业人员平均工资过于低下。

表 26　　　2013 年北京市按行业分全市从业人员平均工资①　　　单位：万元

行业	从业人员平均工资
农、林、牧、渔业	4.88
采矿业	8.27
制造业	7.18
电力、燃气及水的生产和供应业	10.1
建筑业	6.95
交通运输、仓储和邮政业	7.2
信息传输、计算机服务和软件业	13.53
批发与零售业	8.45
住宿和餐饮业	4.72
金融业	23.42
房地产业	7.36
租赁和商务服务业	9.55

---

①　从业人员是指在各级国家机关、党政机关、社会团体及企业、事业单位中工作，取得工资或其他形式的劳动报酬的全部人员。包括：在岗职工、聘用的离退休人员以及在单位中工作的港澳台及外籍人员、兼职人员、借用的外单位人员和第二职业者。不包括本单位的不在岗职工。从业人员平均工资是指企业、事业、机关等单位的从业人员在一定时期内的人均劳动报酬。计算公式为：报告期实际支付的全部从业人员劳动报酬总额÷报告期全部从业人员人数。

续表

行业	从业人员平均工资
科学研究、技术服务与地质勘查业	11.66
水利、环境和公共设施管理业	5.93
居民服务和其他服务业	4.4
教育	9.12
卫生、社会保障和社会福利业	11.2
文化、体育与娱乐业	11.51
公共管理与社会组织	7.83

数据来源：北京市统计局。

3. 单位性质的分化

北京市作为首都与其他省市相比具有较强的资源聚集优势，在发展总部经济的背景下，大量的国内外大型企业将总部设在北京，同时也是中央单位密集之地，其中不乏中央直属企业、国有企事业单位和国外大型企业。因此，因单位性质不同而造成的从业人员收入差异较为显著。2013年统计数据显示（见表27），港、澳、台商投资和外商投资企业的从业人员平均工资分别达到了10.3万元和12.25万元，总体上高于内资企业的8.85万元的平均工资水平。在内资企业中，国有企业、股份有限公司和有限责任公司的平均工资水平基本上是集体企业、有限责任公司和私营企业平均工资水平的两倍。

表27　　　2013年北京市按法人单位性质分从业人员平均工资　　　单位：万元

单位性质	平均工资
合计	9.4
内资	8.85
国有	9.74
集体	4.25
股份有限公司	13.14

续表

单位性质	平均工资
有限责任公司	7.54
股份合作	3.8
联营	4.8
其他	5.16
港、澳、台商投资	10.3
外商投资	12.25

数据来源：北京市统计局。

4. 文化程度、职业对居民收入的影响力增强

在北京市建设人文北京、科技北京、绿色北京的发展思路下，北京市较早地实现了产业升级换代和经济发展方式的转变，第三产业在经济总量中的比重在全国居于领先位置，基本呈现发达国家的经济结构，因此高学历、高知识从业人员的需求量较大，因此这部分群体也能获得较好的职业发展和收入水平。从居民收入的个体因素来看，文化程度和职业是影响北京居民收入的两个重要因素。表 28 显示了 2013 年北京市常住人口的受教育程度，其中大学及以上学历占到了 35.7%，与 2005 年第五次人口普查时相比有了大幅提高，同时也远高于全国平均水平，北京市的经济结构、产业结构和经济社会发展环境，对高知识、高学历人才的吸引力无疑在全国居于领先位置，而其社会价值和个人价值也得到了很大程度的体现。受教育程度、职业和收入之间形成了重要的相互作用关系，呈现出发达国家社会的结构特征。

流动人口的情况更能反映出一个城市的吸引力和经济社会环境，第六次人口普查数据表明，在受教育程度上，6 岁及以上常住流动人口中大学及以上学历比重为 24.4%（见表 29），即每 4 个 6 岁以上常住外来人口中有 1 人接受过高等教育，这一比例从全国来看基本都是最高的。第六次人口普查数据还显示，流动人口受教育程度与从事职业类型也密切相关，流动人口中大学及以上学历的从业人员，所从事

的工作集中在如"国家机关、党群组织、企业、事业单位负责人"和"专业技术人员"等收入和社会声望较高的职业类别中。

表 28　　　　　　　　2013 年北京市常住人口受教育程度

受教育程度	数量（万人）	百分比（%）
6 岁及以上人口	14.3	100
小学	1.5	10.6
初中	4.6	32.5
高中	3.0	21.2
大学及以上	5.2	35.7

注：本表数据为 2011 年人口抽样调查样本数据。

表 29　　　　2010 年北京市 6 岁及以上常住流动人口受教育程度

受教育程度	数量（万人）	百分比（%）
未上过学	5.4	0.8
小学	63.9	9.4
初中	312.6	45.9
高中	133.1	19.5
大学专科	75.0	11.0
大学本科	80.9	11.9
研究生	9.9	1.5
总计	680.9	100.0

数据来源：北京市第六次全国人口普查汇总数据。

二　与国内其他省市的比较

（一）居民富裕程度较高，转移性收入比重高，经营净收入比重低

从 2013 年的情况来看（见表 30），与全国其他省区市相比，无

论是在城镇居民可支配收入还是家庭总收入上，北京市仅次于上海，在全国位居第二。其中，转移性收入总额和占家庭总收入比均居全国第一，收入总额是全国平均水平的近1倍，居民富裕程度较高。但与其他省市相比，经营净收入比重过低，只有全国平均水平的一半左右，远低于上海、江苏、广东等发达省市，也低于部分中西部省份，在全国位居末尾。如果排除统计偏差，这一方面表明有经营行为的家庭占比较低，另一方面也显现出小规模生产经营活力不足。农村的情况基本相同，2013年农村居民家庭人均纯收入1.83万元，仅次于上海在全国各省区市中位居第二。

表30　　　　2013 年北京等四省市城镇居民人均收入来源　　　单位：万元

地区	可支配收入	总收入				
		总计	工资性收入	经营净收入	财产性收入	转移性收入
全国	2.7	2.95	1.89	0.28	0.08	0.7
北京	4.03	4.53	3.03	0.15	0.06	1.29
上海	4.39	4.89	3.32	0.23	0.08	1.25
江苏	3.25	3.51	2.19	0.36	0.76	0.89
广东	3.31	3.65	2.53	0.38	0.16	0.58

（二）第三产业从业人员比例高，收入占比大

北京是全国的政治、文化中心，首都的功能定位决定了其不能走传统上北方地区以工业尤其是重工业为主导的路子，"十一五"以来，北京市第三产业逐渐成为经济总量中的主体。在"十二五"期间，第三产业继续保持蓬勃发展的势头，其占国内生产总值的比重已经跻身发达国家行列。首都的核心地位吸引了大量的国家财政投入，以及高学历、高层次人口的涌入，为第三产业发展及加快产业升级提供了丰富的人力和财力。如表31所示，从2013年的情况来看，与上海、江苏和广东等省市相比，北京第三产业占地区生产总值的比重处于绝对的优势地位，这也体现了当前北京居民收入结构区别于其他省和直辖市的重要特征。长期以来，首都不同区域呈

现出不同的产业特征，在新的历史发展时期，各区县纷纷走上了淘汰落后产业、发展新兴产业的产业升级之路，可以预见，第三产业升级换代和快速发展将对提高居民收入，改善收入结构起到至关重要的作用。

表 31　　2013 年北京等四省市第三产业占生产总值比重　　　　　　单位:%

地区	第三产业占比
北京	76.9
上海	66.2
江苏	44.7
广东	47.8

三　存在问题及其成因

(一) 问题

1. 居民收入的相对水平总体上低于人均 GDP 的相对水平

最近十几年，我国经济保持年均 8% 左右的增长速度，国内生产总值更是在短时间内跻身世界前列，但一直以来居民收入在国民收入分配中的比重较低，国民收入初次分配明显向政府和企业倾斜。据统计，2000—2007 年，居民可支配收入占国民可支配总收入的比重从 65.5% 下降到 57.5%，下降近 8%，劳动者报酬在国民收入初次分配中的比重从 51.4% 下降到 39.7%，与此同时，政府和企业所占比重则分别上升了 5.2% 和 2.8%[1]。北京情况与此类似，由于在全国的经济总量和人均地区生产总值中的优势位置，情况要更为突出。2006 年以来，北京地区生产总值保持了持续快速增长，早在 2010 年，全市人均地区生产总值已经超过了 1 万美元（折合人民币 7.39 万元），

---

[1]　韩菲:《2011 年"两会"建言分析报告》，2011 年 3 月 4 日，中国网：http://www.china.com.cn/2011/2011 − 03/14/content_ 22135308.htm。

已经进入中等发达国家水平。但是，与同期城镇居民人均可支配收入和农村居民人均纯收入相比较，可以发现，后两者分别仅占人均地区生产总值的约 40% 和 18%，远低于一般发达国家的水平，考虑到在社会保障水平上的差距，以及北京作为特大城市带来的住房、教育等巨额成本，这种居民收入占国民收入分配比重较低的情况可能会带来严重的经济和社会后果。

党的十八大报告中明确提出，"努力实现居民收入增长和经济发展同步、劳动报酬增长和劳动生产率提高同步，低收入者收入明显增加"。根据过去几年的人均地区生产总值的增速明显快于居民收入增速的情况测算，要达到十八大确立的目标，就要保持居民收入增长速度逐渐达到甚至超过人均地区生产总值的增长速度，才能有望改变两者的不均衡局面，未来北京市应该在提高劳动者报酬在国民收入初次分配中的比重上下大力气。

2. 收入分化日益明显，高收入者和低收入者相差悬殊

收入差异状况是社会分层的重要考察指标，体现了社会公平度和经济可持续发展程度，在制度公平背景下通过劳动所得产生的合理范围内的收入分化，能鼓励社会成员积极创造财富，提升经济活力。收入分化过大甚至收入两极分化就会损害社会公平，打击社会成员参与经济活动的积极性，最直接的后果就是引发底层成员寻求打碎不合理的分配制度和秩序。"五等分法"是测量收入分化程度的有效工具，表 32 按城镇居民家庭人均可支配收入高低将北京市城镇居民分成五个等级。从高低收入者的收入之差来看，自 2008 年以来，差距在不断上升，由 3.64 万元上升到 2013 年的 5.34 万元，高低收入者收入差距 6 年来提高了 46.7%，而且近年来差距扩大的速度在逐年提高。从高低收入者的收入之比来看，自 2008 年以来，北京市 20% 的高收入者与 20% 的低收入者收入之比一直在高位徘徊，基本上在 4 左右，2008 年达到了峰值 4.4，要显著高于一般发达国家的平均水平。

表 32 　　　　2008—2013 年城镇居民家庭人均可支配收入状况

年份	2008	2009	2010	2011	2012	2013
平均可支配收入（万元）	2.47	2.67	2.91	3.29	3.65	4.03
低收入户（20%）（万元）	1.07	1.17	1.37	1.5	1.64	1.85
中低收入户（20%）（万元）	1.67	1.85	2.08	2.36	2.55	2.83
中等收入户（20%）（万元）	2.19	2.35	2.6	2.89	3.22	3.55
中高收入户（20%）（万元）	2.85	3.05	3.26	3.66	4.08	4.46
高收入户（20%）（万元）	4.71	5.08	5.37	6.33	6.6	7.19
高收入户（20%）与低收入户（20%）人均可支配收入差（万元）	3.64	3.91	4	4.83	4.96	5.34
高收入户（20%）与低收入户（20%）人均可支配收入比（万元）	4.4	4.34	3.92	4.22	4.02	3.89

数据来源：北京市统计局。

　　农村情况更不乐观，农村居民家庭收入状况总体上要远远低于城镇居民，而即便在农村，收入分化状况也较为严重。表 33 显示了 2013 年农村居民家庭人均纯收入的分化情况，20% 的高收入者与 20% 的低收入者收入差达到 2.4 万元，收入比达到 4.0，收入分化程度较城镇相比更深，这也表明在北京市除了城乡收入分化这一主要矛盾之外，农村收入分化也较为严重，这往往是农村地区经济发展不平衡所导致的，尤其是远郊区县的农业从业人员，整体收入水平较低。

表 33   **2013 年农村居民家庭人均纯收入**

	全市平均	低收入户（20%）	中低收入户（20%）	中等收入户（20%）	中高收入户（20%）	高收入户（20%）	高收入户（20%）与低收入户（20%）人均纯收入比
调查户数（户）	3000	600	600	600	600	600	—
人均纯收入（万元）	1.83	0.8	1.38	1.79	2.25	3.2	4.0

3. 低收入群体规模庞大，新工人阶层和传统农民是主体

由表 34 可以看出，农村居民家庭中有 20% 的家庭人均纯收入平均在 1.38 万元，另外有 20% 的家庭人均纯收入平均在 0.81 万元。与城镇居民相比，农村居民的低收入家庭的规模要大得多，收入水平要低得多。农村居民家庭的收入来源主要包括工资性收入、家庭经营收入、财产性收入、转移性收入。传统农村地区以家庭经营收入为主，即以家庭为单位进行生产经营活动而获得的收入，主要是第一产业生产经营收入，而当前农村居民的工资性收入和转移性收入往往成为收入好坏的决定性因素，在不同地区差异较大。北京市统计局的数字显示，截至 2010 年底，北京市共有第一产业从业人员 60.1 万人，占农村常住人口比重的 10.2%，从其分布来看，主要分布在城市发展新区和城市生态涵养区等远郊区县。

此外，北京市承载了规模庞大的外来务工人员，截至 2014 年常住流动人口的数量已经达到 802.7 万人。在大规模城市化的背景下，大量农民工进入城市，成为规模庞大的农民工群体，他们劳动力价格低廉，社会成本低，根据第五次全国人口普查抽样数据，到 2000 年，农业户籍劳动者占北京市的商业服务业人员和工人阶层的比例已经分别达到 50.12% 和 55.23%，已经成为新工人阶层的主体，其工作和收入状况基本处于社会最底端。

新工人阶层还包括传统工人阶级，其中很多人在 90 年代末的国企改制潮中以买断、内退等多种方式脱离原有生产，很多人依靠最低生活保障维持生计。已有研究表明，城市贫困人员主要构成是下岗职工和失业人员以及因社会保障制度不全出现的贫困人口。北京市常住流动人口中，就业人口占大多数，而从行业来看，第六次人口普查数据显示，从事批发和零售、住宿和餐饮、制造业和建筑业的比重占67.8%。从职业来看，"商业、服务业人员"和"生产、运输设备操作人员及有关人员"占就业人口的63%。笔者曾经对北京市流动人口按17个变量进行因子分析和聚类分析，结果发现流动人口划分为界限清晰的三个群体，底层群体比重达到33.2%，其主要特征是知识技术能力较弱、教育程度较低、居住条件较差。

表34　　　2013年3000户农民家庭平均每人年纯收入　　　单位：万元

	全市平均	低收入户(20%)	中低收入户(20%)	中等收入户(20%)	中高收入户(20%)	高收入户(20%)
合计	1.83	0.81	1.38	1.79	2.25	3.2
生产性收入	1.29	0.52	1.06	1.29	1.64	2.1
工资性收入	1.2	0.5	0.98	1.21	1.56	1.91
家庭经营纯收入	0.08	0.02	0.08	0.08	0.08	0.18
非生产性收入	0.54	0.29	0.32	0.5	0.61	1.11
转移性收入	0.34	0.22	0.23	0.33	0.36	0.62
财产性收入	0.2	0.06	0.09	0.17	0.25	0.49

4. 在收入来源中，财产性收入和经营净收入比重过低

如前所述，与上海、广东、江苏等省市相比，北京市城镇居民家庭收入中财产性收入和经营净收入比重较低，到2013年，分别只占到家庭总收入的1.3%和3.5%，而且家庭收入水平越低，财产性收入和经营性收入比重越低，即便对于20%的高收入群体来说，这两种收入来源的比重也相当低。财产性收入在家庭总收入中的比重低是国内各省市的普遍情况。而与国内其他省市相比，北京市经营净收入不仅远低于上海等发达地区，也低于中西部许多省市，在全国排名较为靠后。经营净收入直接反映小规模个体私营企业的发展状况，可以说北京市草根经济活动的活力明显不足。

（二）成因

1. 经济发展到当前阶段居民收入分化有一定必然性

20 世纪 50 年代库兹涅茨提出关于经济增长与收入分配关系的"倒 U 型曲线"理论，即从发达国家经济发展历程看，在发达国家经济增长的初级阶段，随着生产力水平的提高，社会成员之间的收入差距会逐渐拉大，处在倒"U"型的上升阶段，当经济总量达到一定程度，收入差距会处在倒"U"型的下降阶段，收入差距会逐渐缩小。由于我国目前正处在由工业化向知识经济时代过渡的过程中，根据这一理论，社会成员收入差距呈现逐步扩大的趋势，实际上这一趋势从 20 世纪末 21 世纪初已经开始显现。

从所有制形态来看，北京市社会结构的变迁反映了改革开放以来多种所有制经济的发展状况，国有经济两极发展，或者在重点行业形成垄断地位，或者因经营不善而破产、转型改制。民营经济总体发展环境优化，迅速发展壮大，逐渐成为市场经济的主体，但呈现出高新技术、金融业等高端第三产业在民营经济中占比大、传统产业占比小的分化状态。从经济结构来看，占主体地位的第三产业吸纳了大量高知识水平从业人员，对 GDP 的贡献率较高，另外商业服务业、批发零售等产业吸纳了占常住人口 1/3 强的外来就业人口。随着第一产业和第二产业的结构升级和优化，居民收入分化状况存在一定的必然性。

当前，北京市在制度变革和经济发展上走在全国前列，经济上处于产业结构升级和知识经济迅速发展的阶段，目前正在大力推进城乡一体化，缩小城乡收入差距，而根据库兹涅茨理论，完全消除社会成员尤其是城乡收入差距是一个漫长的历史过程，在北京市城乡一体化实现之时弥合差距的态势才能逐渐显现。

2. 制度建设和政策设计的"困境"

（1）收入分配体制。

在改革开放初期，收入分配制度的设计更多的是注重效率、兼顾公平，在人均国内生产总值达到中等发达国家水平的阶段，如何更合理地分配国民收入，注重分配的公平性已经迫在眉睫。目前的收入分配秩序过于注重效率，在大规模投资拉动下，新兴的金融业和房地产业等行业盈利能力远高于传统产业，从业人员的收入水平两极分化。国家在初次分配和再分配环节上都偏向于政府和企业，劳动者收入所占比重过低，加上民生社会事业支出在财政支出中的比重偏低等因素，造成了当前高收入者和低收入者收入差距过大，且中等收入群体规模庞大但总体收入水平较低的居民收入格局。

（2）城乡二元分割。

在当前的经济、社会和财政体制下，城市的公共基础设施和公共服务由国家提供，而农村公共基础设施和公共服务由村集体经济组织解决，国家只是给予适当的财政补助或专项经费支持。这种资源供给体制上的差异，直接后果是城市在各级财政的支持下基础设施完善、社会保障体系健全、公共服务资源丰富，与此相反，农村地区基础设施落后、社会保障待遇低、公共服务资源匮乏，长此以往，农村居民在收入来源单一、水平低下的情况下，其他生活开支增加，生活压力越来越大，城市和农村的收入分化越来越大。

当前，北京城乡差异与我国其他省市相比、与改革开放初期相比总体上已经有了明显的缩小。如前所述，在不同地区和不同制度安排上差异的情况各异。根据北京市第六次全国人口普查数据，截至2010年北京市居住在农村地区的常住人口数量为275.3万人，其中包括户籍人口和外来人口，基本上都属于远郊区县的农村地区，尚未纳入规划市区范围，在收入来源、社会保障、公共服务等方面与城市地区有一定差距。即便是已经实现城市化完成"农转居"的市民，农民身份转变后涉及一系列的制度跟进，包括社会保障、就业和其他社会事业等的进一步完善。失去土地的农民失去了生产、生活的最重要保障和生活依靠，而在就业能力上，这部分新市民处于劣势，在社会保障上，城乡社会保障对接由于资金缺口等现实问题在执行中难以实现，失地农民面临可持续发展的困境。

（3）社会成员的身份分割。

在计划经济体制下，身份体系包括工人、农民和干部的身份类别及其不同的人事管理办法和待遇差异。不同身份下的社会成员在工资待遇、养老、教育、医疗、住房及社会保障等方面存在差异，不同身份之间有严格的壁垒，社会成员很难实现身份的转变。随着单位制的解体，身份体系的影响程度有所弱化，但在社会保障、医疗等方面干部和工人、农民之间的差异仍然较大。以市民最为关注的养老和医疗为例，企业职工的养老金与机关事业单位的退休金差异较大，虽然企业职工养老金经过多次上调，但仍与退休人员待遇有较大差距。在医疗方面，公费医疗在报销的额度、范围和比例上要优于医疗保险，成为社会成员身份差异的又一个重要体现。

（4）行业垄断。

首先，行政性的垄断行业与其他行业从业人员的收入差异。如石油化工行业、铁路运输、电力、电信和银行部分业务等垄断行业，享受国家赋予的垄断经营地位和特许经营资质，在资源分配、生产经营和销售等方面毫无竞争压力，一家独大，实际上是牺牲了其他社会单位参与市场经济的权利，换取了其因垄断而带来的高额利润。此外，国家还通过注资等方式，直接参与垄断企业的生产经营活动，进一步提升其盈利能力。

其次，国有企业与其他企业从业人员的收入差距。单位性质的差异往往与行业的垄断交织在一起，这里的国有企业主要是指依照行政性命令成立的在行业内从事生产经营活动的企业法人。在生产上，国有企业依靠强大的行政命令为后盾，或者直接享受国家的财政补贴，为其生产经营活动服务，或者在市场竞争中通过信息不对称和项目准入等优先条件，间接获取国家资源。必要的国家支持是必需的，尤其是在国计民生的重要行业，但企业利用政府背景在生产经营的各个环节获取优先权则违背了公平竞争的市场规律。况且，企业管理人员或员工的薪金待遇与生产经营业绩无关，实际上变相享受了因优先和独占带来的利益。在社会制度安排上，国有企业仍然保留了单位制的传统，福利待遇远高于非国有企业。

3. 补偿性调控不到位，收入分配秩序不规范

财税手段是调节居民收入水平的重要杠杆，但当前财税体制在调

节高收入群体收入上存在缺陷。主要体现在：在财政体系上，一是公共服务项目支出在财政支出中的比例较低，健全的公共服务体系和国家资金的大力投入是解除低收入群体后顾之忧、改善低收入群体生活质量的重要设计，当前的公共服务的水平和覆盖范围难以满足市民尤其是农村居民的需求。二是转移性收入比重失衡。以2013 年数据为例，北京市城镇居民中 20% 的最高收入者与 20% 的最低收入者在转移性收入上的比例为 2.87：1。要知道，转移性支付的目的是为了调节居民收入，对低收入群体起到"托底"的作用，高低收入群体在转移性收入上的差距，实际在很大程度上拉大了全市居民收入差距。

在税收体系上，一是税收体系不健全。目前，调节个人收入方面的税收仍然是以个人所得税为主体，而伴随经济的发展、个人收入来源的多样化，财产性收入、经营净收入等比重逐渐增加，只有通过财产税、遗产税和房产税等税种才能更好地调节个人收入分配，因此建立完善的收入调节税收体系是形成合理的收入分配秩序的必经之路。二是个人所得税的税种设计不合理。个人所得税的设计初衷就是调节居民收入分配，当前的制度设计难以达到效果，表现在对低收入群体的个人所得税征收起点较低，虽然经过多轮调整，但仍需对低收入群体的规模和结构进行区分对待。而对高收入群体的征税比例较低，尤其是能承担奢侈性消费的高收入人群。三是税收征管能力弱。在税收征收、监管和惩罚上力度不够，致使大量偷税漏税现象产生，在给国家造成重大损失的同时，客观上改变了居民收入分配格局，加剧了居民收入分化的状况。

此外，隐性收入或者叫灰色收入也在某种程度上改变了居民收入格局，加剧了收入分化，尤其是在竞争激烈的行业和领域内，隐性收入成为掌握资源和权力的社会成员的重要收入来源，如果将隐性收入纳入收入统计范畴，高低收入者的收入差距将进一步拉大。曾经有学者指出，中国居民的收入状况难以测量，这也是原因之一。

四　结论和建议

（一）结论

1. 居民收入呈现结构性紧张，影响社会稳定

"结构紧张"（structural strain），或者叫"社会结构紧张"，是指社会结构的不协调，使社会群体之间的关系处在一种对立的、矛盾的或冲突的状态下，或者社会关系处于一种很强的张力之中。在这样一种状态之下，社会矛盾比较容易激化，社会问题和社会危机较易发生（Merton，1938）①。通常研究认为，阶层分化严重是结构紧张的主要原因，其中收入分化是阶层分化的重要指标，因此基尼系数作为衡量社会贫富分化状况的重要指标，常常被用来判断潜在社会风险和社会稳定程度。在收入过度分化社会中，低收入群体往往产生失范倾向，这些个体的失范、相对剥夺感等多源于结构分化快于制度整合而引起的失衡与紧张②。

近几年，《北京社会发展报告》③每年对北京市民进行抽样调查，连续几年市民对政府改善收入分配的政策措施的关注排在"市民最为关注"社会问题前列。从世界其他国家的经验看，基尼系数的警戒值是0.4，超过0.4表明收入分配差距应当引起注意，目前北京市尚未公布基尼系数，但按"五等分法"测算的数据仍对当前居民收入分化状况提出警示，主要表现在高收入群体和低收入群体收入差距过大，而中等收入群体规模较大但是收入水平偏低。如果制度设计缺乏公正性，就可能会影响社会稳定。

2. 居民收入总体低、差距大，影响内需扩大，削弱经济发展后劲

社会贫富差距状况将对扩大内需产生直接影响。经济学家凯恩

---

① ［美］罗伯特·K. 默顿：《社会理论与社会结构》，唐少杰、齐心等译，译林出版社2006年版。

② 李汉林等：《社会变迁过程中的结构紧张》，《中国社会科学》2010年第2期。

③ 以下简称"报告"，即戴建中主编，《北京社会发展报告》，社会科学文献出版社2009—2012年各版。

斯提出消费函数理论,即消费与收入之间建立起函数关系,居民收入的增长引起消费的增长,但增长到一定程度就会出现消费的下降。以北京为例,高收入者具有最强的消费能力,但其消费需求到达一定阶段后会出现萎缩;中等收入者消费能力一般,但作为工薪阶层也要面对住房、医疗、教育等重大家庭开支,在消费上有所顾虑;低收入者消费能力最低,难以推动消费增长。以 2013 年北京市统计局发布的数据为例,20% 的低收入户超过 40% 的消费支出用于购买食品,用于购买教育娱乐文化服务的比重约占 10%,食品支出基本上相当于其衣着、居住、家庭设备用品及服务和医疗保健支出的总和,对于他们来说,满足生存需求是第一要务;中等收入家庭(包括中低收入、中等收入和中高收入家庭)也都将 30% 以上的消费支出用于购买食品,其他的消费支出也普遍较低,这一部分群体在满足生存需求后能在饮食品质上有所提升,但也难以承担其他消费项目的开支。其中,中高收入家庭和高收入家庭由于拥有汽车,因此在交通和通信上的开支占比明显高出其他几个收入群体。

　　长期以来,固定资产投资和进出口是拉动国内经济发展的两驾马车,固定资产投资对北京国内生产总值的贡献率很高,但随着国内外经济形势的恶化,过分依赖投资和进出口会受到宏观经济环境影响而萎缩,大力发展实体经济、扩大内需是未来北京市可持续发展的重要选择。因此,当前的收入分化状况将会给北京经济可持续发展带来负面影响,北京也面临着如何刺激高收入者的新需求,提高中等收入者消费能力的重要议题。

(二) 建议

1. 发展经济,继续把"蛋糕"做大

　　收入分配制度改革解决的是如何公平地让社会成员共享社会发展成果,但根本上还是要保持经济的平稳持续增长。居民收入水平从根本上取决于经济发展水平,如果经济发展水平低,收入分配制度设计得再公平,也是无源之水。"十二五"期间,北京市践行了规划所提出的建设中国特色世界城市，全面实施人文北京、科技北京、绿色北京战略，深入推进经济发展方式加快转变。在发展经济上实现"率先形成创新驱动的发展格局，增强综合经济实力和竞争能力。为国家发展服务的功能进一步完善。地区生产总值年均增长8%，地方财政一般预算收入年均增长9%，价格总水平保持基本稳定。中关村国家自主创新示范区初步建成具有全球影响力的科技创新中心，战略性新兴产业的支柱地位初步形成，服务业占比达到78%以上"① 的战略目标，在产业结构升级、重点产业聚焦和创新能力建设上取得了前所未有的发展和成绩，为"十三五"规划的顺利制定和跨越式发展奠定了坚实的经济基础。在当前的形势下，只有以创新为驱动，推进经济发展方式转变，实现产业升级改造，大力发展高新技术产业，才能保证经济和财政增长目标的实现，才能更好地推进收入分配制度改革和民生社会事业建设。

2. 加快收入分配制度改革，建构科学合理的国民收入分配格局，提高中低收入者收入，调节高收入者收入

收入分配差距的负面影响在当前经济形势严峻、物价上涨、通货膨胀的环境下被扩大了。在收入层面，企业效益普遍下降，居民工资性收入和经营净收入降低，在支出层面，物价上涨问题凸显，居民收入差距在一增一减之间成倍扩大。相关部门迫切需要加快收入分配制度改革，实现国民收入在劳动者、企业和政府之间的科学合理分配，构建科学合理的国民收入分配格局，提高中低收入者收入，调节高收入者收入，使经济发展成果能够普惠全体社会成员。

具体来看，首先，要处理好初次分配中的公平和效率的关系。在改革开放初期要通过鼓励竞争迅速提高企业效益，加快经济发展速度，经济发展到较高阶段和水平，垄断性行业和国有企业由于其垄断地位和政府背景而获得较高的经营收益，劳动者收入要显著高于其他非垄断性和非国有企业；此外，高新技术企业、金融业和房地产业等则由于技术、资金和土地的优势地位，同样获得较高的经营收益和劳动者

---

① 参见《北京市国民经济和社会发展第十二个五年规划纲要》。

收入。相反，长期以来以外来务工人员为主体的商业服务业、批发零售业等行业的劳动者收入过低，两者之间有着数十倍的差距，更可悲的是后者没有表达利益的空间和权利。因此，需要从政策层面增加初次分配中的劳动者收入，尤其是大力提高中低收入劳动者的收入。其次，提高城镇人均可支配收入和农村人均纯收入在国民收入中的比重。如前所述，居民收入的规模要远低于人均地区生产总值的规模，居民收入的增长速度要远低于地方财政收入的增长速度。再次，提高中等收入群体的规模和收入。北京虽然已初步形成优化的产业和人才结构，但传统意义上的中等收入群体的规模和收入水平与当前较高的经济发展水平不符，规模庞大的中等收入者不仅能增强经济发展后劲，同时有较强的社会意义。最后，建立健全财税体制。加强对民生社会事业的财政投入，改变目前转移性支付城乡之间、企事业单位职工之间分配不公正的问题，提高低收入者转移支付的数量和比例；推进个人所得税制度改革，提高个人所得税的起征点，增加高收入者征税强度；增加房产税、遗产税等新税种，加大对财产性收入的调节力度。

3. 提高劳动力素质，实现收入分配的起点公平

劳动力价值的重要决定因素是劳动力素质，在按劳分配的市场经济体制下，提高劳动力素质才能更好地提高劳动收入。良好的家庭、社会和学校教育是提高劳动力素质的唯一渠道，是实现社会成员经济社会地位上升的主要渠道之一。国家要为社会成员提供公平优质的教育机会和教育资源，才能提高劳动者素质，增加劳动者收入，实现收入分配的起点公平，才能为经济社会发展提供源源不断的人才资源。教育既包括传统的学校教育也包括职业培训等。发展教育，提高劳动力素质一是要加大教育投入，改变城乡间、区域间教育资源不均衡的现状，大力加强对农村地区和教育资源相对落后的城镇地区的中学、小学基础教育的教育投入。二是要因材施教、因需施教，学校教育尤其是大学教育要在培育人格、传授知识的同时紧密结合社会发展实际需求，培养社会需要的专业人才。三是加强职业教育和技能培训，面向就业困难人员和其他社会人员，组织开展职业教育和技能培训，提高其就业技能，优化人才结构。四是加强人才引进，使人才规模和结

构能够满足未来北京经济社会发展需要。

4. 增加经营净收入和财产性收入比重

经营净收入是指家庭成员从事生产经营活动中除成本和税收所获得的净收入，主要是指居民个人经营的个体企业及其他经济活动形式。北京个体经营经济发展经历了一个曲折的过程，受当前经济环境不景气和大规模城市化引发的经营成本上升的双重影响，近年来无论是从企业数量还是从经营状况来看都有所萎缩，2007年个体经济有77.6万户，随后这一官方统计数字逐年回落。虽然网络商户数量呈逐年上升之势，但不可否认的是经营净收入是居民收入中最有潜力的增长部分之一。实际上，遍布城市角落的流动摊贩等非正规经营活动也是经营净收入的重要组成，它们对满足部分地区居民的生产生活需求发挥了独特的作用，数量和规模也有可能更大，应该在当前的政策设计中寻求探索政府管理、居民服务和经营者发展的"三赢"方式。财产性收入是指家庭拥有的动产和不动产所获得的收入，包括所获利息、租金、专利、红利、财产增值收益等，2013年财产性收入仅占城镇居民家庭可支配收入的1.3%，可以说这是提高居民收入的重要方向和着力点。

5. 进一步完善社会保障体系，提高社会保障水平

社会保障是调节收入分配的一种基本制度，是收入再分配制度的核心，它包括社会保险、社会救助、社会福利、优抚安置等，这几部分相互联系共同构成了社会成员的基本生存发展保障体系。由于初次分配机制的不健全所产生的收入差距，需要在再分配环节进行调节，而健全的社会保障制度能有效地形成经济和社会发展中的"安全网"。健全和完善社会保障制度，第一，要扩大社会保障覆盖范围、提高社会保障支付水平。在社会主义现代化国家，建立起广覆盖、高保障的社会保障制度是经济社会发展的重要目标，也是造福人民、全民共享经济发展成果的基本举措，这一社会保障制度建设的基本思路在理论和实践上都是毋庸置疑和不可动摇的，任何以市场竞争来"淡化"社会保障制度建设目标的政策和行为都是站不住脚的。第二，要完善医疗、住房和养老等社会保险体系。加快推进医疗保险制

度改革，在医药分开和社区医疗体系建设上有所突破，建立起多层次住房保障体系，完善养老保险制度，提高企业职工养老保险水平。第三，完善最低生活保障制度。提高最低生活保障支付标准，实行最低生活保障标准的物价指数、探索建立最低生活保障制度的个人信用机制。第四，完善农村合作医疗制度，增加"大病"的报销比例；在推进城乡一体化的进程中，尽快实现社会保障制度的城乡对接。第五，提高社会保障管理工作能力，通过制定实施地方性法规和各项政策，形成高效、安全的社会保障运行体制。

　　6. 加快促进城乡一体化，促进公共服务的体系完善和均等化

　　北京市的城乡一体化进程实际上自 20 世纪 90 年代就开始了，在邻近城区的环北京城乡结合部地带，由于房屋租金等生活成本较低，集聚了大量批发零售业、商业服务业等从业人员，也有的农村居民将土地租给外来人口生产经营，传统农业生产经营被"瓦片经济"和土地承包获取收益取代，由此带来了较严重的人口承载力等社会问题。在土地经济兴起之后，房地产业和固定资产投资所带来的高额经营收益加上政府治理城乡结合部的需求，城乡一体化进程在内外部因素共同作用下迅速启动，以此城乡一体化为政策框架，出台了一系列配套政策。在改善了地区生态和社会环境，转变农村生产经营方式之后，推动城乡一体化工作面临着后续问题和新的挑战：缩小城乡收入差距，促进公共服务体系的完善和均等化。其中包括：一是为农村集体经济组织的发展创造更好的政策和资金条件。在土地规划上，扩大产业用地面积，加大资金支持力度，优先土地上市等，尽快帮助农村经济组织恢复和发展生产。二是尽快完成社会保障制度的城乡对接，实现城乡公共服务均等化。在城市化改造之后尽快实现转居农民社会保障的城乡对接，是缩小城乡居民收入差距的重要手段，对于保障居民的生存发展需求，维护改造地区的社会安定也至关重要。三是加大转居农民的职业教育和技能培训，在传统的农业生产经营活动和"瓦片经济"之外，拓宽转居农民尤其是年青一代的就业渠道，提升劳动者素质和劳动力价值，在提高转居农民收入的同时，也要注意避免在农村地区出现大规模的青年失业群体。除此之外，在未纳入城市

化的农村地区，要加大资金投入，全面提高教育、医疗、就业等公共服务的供给和水平。

7. 提高外来务工人口收入水平

外来务工人员为北京市经济社会发展做出了突出贡献，目前外来人口家庭迁移多，在京五年以上的流动人口比重较高，很多人在北京购买住房、成家立业，成为新市民的一分子。此外，近年来外来务工人员的年龄结构、受教育程度和职业结构都与往年有较大差异，据第六次人口普查数据显示，大学及以上高学历流动人口比例能占到1/4，从事国家企事业单位负责人、专业技术人员、办事人员等职业的比重也能占到1/4。如此，第二代外来务工人员在融入城市生活，成为新市民上更顺理成章。上述这两部分外来人口群体实际上已经成为北京市民的一部分，政府在制定收入分配政策及居住、医疗教育等社会保障政策时，理应将其逐渐纳入政策对象和统筹范围。

除上述两个群体，大多数外来务工人员从事的工作还是批发零售业、住宿餐饮业、制造业和建筑业等传统劳动密集型行业，在工资收入和其他经营收入上处于社会中下层，迫切需要在产业升级和改造的过程中，将这部分外来务工人员纳入就业工作统筹范围：一是强化教育培训，提高其技能，提升其在劳动力市场中的劳动价值；二是尊重外来务工人员的劳动权利，加强企业非法用工的政府监管，维护外来务工人员的劳动权利和收益权利；三是改善非正规就业的制度设计，借鉴国外先进经验，科学有效地开展非正规就业的服务管理工作；四是完善社会保障制度，切实将外来务工人员纳入本市社会保障体系。

第四章　现阶段北京社会保障问题研究[①]

一　社会保障体系建设：社会建设的核心与基础

（一）社会保障制度的概念和组成

社会保障是指国家和社会通过立法对国民收入进行分配和再分配，对社会成员特别是生活有特殊困难的人们的基本生活权利给予保障的社会安全制度。在中国，"社会保障是国家依法强制建立的、具有经济福利性的国民生活保障和社会稳定系统，是各种社会保险、社会救助、社会福利、军人保障、医疗保健、福利服务以及各种政府或企业补助、社会互助保障等社会措施的总称"[②]。社会保障的本质是为维护社会公平正义和人民的生产生活提供保障，以达到促进社会和人的稳定发展。《中华人民共和国宪法》规定："中华人民共和国公民在年老、疾病或者丧失劳动能力的情况下，有从国家和社会获得物质帮助的权利。"通常来讲，社会保障由社会保险、社会救济、社会福利、优抚安置等组成，社会保险是社会保障的核心内容。

（二）当前经济社会发展阶段对社会保障制度的要求

2014 年，北京市人均 GDP 超过 1.6 万美元，按世界银行划分的各国富裕和贫困程度的标准，北京已经达到富裕国家的经济发展水平。按照一般国际经验，人均 GDP 超过 1 万美元，经济增速会出现

---

①　本章执笔人：李洋。
②　郑功成：《社会保障学》，商务印书馆 2000 年版，第 11 页。

逐渐放缓的趋势。北京也出现了相似情况，从 2011 年开始，全年经济增速达到 8.1%，比"十一五"平均增速下降两个百分点，全市经济增长已经呈现出由快速增长阶段，逐渐过渡到科学平稳增长的成熟发展阶段。经济的稳定增长直接带来财政收入的大幅增加，近年来，北京市在民生建设上的财政支出持续、稳定增长，全市基本社会保险的覆盖率达到 95% 以上，提前达到小康社会的标准，满足了本市居民生产、生活的基本需要，与全国其他省市相比也处于领先地位。另外，经济发展水平的提高也提高了居民的"心气"，在养老、医疗、就业等各个社会保障领域内，对社会保障的保障水平、覆盖率、公平性和社会保障资金经营管理能力等提出了新的要求。多年来的《北京社会发展报告》对北京市民的社会调查结果显示，完善社会保障体系，提高社会保障水平，一直排在北京市民最为关注的社会问题前三位。只有持续不断地推进此项工作，才能更好地服务保障北京市民。

　　人均 GDP 水平达到中上等富裕国家水平并不意味着居民的生活水平达到富裕国家水平，对于社会成员来说，在国民收入总量达到较高水平之后，更为重要的不是社会财富总量有多大，而是自己的劳动收入能在其中占多大份额。北京市统计局数字显示，2013年北京市城镇居民中 20% 的最高收入家庭的可支配收入是 20% 的最低收入家庭的 3.9 倍，高低收入家庭的收入状况差异巨大；此外，长期以来北京城乡居民家庭总收入差距一直处在较高的水平。而在当前社会安排下，高收入家庭在社会保障制度之外，从市场上购买社会服务的能力要明显强于其他收入阶层。社会保障制度是否完善、社会保障水平的高低对低收入家庭至关重要，这部分群体的社会保障需求是否得到满足，往往成为影响社会建设和社会发展全局的重要因素。

　　党的十八大报告中提出，"要统筹推进城乡社会保障体系建设。要坚持全覆盖、保基本、多层次、可持续方针，以增强公平性、适应流动性、保证可持续性为重点，全面建成覆盖城乡居民的社会保障体系"①。在具体的实施层面，报告指出要"改革和完善企业和机关事业单位社会保险制度，整合城乡居民基本养老保险和基本医疗保险制度，逐步做实养老保险个人账户，实现基础养老金全国统筹，建立兼顾各类人员的社会保障待遇确定机制和正常调整机制。扩大社会保障基金筹资渠道，建立社会保险基金投资运营制度，确保基金安全和保值增值。完善社会救助体系，健全社会福利制度，支持发展慈善事业，做好优抚安置工作。建立市场配置和政府保障相结合的住房制度，加强保障性住房建设和管理，满足困难家庭基本需求。坚持男女平等基本国策，保障妇女儿童合法权益。积极应对人口老龄化，大力发展老龄服务事业和产业。健全残疾人社会保障和服务体系，确实保障残疾人权益。健全社会保障经办管理体制，建立更加便民快捷的服务体系"② 等，实际上从社会保障制度的建设目标、方向、重点和方式上，为北京市社会保障制度的建设提出了新的要求。

《北京市"十二五"时期社会保障发展规划》在社会保障事业建设上制定了"加快推进覆盖城乡居民的社会保障体系建设，推动经济发展方式转变，调整居民收入分配格局，促进城乡区域协调发展，更好地保障和改善民生，实现全面小康社会"③ 的建设目标。以"加快构建城乡一体化的社会保险体系、构建与首都经济发展水平相适应的社会福利制度、健全完善社会救助体系、加快保障性安居工程建设、稳步提高社会保障待遇水平、建立健全城乡一体化的社会保障公共服务体系"为重点工作任务，采取"加强社会保障法制建设、完善公共财政投入机制、建立基层服务平台保障机制、加快推进社会保障信息化建设、实施社会保障重大项目"④ 等工作措施，是新时期适

---

① 胡锦涛：《坚定不移沿着中国特色社会主义道路前进　为全面建成小康社会而奋斗》，2012 年 11 月 18 日，人民网：http://paper.people.com.cn/rmrb/html/2012 - 11/18/nw.D110000renmrb_ 20121118_ 3 - 01.htm? div = -1。

② 同上。

③ 《北京市"十二五"时期社会保障发展规划》，北京市发展和改革委员会网站：http://www.bjpc.gov.cn/fzgh_ 1/guihua/12_ 5/12_ 5_ zx/。

④ 同上。

应北京市经济社会发展阶段的新要求而提出的发展社会保障事业的纲领性文件，充分实现了社会保障建设与全市经济社会发展要求和市民高层次保障需求的有效衔接。

（三）社会保障制度建设是社会建设的核心和基础

长期以来，以经济建设为中心的发展战略是社会主义经济社会发展的基本思想，一切为经济发展大局服务，发展到今天，出现两大问题：一是经济上地区、城乡发展不平衡；二是就业、收入、教育、医疗、住房、养老等方面关系群众切身利益的问题凸显。从长远来看，经济问题可以通过经济持续发展来逐渐解决，但经济不平衡引发的社会问题，以及社会自身的问题，就必须要通过社会建设来解决。在当前的转型阶段，党从路线的高度，从关系社会稳定的角度强调社会建设实际上是看到了问题的严重性，尤其是对于部分低收入等弱势群体，面对发展不均衡的时空交织，迫切需要社会领域的改革和政策倾斜来减轻相对剥夺感，共享改革和经济发展的成果。

在社会保障和社会建设的关系上，党的十八大报告提出加强社会建设必须以保障和改善民生为重点。经济发展需要劳动者能以不断提高的劳动能力和更高的积极性参与进来，社会保障事业、民生和社会建设事业是劳动者获取劳动能力，提高积极性的必要环节，三者在某种程度上有共通性。社会保障制度基本上属于大民生的概念，但与宽泛的民生建设相比，社会保障事业更为强调全覆盖、多层次和制度性，它是调节收入分配、促进社会公平公正、保持社会和谐稳定的重要基础，是社会建设的核心和基础。对社会弱势群体来说，社会保障制度健全与否关系基本生活能否得以满足，对于资源稀缺尤其是优质资源稀缺的领域来说，社会保障制度健全与否关系社会公平能否得以伸张。因此，社会保障事业是与全体社会成员关系最为密切、受关注程度最高的社会建设事业，它既是社会建设的基础，也是社会建设的核心议题之一。

二 北京社会保障体系建设的思路与现状

(一) 以首善之区位目标构建全国领先的社会保障体系

在"十二五"时期,北京在"全面落实科学发展观,坚持以人为本、民生为重,紧紧围绕建设'人文北京、科技北京、绿色北京'和中国特色世界城市发展战略,坚持公平和适度普惠的原则,按照'全覆盖、保基本、多层次、可持续'的基本方针,以统筹城乡、整合制度、完善功能、强化服务为重点,加快建设与首都经济社会发展水平相适应的全面小康型社会保障体系,使广大人民群众共享社会发展成果"①的指导思想下,提出了社会保障事业发展的主要目标,即"加快健全社会保障城乡一体化、服务均等化、管理精细化的全面小康型社会保障体系,努力实现社会保障人群全覆盖,让每个家庭都有可靠的保障"②。"十二五"规划把发展社会保障事业上升到建设世界城市的重要组成部分的高度来认识,其实施原则、基本方针等指导思想都体现出与北京经济社会发展水平、城市发展目标的一致性,显示了"首善之区"的示范作用。

为实现社会保障事业的发展目标,"十二五"规划提出了社会保障事业的总的发展思路,即"推动管理精细化,促进社会保障人群全覆盖;加快制度整合,建立一体化的社会保障体系;鼓励多方参与,建立多层次的社会保障体系;建立长效机制,推动社会保障可持续发展"③。此外,在新的发展时期,北京逐渐进入社会结构变迁、城市化进程加快、增长动力多元和全面建设小康社会的关键历史阶段,对社会保障体系建设提出了新的要求,"社会结构转型要求建立一体化的社会保障体系,城市功能扩展要求形成包容开放的社会保障体系,发展动力转换要求增强社会保障的经济功能,建设全面小康社

---

① 《北京市"十二五"时期社会保障发展规划》,北京市发展和改革委员会网站:http://www.bjpc.gov.cn/fzgh_1/guihua/12_5/12_5_zx/。

② 同上。

③ 同上。

会要求建立科学的社会保障体系"①。可见，当前北京经济社会发展的各个重点领域，在社会结构变迁的关键时期，对社会保障事业的发展提出了更高的要求，在发展思路上也更重视社会保障事业的参与性和长效机制建设。从社会保障事业发展思路和策略来看，北京市走在了全国前列。

（二）积极推动和构建城乡一体化的社会保障体系

2008 年末中共北京市委十届五次全会通过了《中共北京市委关于率先形成城乡经济社会发展一体化新格局的意见》，意见提出了农村改革的指导思想、目标任务和重大原则。探索建立城乡统一的户口登记制度，加快农村地区新建居民区居委会组建工作，到 2020 年，城乡结合部、新城周边以及乡镇中心区的农村地区全部实现城市社区管理。从 20 世纪 90 年代起，北京市周边形成了大范围的城乡结合部区域，这些区域人口密度大、城市和乡村混杂，管理体制交叉形成管理空白区域，原有的农村基础设施不能适应快速增长的人口规模，人口超出资源环境承载力的问题突出，是推动城乡一体化工作的重点区域。因此，2010 年前后北京市推动了 50 个重点村改造，率先开展城乡一体化改革试点。

《北京市"十二五"时期社会保障发展规划》提出将进一步完善社会保障制度改革，尤其是解决外来务工的农村居民以及城市化进程中的农转居人员的养老保险问题，这就为解决农村地区城市化过程中的社保衔接问题提供了纲领性文件。到 2012 年 4 月，50 个重点村拆迁改造全部完成，超过 20 万的农村居民成为城市居民，其中，两年前启动的集体经济产权制度改革目前大部分村庄已经完成；整建制"农转居"工作进展较为顺利，社会保障制度衔接在政策上和实施上都取得了突破；此外，在集体产业发展、提升集体经济的产业结构，以及劳动力就业和社区建设与服务等工作中都取得了较大进展。通过

---

① 《北京市"十二五"时期社会保障发展规划》，北京市发展和改革委员会网站：http://www.bjpc.gov.cn/fzgh_1/guihua/12_5/12_5_zx/。

城乡结合部 50 个重点村的改造，改善了城乡结合部的生产生活条件，为农村地区产业升级和发展奠定了基础；解决了村民就业问题，保证了村民"转居"之后的可持续发展能力；建立城乡居民养老保险体制，从城市社会保障和村集体经济保障为转居农民提供了双重"保险"，这是城乡一体化社会保障体制建设的有益探索，为进一步推动建立健全城乡一体化社会保障体系奠定了经济基础和社会基础，城乡社会保障体系的初步形成是打破城乡二元体制，形成城乡一体化格局的重要组成部分。

（三）社会保障体系发展迅速，实现保障的全覆盖、高水平

在全国范围内较快实现了城乡养老保险制度一体化。在新型农村养老保险制度上，建立"个人账户与基础养老金"[1] 结合起来的新型模式，在城乡一体化的进程中，以城中村改造为试点，以农村的新型农村养老保险制度为基础，将城市和乡村养老保险水平、标准、保险待遇和支付方式结合起来、通盘考虑，形成较为完善的城乡居民养老保险制度。如表 35 所示，到 2013 年参加居民基本养老保险人数达到 1311.3 万人，比 2008 年提高了 73%，2013 年新型农村合作医疗参合率达到 98%。实现医疗保险全覆盖，形成了以职工基本医疗保险、城镇居民基本医疗保险和新型农村合作医疗为主体、覆盖城乡全体居民的基本医疗保障制度，截至 2013 年各类医疗保险参保人员达到 1354.8 万人。此外，参加失业保险人数、工伤保险人数、生育保险人数分别达到 1025.1 万人、920.3 万人、883.2 万人，分别比 2008 年提高了 66.9%、38.1%、172.5%。在全国范围内，北京初步形成了城乡一体的社会保障体系。

社会保障待遇水平大幅提升。如表 36 所示，截至 2013 年底，企业退休人员基本养老金最低标准、企业退职人员基本养老金最低标准、企业退养人员基本养老金最低标准分别达到 1330 元、1210

---

① 《北京市"十二五"时期社会保障发展规划》，北京市发展和改革委员会网站：http://www.bjpc.gov.cn/fzgh_1/guihua/12_5/12_5_zx/。

元、1100 元，分别比 2008 年提高 71.6%、77.4%、81.2%；职工最低工资和失业保险金最低标准达到 1400 元和 892 元，分别比 2008 年提高了 75% 和 77.7%。城市居民最低生活保障标准达到 580 元，与 2008 年相比增加 48.7%。此外，根据 2011 年统计数据，截至 2010 年底，北京市工伤保险伤残津贴、护理费和供养亲属抚恤金平均水平分别增长 95%、136.3% 和 98.5%，分别达到每月 2200 元、每月 1445 元和每月 1308 元。城镇职工和城镇居民基本医疗保险住院最高支付限额分别增长 77% 和 114%，达到 30 万元和 15 万元；城镇职工门诊、住院医疗、社区就医报销比例分别提高到 70%、85%、90%，退休人员门诊医疗费用报销比例提高到 90%；新型农村合作医疗住院最高补偿标准达到 18 万元。① 可见，与"十一五"时期相比，近年来社会保障体系的各个领域内，社会保障的覆盖面和保障水平都有了很大的提升，提前实现了"十二五"时期全覆盖和高水平的发展目标。

表 35　　　　　2008—2013 年北京参加社会保障情况　　　　　单位：万人、%

年份	参加基本养老保险人数	参加基本医疗保险人数	参加失业保险人数	参加工伤保险人数	参加生育保险人数	农村居民参加城乡居民养老保险人数	参加新型农村合作医疗人数	城市居民最低生活保障人数	农村最低生活保障人数	农民养老保险参保率	新型农村合作医疗参合率
2008	758.1	871.0	614.3	666.5	324.1	127.5	272.5	14.5	7.9	85.0	92.9
2009	827.7	938.4	675.7	747.1	346.8	153.9	274.9	14.7	8.0	90.0	95.7
2010	982.5	1063.7	774.2	823.8	372.2	159.3	278.5	13.7	7.7	92.0	96.7
2011	1089.4	1188.0	881.0	862.4	395.3	163.7	276.8	11.7	7.0	—	97.7
2012	1206.4	1279.7	1006.7	897.2	844.7	177.3	267.5	11.0	6.3	—	98.1
2013	1311.3	1354.8	1025.1	920.3	883.2	180.1	254.4	10.4	6.0	—	98.0

数据来源：北京市人力社保局。

---

① 《北京市"十二五"时期社会保障发展规划》，北京市发展和改革委员会网站：http：//www.bjpc.gov.cn/fzgh_ 1/guihua/12_ 5/12_ 5_ zx/。

表 36　　　　2008—2013 年北京社会保障相关待遇标准　　　　单位：元

年份	职工最低工资	失业保险金最低标准	城市居民最低生活保障标准	企业退休人员基本养老金最低标准	企业退职人员基本养老金最低标准	企业退养人员基本养老金最低标准
2008	800	502	390	775	682	607
2009	800	562	410	900	800	700
2010	960	632	430	1000	900	800
2011	1160	782	500	1100	1000	900
2012	1260	842	520	1210	1100	1000
2013	1400	892	580	1330	1210	1100

数据来源：北京市统计局、民政局和人力社保局。

（四）逐步完善社会福利制度和社会救助制度

根据《中华人民共和国老年人权益保障法》《中华人民共和国残疾人保障法》《农村五保供养工作条例》等法律规定，社会福利制度是指政府出资为那些生活困难的老人、孤儿和残疾人等特殊困难群体提供生活保障而建立的制度①。相关法律法规规定，"对城市孤寡老人、符合供养条件的残疾人和孤儿实行集中供养，对农村孤寡老人、符合供养条件的残疾人和孤儿实行集中供养与分散供养相结合；集中供养一般通过举办社会福利院、敬老院、疗养院、儿童福利院等福利机构进行"②。"对于残疾人，通过政府的优惠政策来兴办多种形式的社会福利企业，帮助适合参加劳动的残疾人获得就业机会。"③ 根据北京市人力社保局的统计数字（见表37），到2013年底，全市共有收养性社会福利单位442家，职工1.15万人，床位8.47万张，包括光荣院、社会福利院、儿童福利院、社会福利医院、城镇老年福利机构、农村老年福利机构等。其中：儿童福利院12家，床位0.15万张；城镇老年福利机构148家，床位2.95万张；农村老年福利机构259家，床位4.83万张。出台引导社会资金开办养老服务机构的优

① 社会福利制度，百度百科：http://baike.baidu.com/view/949888.htm。
② 《中华人民共和国老年人权益保障法》。
③ 《中华人民共和国残疾人保障法》。

惠政策，截至 2013 年底，养老服务机构达到 666 家，床位 7.78 万张①，与"十一五"时期相比实现较大增长。在社会救助上，基本建立起最低生活保障、专项救助制度、临时救助和社会互助相结合的城乡社会救助体系。

表 37　　　　　　　2013 年北京市收养性社会福利单位情况

项目	合计	光荣院	社会福利院	儿童福利院	社会福利医院	城镇老年福利机构	农村老年福利机构
单位数（家）	442	10	8	12	2	148	259
职工人数（万人）	1.15	0.02	0.1	0.05	0.02	0.46	0.43
床位数（万张）	8.47	0.07	0.34	0.15	0.05	2.95	4.83
收养人数（万人）	3.38	0.02	0.27	0.09	0.04	1.31	1.61
自费（万人）	2.95	0.0	0.21	0.0	0.04	1.27	1.38

数据来源：北京市民政局。

多个政府部门联合行动，将社会保障制度建设与特殊群体服务落到实处。比如，市老龄办等部门落实老年人优待办法，65 岁以上常住老年人可以免费乘坐公共交通工具、游览北京市属公园和博物馆等公共文化机构，包括户籍人口和常住流动人口都纳入政策范围。针对残疾人进行专项制度建设，包括建立残疾人生活补助制度和社会保险补贴制度，政府出资对青少年残疾人康复的辅助器具进行免费供应，并出资进行残疾人家庭无障碍通道建设，把为特殊群体服务工作落实到具体的事项和日常生活中。

（五）创新社会保障服务运行方式和办法

在实践中不断创新社会保障的服务运行方式。在社保基金的管理上，建立起收支平衡，适度结余的社保基金管理思路，管理水平不断提升。如表 38 所示，2013 年城镇社会保险基金收入 1902.6 亿元，

———————

① 《北京市"十二五"时期社会保障发展规划》，北京市发展和改革委员会网站：http://www.bjpc.gov.cn/fzgh_1/guihua/12_5/12_5_zx/。

支出 1418 亿元，与 2008 年相比分别增长 1.68 倍和 1.52 倍，其中基本养老保险和基本医疗保险都有大幅度增加。在社会保险基金的监督和管理上，实施行政监督、内部监督、专门监督和社会监督"四位一体"的社会保险基金监管体系①，确保了社会保险基金的资金安全，在国际金融危机大环境中，面对国外发达国家社保资金投资损失惨重的状况，"四位一体"的监管方式充分体现了制度的优越性和安全性。

表 38　　　　2008 年和 2013 年北京社会保险基金统筹情况　　单位：亿元

年份	基金收支情况		
	基金收入	基金支出	累计结余
2008	709.5	561.9	147.5
2013	1902.6	1418	484.6

数据来源：北京市人力社保局。

　　在社会保障服务体系建设上，建立起社会化服务管理模式。社会保障管理服务社会化是通过改变社会保障管理服务工作的主体机构、方式，转移社会保障管理主体责任，实现企事业单位等用工单位或组织与社会保障事务管理脱钩。一方面，减轻用人单位参与社会事务管理的责任和负担，将企事业单位的兼职管理过渡到区县、街道和社区的专门社会保障部门或机构，由兼职管理过渡到专业管理。另一方面，有助于提高社会保障服务管理的业务水平，采用计算机网络和数据库等高科技方式，提高管理的效率和质量，切实保证参保人员能及时、有效、充分地享受社会保障服务②。具体来看，北京市以社会保障经办机构为中坚、社会保障事务所为骨干、以银行及各类定点服务机构为依托的社会保障公共服务网络初步形成。截至 2013 年底，全

---

　　① 《北京市"十二五"时期社会保障发展规划》，北京市发展和改革委员会网站：ht-tp：//www.bjpc.gov.cn/fzgh_ 1/guihua/12_ 5/12_ 5_ zx/。
　　② 《社会保障管理服务社会化》，百度百科：http：//baike.baidu.com/view/10617141.htm。

市近 400 个街乡建立了社会保障事务所，并向社区和行政村覆盖。社会保障的服务管理和运行是一个逐渐完善和专业化的过程，只有提高社会保障服务管理水平才能更好地利用社会资源，避免用人单位非法侵占社保基金，而高水平的社会保障体制需要高水平的服务管理方式与之相呼应，才能更好地发挥社会保障的全部功用。此外，在社会主义市场经济体制下，如何更好地利用市场资源、社会资源，在保证社保基金安全性的同时，避免通货膨胀等负面因素的影响，提高社保基金的利用和使用效率需要在实践中进一步探索。

（六）建立和完善社会保障水平与物价联动机制

由于物价的波动受市场行情、经济环境和金融政策等多方面因素的影响，相对变化迅速，难以进行长期预测，在物价上涨的局面下，社会保障所重点保护的低收入群体、老年群体和下岗失业群体等生活将受到巨大影响。北京市早在 10 年前就探索出面向特殊人群建立社会保障水平与物价水平的联动机制，并在随后多次根据物价变动情况调整相关生活保障标准。

此后，为了探索形成社保标准与物价联动的长效机制，切实缓解物价上涨对低收入群体的影响，保证低收入群众基本生活不受物价上涨的影响，逐渐建立起社会保障标准与物价水平挂钩的联动机制，规定"当粮油价格连续两个月以上同比涨幅超过 40%；或粮油肉蛋菜等 10 种副食品价格上涨，造成城乡居民最基本食品支出标准连续 3 个月同比超过 15%，或水电气等居民费用价格指数上涨，造成城乡低保家庭消费性支出超过当年城乡低保标准 10% 时"，物价联动机制得以启动，启动联动机制后，按照国务院《关于稳定消费价格总水平保障群众基本生活的通知》的文件精神"发放价格临时补贴；连续一定时期回落至临界条件以下时，价格临时补贴就将停止发放。连续发放价格临时补贴一定时期以上时，将按照正常程序，提高城乡低保标准"①。社保与物价联动机制的覆盖范围主要包括优抚人员、城乡低保人员、农村五保户以及领取失业保险金人员，规定"保障范围可以根据实际情况扩大，但不得缩小"②。

根据国务院的相关精神，从 2011 年开始，全市建立起社保相关待遇标准与物价上涨挂钩的联动机制，并在当年发挥了保障民生的作用。由于 2011 年上半年居民消费价格指数上涨较快，城乡居民特别是低收入群众的生活成本上升，超出了年初预期，在 2011 年 1 月份和 7 月份，先后两次根据物价水平上调了社会保障标准，包括提高城镇和乡村最低生活保障标准、基础养老金标准、福利养老金标准、失业保险金标准和工伤保险待遇等多项社会保障待遇，并为退休人员发放一次性生活补贴。未来北京市将继续完善社保待遇标准与物价水平挂钩的联动机制，通过社会保障制度的完善和精细化，保证市民尤其是低收入群体的生活需求不受或少受物价上涨的影响。

三　当前面临的突出问题

（一）社会保障水平仍显著低于经济发展水平

国家或地区的社会保障水平从根本上取决于该国家或地区的经济发展水平，没有一定经济发展水平的支撑，任何社会保障体系都是无源之水。如前所述，不管在何种经济发展阶段都存在收入分配的问题，在经济发展到一定高度后，收入是否公平合理是社会成员最为关注的核心问题，通过对 2008—2013 年的城镇居民可支配收入和农村居民人均纯收入的数据分析可以发现，北京当前存在着城乡收入差异大、高收入群体和低收入群体收入差距大等收入分配问题。建立和完善社会保障体系的初衷就是调节收入分配，为低收入群体提供生活保障，在收入分配差距大的情况下，社会保障体系的作用更为凸显：社会保障水平高，低收入群体得到的收入补偿的额度高，能缩小收入分

---

① 中国新闻网：《五部委将建社保与物价联动机制　发放价格临时补贴》，2011 年 3 月 3 日，http：//www. cs. com. cn/xwzx/cj/201103/t20110303_ 2797422. html。

② 同上。

配差距；社会保障水平低，低收入群体得到的收入补偿的额度低，缩小收入分配差距的效果差。

当前，北京市人均 GDP 已经达到中上等富裕国家水平，但是北京市的社会保障水平却远远低于人均 GDP 的发展水平。2013 年，北京市人均 GDP 已经超过了 1.2 万美元，但社会保障水平相对较低，这也是当初北京市统计局宣布全市富裕程度达到中上等富裕国家水平后很多市民表示"毫无体会"的原因之一。在经济不发达的时候发展经济很重要，那时候全体北京市民都不富裕，人们寄希望于单位来解决一切，从上到下也并没有将设计收入分配体制纳入考虑范畴，基本的制度安排就是政府来给社会成员公平地分配社会资源。但在经济发展到较发达阶段，国民收入总量达到一定规模之后，能否公平分配社会资源成为影响居民收入分配状况的决定因素。一是单一依靠政府行政性指令来进行国民收入分配，缺少监督管理机制，政府自身以及与政府关系密切的组织或个人，更容易在收入分配中获益；二是制度设计不健全，比如社会保障等缩小收入差距的体制和机制难以为低收入群体提供充足的高水平的保障，缺少调节收入分配的税收等其他手段等。在收入分配体制不变的前提下，在当前利益格局无法撼动的制度设计下，社会保障水平长期低于经济发展水平，社会保障制度客观上不仅不能缩小收入差距，由于通货膨胀和物价上涨等因素，反而在实际上加剧了居民之间的收入差距。

（二）外来常住人口等群体基本无覆盖

北京市对外来人口的基本政策取向经历了多次变迁，在 2003 年之前，通过办理暂住证等政策的实施，加强对外来人口的服务管理，实际起到限制人口规模的作用；2003 年之后，适应经济社会发展需求等，逐渐放开了暂住证的办理，不强制外来人口办理暂住证，流动人口数量逐年增加，到 2013 年官方统计常住流动人口的数量已经超过 800 万，加上半年以下的流动人口，流动人口规模庞大，其间，由于常住人口总量已经超过了北京市的人口资源环境承载力，从 2007年开始逐渐加强流动人口的规模调控。顺着这些政策变迁轨迹可以发现，外来人口与户籍人口在政策设计上完全属于两个分离的群体，外来人口基本上不在北京市各项社会制度的范畴之内。以社会保障制度来看，从 2011 年开始，北京市通过政策允许外来人口在京享受生育保险等，但政策的制定和实施完全是两码事，外来人口在北京参与社会保障不仅存在着户籍因素的限制，实际上也面临着全国范围内社会保障无法衔接的制度设计和完善问题。退一步来看，即使政策设计将流动人口纳入其中，可以想象，在京"打一枪换一个地方"的外来务工人员会去主动办理社会保障，与企业愿意给外来务工人员上社会保险等相比，外来务工人员更希望按时足额发放工资。

但这是否意味着不需要将外来务工人员纳入本市社会保障范畴呢？社会保障制度作为国家为社会成员设立的保障其基本生存需求的制度体系，并不因被保障人的意愿而失去保障意义。由于各地社会保障实施办法不同，无法实现跨省衔接，若将流动人口排斥在工作地的社会保障体制之外，必定由于工作居住地与户籍所在地分离，导致户籍地和工作地均无法上保险而使流动人口群体成为社会保障的"盲区"。社会保障体系将大量流动人口长期排斥在外，流动人口的生活、就业等权益无法得到保障，导致拖欠农民工工资、农民工工伤事故等问题频发，给经济社会健康平稳发展带来负面影响。在实际流动人口服务管理工作中，在制定流动人口政策时要按照不同流动人口的需求区分对待，对于来京时间长，有稳定工作或住所，并有长期居住意愿的流动人口应当逐渐将其纳入本市社会保障体系的覆盖范围。对于来京时间较短，目前仍处在求职或工作初始阶段的流动人口，更应当注重其在失业保险和工伤保险等险种上的状况和水平，严格按照《劳动合同法》等法律法规的要求保护流动人口的权利。

（三）社会保障资源按城乡、地区和单位性质分配不均衡

公平正义是建设社会主义和谐社会的基本要求，而建立和完善社会保障制度的初衷就是为公平地保障社会中的弱势群体，能按照特定的基本标准有能力、有条件地参与社会生产和生活，而不被排斥在基本可持续发展所需条件之外。公平性是社会保障的天然属性和基本特征。因此，当前应把增强社会保障体系建设的公平性放在社会保障制度建设工作的重要位置。其中，包括实现各类群体的全覆盖，逐渐缩小城乡差异和区域差异。

1. 按城乡分

长期以来，城乡二元分割制度给乡村的经济社会发展带来了较大的负面影响，由于城乡居民收入分配上存在的巨大差异，完善城乡一体化的社会保障制度实际上成为缩小城乡收入差距的重要手段。实际上，传统上农村的社会保障长期以来是以村集体经济和农民个人为主，村集体经济根据当年的生产经营情况给老年人等特定人群适当的补贴，农民个人建立个人账户进行个人储蓄，实际是一种自收自保的个人储蓄的保障模式，难以起到调节收入分配的作用，城乡经济社会发展差距巨大。

多年来北京市一直注重农村社会保障体制的建设，2003 年以来先后颁布了《中共北京市委北京市人民政府关于贯彻〈中共中央国务院关于进一步加强农村卫生工作的决定〉的意见》（京发〔2003〕8 号）和《北京市人民政府关于印发北京市新型农村社会养老保险试行办法的通知》（京政发〔2007〕34 号）等地方性法规，增加了中央和地方对农村养老保险和医疗保险的财政投入，集体经济组织在构建农村居民社会保障体系中也承担了更多的责任和义务，投入的增加、保障范围的扩大提高了以养老保险和医疗保险为核心的农村居民社会保障水平，新型农村社会保障制度初步建立起来。但是，城镇和农村居民社会保障水平仍然存在较大的差异，这体现在：一是养老、医疗等基本社会保障的城乡差距过大。到 2013 年底，参加城乡养老保险的人数为 180.1 万人，尚未实现完全覆盖，与城镇基本养老覆盖率相比差异较大。在保障水平上，2013 年企业退休人员基本养老金已经达到 1330 元，而农村基本养老金与之相比差异较大。此外，农村居民基本医疗保险在疾病范围、报销额度、比例和方式上与城镇职工基本医疗保险相比都有所差距，如农村居民住院费报销比例仅为 60%，低于城镇居民 70% 的报销比例，离退休人员的报销比例更高。二是农村居民社会保障筹资水平低，享受保障的待遇水平低。在社保体系中，个人筹资水平直接决定着享受保障的待遇水平，由于农民收入水平远低于城镇居民，因此社会保障水平普遍低于城镇居民。三是农村社会救助体系不完善，专项社会救助体系不健全，覆盖范围小，无法起到对农村救助群体的帮扶作用。城乡最低生活保障标准差异较大，2013 年城市最低生活保障标准为 580 元，农村最低生活保障的覆盖范围和保障标准都相去甚远，均与北京市经济发展水平相差较大。四是在征地农民的社会保障上资金缺口大，征地农民"农转居"过程中需要补缴社会保险费进而加入城市社会保障，但很大部分农民群体趸交社保的金额极大，在土地出让金中往往不包含这部分经费，造成"农转居"村民加入城镇社会保障体系的巨大障碍。

2. 按地区分

各区县社会保障水平除了基本保障之外，还与各区县经济发展水平和居民收入水平密切相关，北京首都核心功能区、城市功能拓展区、城市发展新区和生态涵养区的经济发展和人民收入水平差异较大，从地方财政收入来看，北京市统计局数据显示，四个城市功能分区 2013 年的财政收入分别为 501 亿元、1080 亿元、923.9 亿元、219.3 亿元。按四个功能分区城镇居民人均可支配收入约为 4.1 万元、4.0 万元、3.35 万元和 3.2 万元，可以发现在地方财政收入上，生态涵养区较为落后，即使其人口较少，但财政收入远低于其他区县。在城镇人均可支配收入上，城市发展新区和生态涵养区较为落后，因此个人缴纳社会保险金的能力较弱，得到社会保险的保障水平较低。在农村社会保障水平上，各个区县的差异更大，靠近城市中心区域以及城乡结合部地区，由于区位优势等村集体经济和乡镇企业发展水平较高，每年给本镇、村集体经济成员的分红较多，给农村基本保险的投保力度较大，因此农民的社会保障待遇较高，而远郊区县农民社会保障待遇普遍低于靠近中心城区的农村地区。如 2008 年海淀区农村最低生活保障每年已经达到 2888 元，而当时最低的密云县只有 970 元。

3. 按单位身份分

在传统单位制下，不同单位、不同身份的干部职工享受的社会保障待遇水平不同。首先，单位性质不同享受的社会保障待遇水平不同。处于权力或资源垄断地位的大型企事业单位的职工其社会保障待遇较高。以医疗保障为例，以往在各级国家机关、党派、人民团体由国家预算内开支工资的、在编制的职工等群体享受公费医疗①，公费医疗在报销比例和报销方式上都与基本医疗保险存在较大差别，也存在虚报瞒报等骗取国家医疗资源的情况。从 2012 年起公费医疗制度改革启动，北京市 22 万市级公费医疗人员被正式纳入医疗保险体系，包括公务员和事业单位工作人员等。② 再比如在住房保障问题上，在住房商品化改革近十几年后，大量的强势单位仍然能够以经济适用房等多种保障房形式，针对特定群体如公务员和大型国企职工提供福利住房。其次，身份不同享受的社会保障待遇水平不同。以养老保障制度为例，事业单位和公务员身份的退休金待遇与企业职工的相比高出很多，出现事业单位人员希望推迟退休年龄，企业职工希望提前退休等社会乱象，也是多年来群众反映最强烈的民生问题之一。再比如住房公积金，国有企事业单位职工的住房公积金单位缴纳额度远高于其他私营单位的缴纳额度，间接造成不同单位职工购买住房的能力相差较大。此外，干部级别不同享受的社会保障待遇不同，这在医疗、养老等基本社会保险以及住房等其他社会保障问题上均是如此。

（四）社会福利事业难以满足市民需求

社会福利事业是社会发展和进步程度的重要标准，福利国家最大的特征是为低收入群体等弱势群体提供全方位、多层次、高水平的社会福利，免除他们生活的后顾之忧。在按劳分配的社会主义市场经济体制下建设和发展社会福利事业具有较强的理论和实践意义。与全国其他地区相比，北京社区公共服务事业发展走在前列。如表 39 所示，2013 年北京市城镇社区服务设施数和城镇便民利民服务网点数分别达到了 6525 个和 1.1 万个，从社区服务机构和从业人员数量等方面来看，都处于全国领先位置，这为社会福利事业的发展提供了良好的

---

① 公费医疗，百度百科：http://baike.baidu.com/view/996395.htm。
② 同上。

工作基础。但社会福利事业的发展与全市民居的需求存在一定差距。如表 37 所示，到 2013 年底，全市收养性社会福利单位和床位数、城镇老年福利机构和床位数、儿童福利院和床位数等，与规模庞大的老年人和儿童群体相比，仍然处于资源严重匮乏的状况。根据市老龄办统计，截至 2011 年底，北京市老年人口规模已经达到 254 万人，占到常住人口总数的 15%，并且未来社会老龄化的趋势越来越显著；第六次人口普查数据显示北京市 0—14 岁人口为 168.7 万人。这与全市社会福利单位的数量形成了鲜明的反差。

　　此外，在服务项目、内容和专业性上，不能满足特殊人群的需求，尤其在公办的福利机构中，更多的是传统的看护、食宿等基本内容的满足，缺乏对特殊群体在心理诉求、医疗康复和参与社会等方面的服务工作。在社会福利事业的建设思路上，缺少社会力量如各类社会组织和社会企业的参与。如表 39 所示，2013 年北京市社会福利企业有 612 家，年末职工人有 2.8 万人，这与北京市规模庞大的企业机构数量相去甚远，且与往年相比这两个数字都有所下降。各类社会力量尤其是社会组织具有天然的开展社会和社区福利事业的优势，他们开展服务管理工作具有专业性强、社区性强和针对性强的特征，能更好地实现服务项目的多元化、服务内容的针对性和专业性，当前北京市在引导社会力量兴办社会福利事业上仍然有进步空间。

表 39　　　　　　　　2013 年北京市社会福利事业情况

项目	2013 年
城镇社区服务设施数（个）	6525
其中，街道社区服务中心（个）	192
社区服务志愿者组织数（个）	1.1
城镇便民利民服务网点数（万个）	1.1
社会福利企业单位数（家）	612
社会福利企业年末职工人数（万人）	2.8

　　数据来源：北京市民政局。

（五）住房社会保障体系不健全

住房保障体系关系住房这一民生基本需求，北京住房保障的发展思路是正确的，经过多年的探索，目前已经形成了限价房、经济适用房、廉租房和公租房为主体的多层次、全方位住房保障体系，不同类型保障房面向不同的住房困难群体。各级政府部门优先安排储备土地用于保障性住房建设，"十一五"期间共解决40余万户中低收入家庭的住房困难。其中，2010年是北京历年来保障性住房建设力度最大的一年，开工各类保障房22.5万套，其中公租房（含廉租房）1.9万套，经济适用房3.5万套，限价房3.1万套，定向安置房14万套，全年开工量相当于前三年总和①。在中央加快完善住房保障体系的政策引导下，全市制定了保障性住房建设长期规划，确定年增长目标。可以说，城乡居民中最低收入群体的住房问题前后通过经济适用房和公租房等得到基本解决；在城市更新和城市改造中出现的拆迁居民和失地农民的住房需求通过公共和市场供给得到满足；高收入群体的住房需求通过市场化途径得以解决；各级公务员队伍的住房问题也通过各类保障性住房基本得以解决。

在所有的公共资源中，住房是最稀缺的资源之一，这一特征是由土地的稀缺性决定的。当市场经济发展到房地产业为支柱产业，土地价格不再由政府决定，而回归价值和使用价值。当前北京等特大型城市发展的目标是建设世界城市，成为全球性政治、文化、经济中心和人力、财力及技术资源最密集的核心区域，但同时土地价格不断提升。加之当前土地出让政策，市场和政府实际上共同推高了房地产价格。可以说，以产权共有为主导思路的住房保障体制维持下去的难度很大，加之市民的居住要求逐年提高，这一制度要面对规模庞大的待保障人群。这些群体主要包括：中等收入阶层、低收入群体中尚未纳入住房保障体系的群体、常住外来人口群体等。此外，随着商品房价

① 《北京日报》：《北京市提出力争2011年竣工各类保障性住房10万套》，2011年1月16日，中央政府门户网站：http://www.gov.cn/gzdt/2011－01/16/content_1785514.htm。

格的上涨，住房保障体系所要覆盖的人群范围在不断扩大，比如中等收入群体早年可能不属于住房保障性范围，但随着房价上涨转向保障性住房；失地农民和拆迁居民在拆迁改造之前也不属于保障性住房覆盖范围，但房价越高、拆的越多、征的越多，这部分群体也在不断扩大。因此，虽然近年来社会保障体系的建设取得较大成就，但仍无法满足市民的基本需求，迫切需要转变发展思路，以公租房代替经济适用房。

四　对策和建议

（一）继续加大社会保障资金投入力度，提高社会保障水平

政府财政投入在社会保障体系中应当占据主导地位，在当前经济快速发展，市级财力达到较高水平的背景下，应当将逐年按照一定比例提高社会保障待遇标准作为各级财政部门的年度发展规划。第一，建立和完善各类社会保障待遇标准与物价水平联动的机制，在物价上涨较快、居民生活成本上升较大的时期，适时提高最低生活保障标准或给予生活补贴，长期物价上涨应当考虑制定新的社会保障待遇标准。第二，提高农村居民的社会保障待遇水平，在医疗、养老基本保险上，提高财政缴纳额度，根据各乡镇不同发展水平适度提高集体经济缴纳额度，增加医疗保险尤其是大病和住院报销比例，缩小城乡居民间基本社会保障标准的差距。第三，继续提高企业单位退休人员养老金水平，缩小政府机关、企事业单位退休人员之间的养老金差距，加大对企业下岗失业人员的失业保险和生活补贴的投入力度。第四，提高失业保险和工伤保险的覆盖范围和待遇标准。提高下岗失业人员、工伤人员的保险待遇水平，切实保障两类人群的基本生活，确保两类人群不与经济社会发展完全"脱钩"。第五，提高城乡最低生活保障标准等社会救助水平，多年来最低生活保障标准与物价上涨和经济发展水平严重脱节，其上涨速度远远低于当前北京市的基本物价水平，即便在满足保障居民基本生活需求上尚且不足，更难以保证居民生活水平的提高。

（二）完善农村社会保障体系，实现城乡社会保障一体化

随着城市化进程的推进，在北京等特大城市实现城市化率达到发达国家水平是城市化的必经阶段，城乡结合部和其他农村地区的城市化并不简单意味着农村变成社区，农民变成居民，更重要的是其背后的生产、生活方式的转变，在劳动力年龄段内保证其具有劳动或就业机会，超过劳动力年龄要保证其具备养老的能力和条件，社会保障体系是贯穿其中的一条主线。传统上，农民以土地为生产、生活和保障的来源，城市化以后，需要政府各部门根据各地区实际情况、农民的实际需求，通过政府资金投入和土地收益等渠道保证转居农民的生产、生活和受保障的权利。目前来看，社会转型中的北京农村处在农业和其他第二第三产业交叉、农民身份和居民身份交叉、农村保障体系和城镇保障体系交叉、农村管理方式和社区管理方式交叉的经济社会结构多元交织的特殊时期，能否认清形势、理顺关系意义重大，而其中理顺城乡社保体系的关系，实现城乡社会保障一体化，又是牵涉农村和农民基本利益的重大问题，也是最有难度的问题之一。

一是要大力推动农村居民参加城乡居民养老保险，提高城乡养老保险的覆盖率，切实做好新型农村社会养老保险与城乡居民养老保险的政策衔接，提高基础养老金的待遇水平。二是做好从事第二产业和第三产业农民参加各项职工社会保险，完善社会保险关系转移和续接办法，确保从事非农产业农民享受同等待遇的养老保险、医疗保险和工伤保险等。三是提高农村最低生活保障待遇水平，扩大农村最低生活保障的覆盖范围。四是大力提高农村社会福利和社会救助水平。由于农村地区地处偏远，各类社会机构和组织力量覆盖程度较弱，政府要承担起农村地区社会福利和社会救助的主要责任。加大财政投入力度，兴建社会福利和社会救助机构。继续实施"五保户"制度，提高"五保户"的供养最低标准。对于自然灾害多发的农村地区，建立起长效应急救援机制，防止灾害和次生灾害的发生。五是针对征地超转人员，加大财政支持力度，在土地出让金中预留专项经费，确保超转人员社会保障体系的衔接。

（三）加强流动人口社会保障工作，做到有法可依、有法必依

外来人口已经占北京市常住人口 1/3 强，其中大部分外来人口进京目的是工作就业，做好外来人口的社会保障工作是完善社会保障体系的重要组成部分。根据第六次人口普查数据，超过 60% 的外来从业人员在京从事行业主要是批发零售业、制造业、建筑业和商业服务业，这些行业的基本特征是体力劳动或工作环境艰苦，容易发生工伤事故，加上企业规模小、组织灵活多变，工人权益受损的现象屡屡发生，从业人员迫切需要社会保险为其解除工作的后顾之忧。

当前保障外来务工人员权益，规范用人单位行为的法律有《劳动保护法》和《社会保险法》等，例如"跨医保统筹地区就业的，医疗保险随本人身份转移，且缴费年限累计计算"[1]，对于无雇工的个体从业者，"未在用人单位参加职工基本医疗保险的非全日制从业人员以及其他灵活就业人员可以参加职工基本医疗保险，由个人按照国家规定缴纳基本医疗保险费"[2] 等，都对外来务工人员的基本社会保险和保障要求做了细致的规定。但在现实中，相关法律法规执行情况较差，效果不明显。一是用人单位出于对企业经营效益和管理灵活的考虑，对为员工上保险"推三阻四"，不遵守法律；二是行政主管部门执法力度不强，对违法违规的现象惩处力度较小，对企业的违法经营活动难以起到约束作用，与外来务工人员的就业和自我保护的需求相差较大。

（四）大力发展社会救助和社会福利事业

在社会福利事业上，一是推动老年社会福利事业的发展。逐渐形成居家养老、社区养老和机构养老相结合的养老服务体系。确保低收入家庭老年人有基本的生活保障，保障水平能够逐步提升；中等收入家庭的老年人能部分从市场上购买养老服务产品，解决养老问题；高

---

① 朱安奇：《社会保险法为流动人口撑起"保护伞"》，2011 年 7 月 13 日，人民网：http：//finance. people. com. cn/money/GB/15140016. html。

② 同上。

收入家庭能通过市场满足其养老需求。重点建设社区养老机构和居家养老机构，在满足老年人日常生活需要的同时，不断提升满足老年人精神文化层面和心理层面需求的能力。强化养老机构专业社工队伍建设，依托社工事务所和其他社会组织，通过政府购买服务的方式加大专业社工培育的资助力度，加大社区养老机构购买专业社工岗位的资助力度。二是推动儿童福利事业和残疾人福利事业的发展。将儿童福利事业和残疾人福利事业放在社会保障事业的核心位置，以大规模资金投入下大力气发展公办儿童福利机构和残疾人福利机构。对于低收入群体和外来流动儿童群体应保尽保，将儿童福利机构的建立和发展纳入卫生部门、教育部门和民政部门三方共同负责和共同监管的范围。加大资金投入，改善已有儿童福利机构和残疾人福利机构的设施，加强对民办儿童福利机构和残疾人福利机构的监管和帮扶，符合条件的加大资助力度，缺乏办院条件的给予资金和场地等支持。加大照料和康复专业领域的社工队伍培训和资助力度。

在社会救助事业上，根据经济社会发展水平，在财政收入允许的范围内提高最低生活保障待遇；建立和完善与物价联动的最低生活保障标准调节制度，当物价上涨达到一定程度或时间段后，上调最低生活保障的待遇标准；坚决贯彻和执行低收入家庭收入情况审查制度，对不符合低保待遇标准的家庭予以清退，完善最低收入保障制度的进出机制。对现有的流浪人口救助制度进行调节和完善，改变救助思路，实行社会救助与政府救助相结合的方式，加大救助力度，在政策允许的范围内和流浪人口能接受的程度下，为其创造更好的生活条件。将流浪儿童和流浪残疾人作为重点救助人口，从儿童权益和残疾人权益保护的角度，联合公安、妇联、残联等相关部门共同实施救助。

（五）建立和完善住房保障体系

如前所述，当前的住房保障体制在思路上基本是正确的，即逐渐从保障房产权到房屋租赁权，从特定群体的保障体系到住房保障范围的扩大。目前，主要问题在于：一是保障覆盖范围较窄；二是保障房开工面积较低，保障房在居民住房中所占比例较低。因此，建立和完善限价商品房、经济适用房、公共租赁房等多层次的保障性住房体系，首先，要扩大保障性住房的覆盖范围。以往保障性住房对象集中在旧城疏解人口、城市低收入人口等群体，随着商品房价格的高企，越来越多的中等收入群体其收入状况难以负担购买商品住房，由于物价和工资水平的上涨，原有的家庭收入标准远不能适应形势发展，应当降低保障性住房的准入标准，在加大资格审查力度的基础上，将部分符合条件的中等收入群体纳入保障性住房覆盖范围，构建多层次、多元化的住房保障体系。同时，加快保障性住房的审批速度和力度，对不符合条件的家庭提前予以告知；杜绝家庭收入较低、符合保障标准的群体无法享受保障性住房，而家庭收入和住房水平超标的群体享受保障性住房的不公正现象。

其次，要增加保障性住房在所有住房类型中的比例。目前，保障性住房在居民住房中的比重相当低，这虽然是住房市场化改革的必然现象，但冲淡了保障性住房在维护低收入群体居住权益上的重要意义，在商品房价格高企的时期，低收入群体的住房需求不能因为住房市场化的高水平而消失，人不能没有房子住。因此，要探索扩大保障性住房开工面积的模式和措施，一是要根据常住人口的变动情况以及商品房开工建设情况，制定保障性住房开工面积的年度增长计划，以及保障性住房建设的长期发展规划，将定向安置住房排除在市级保障性住房的统计范畴。二是要增大公共租赁房屋在保障性住房中的比例，从国际经验做法和未来人口发展的趋势来看，公共租赁房屋是解决大城市住房问题的有效途径，制定公租房的准入门槛和清退标准，以低于市场平均租金的价格增强其吸引力，逐步实现公租房常住人口全覆盖，尤其是向常住外来人口开放，实现"居者有其屋"，解决其生产生活的后顾之忧。在公租房的建设上，要形成以中小户型为主、以靠近城市中心区为原则，在增加公共租赁房屋容积率的同时，减少交通通勤给城市发展带来的负面影响。三是要吸引社会投资，在房地产开发项目中增加保障性住房所占面积的比重。四是要完善保障性住房的审核制度，对申请保障性住房的家庭在以社区为审核起点的基础上，加大抽查和复查的力度，避免超收入标准的家庭购买保障性住房。多措并举，保持保障性住房面积的快速增长，增加保障性住房比例。

（六）引导社会参与，多方建构社会保障体系

政府在社会保障的各个领域尤其是基本社会保障上起到了主导作用，但当前居民需求是多层次的，不同层次的人群需求差异很大，政府主导的社会保障无法满足不同居民的多元化需求。首先，在社会救助和社会福利上，政府应当充分发挥"兜底"的作用，满足弱势群体的基本生活需求，并不断提高最低生活保障待遇水平。其次，在医疗和养老等基本保险领域内，在政府建立的统一社会保障体系之外，充分发挥用人单位的补充作用，奖励其设立各专项补偿项目，同时鼓励有能力的居民参加多种形式的商业保险，从政府、社会和用人单位三方入手，提高居民的社会保障待遇水平，满足居民不同层次的社会保障需求。再次，鼓励、资助社会企业以各种方式投入社会慈善事业，调动社会力量积极参与改善低收入群体等弱势群体的生产、生活条件，提高其生活质量。这些社会力量既包括基金会、社会团体、民间组织等社会组织，它们已经在参与民生建设事业中发挥了不可替代的作用，迫切需要政府部门的引导、鼓励和资金支持，从政策上为其组织发展和参与民生事业积极创造条件。此外，也包括有良知和远见的企业单位，政府应当出台政策鼓励企业办社保，采用社会企业等形式为企业发展和完善社会保障体系做出贡献，实现企业和社会的"双赢"。最后，从政策上制定、完善社会资金募集机制，审核一批具备募集社会资金资质的组织和机构，拓展社会保障资金的来源渠道，增加社会保障资金的数量和规模。

（七）提高社会保障资金的监督管理水平

在社会保障资金的监管上，建立政府、人大和社会三方监管机制，政府财政和审计部门定期对社会保障资金的收支和使用情况进行行政监管，人大充分发挥监督职能，将社会保障资金的使用情况纳入

监督范围，充分发挥社会单位和成员的监管作用，社会保障资金管理部门定期向公众公布社会保障资金的收支情况，并通过将用人单位吸纳为成员单位等形式，加强对社会保障资金管理部门的组织监管。

在社会保障资金的长效机制和可持续发展上，在确保社会保障资金安全的前提下，探索社会保障资金进入资本市场的方式和模式。吸纳专业资本运营单位参与到社保资金经营管理过程中，提高社保资金经营管理的专业化和科学性，实现社会保障资金的保值增值，以减轻经济环境变迁对大规模社保资金的稀释效应。

（八）提高社会保障服务管理工作的科技化、信息化水平

在社会保障的服务运行过程中，一方面直接面向参保市民，另一方面面向相关政府部门，两者中间是街道、社区和企事业单位的中介机构，三者围绕规模庞大的数据库系统，实现数据的录入、更新和互动。可以说，面对面直接服务、信息量大且更新速度快是社会保障服务运行的重要特征。因此，社会保障体系服务运行的便捷度、有效性和偏差率的情况是制度完善与否的重要组成部分，目前北京市已经实现了各个基本保障系统的平台化和网络化，基本能够满足企事业单位和参保人员的服务要求。未来需要在科技化、信息共享和一体化平台上做文章。加快社会保障服务管理设备的升级改造，推进街道乡镇和社区社保点终端建设，提高社区社会保障服务的科学化水平。同时，形成医疗、养老等基本社会保险统一平台，参保人员在全市各个社会保障网点均实现实时查询。实现不同社会保险类型之间、各相关部门之间的信息共享，加快居民社会保障一体化平台的建设和完善，以便于与社会保障相关的各部门实时参考其他部门的社会保障信息，为本部门的职能行使做出分析判断。

第五章 医疗卫生服务现状研究[①]

民生服务中的健康卫生是和老百姓切身生活息息相关的领域，牵涉到千家万户。十八大报告中提出，提高人民健康水平，要坚持为人民健康服务的方向，坚持预防为主，以农村为重点，中西医并重，按照保基本、强基层、建机制的要求，重点推进医疗保障、医疗服务、公共卫生、药品供应、监管体制综合改革。

医疗卫生指标应该是评价社会发展进步的最重要的综合指标之一。根据 2013 年北京市经济社会统计报告之"北京市民生状况调查报告"，"看病难、看病贵"超过"房价过高"、"物价上涨"，在被访市民关注的社会问题中排在第一位。市民最希望政府解决的社会问题，排在第一位的也是"加大医改力度，解决看病难、看病贵问题"，排在"调控物价"和"提高收入"前面。回答"未来五年，您最希望北京市哪个公共服务领域获得较大发展"时，医疗卫生领域仍然排在第一位，其后是"教育服务"和"社会保障"[②]。可见，医疗服务问题在民众心目中的重要地位。

一　北京市医疗卫生服务现状

北京是国家首都，医疗资源比较集中。据统计，三甲医院 50 余家，医疗资源的水平处于全国前列。

---

① 本章执笔人：李伟东。
② 徐燕、丁海峰：《北京市民生状况调查报告》，载《2013 年北京市经济社会统计报告》，北京日报报业集团、同心出版社 2013 年版。

（一）卫生资源

1. 医疗卫生资源与医疗服务总体情况

2013 年末，全市医疗卫生机构达 10141 家（包括 15 家驻京部队医疗机构），其中医疗机构 9984 家（含 80 家三级医疗机构、134 家二级医疗机构以及 615 家一级医疗机构），其他卫生机构 157 家。与 2012 年比较，医疗卫生机构增加 167 家，其中：医疗机构增加 168 家［社区卫生服务中心（站）增加 29 家］，其他医疗卫生机构减少 1 家。卫生人员总数 294012 人，其中卫生技术人员 229720 人，占总人数的 78.139%。每千常住人口床位数和卫生人员数见表 40。

表 40　　　　　　　　**2013 年北京市卫生资源状况统计**

项目	2013 年
卫生人员总数（人）	294012
卫生技术人员总数（人）	229720
卫生技术人员占总人数比重（%）	78.13
执业（助理）医师占卫生技术人员比重（%）	37.36
注册护士占卫生技术人员比重（%）	43.82
*每千常住人口编制床位数（张）	5.52
其中：户籍人口	8.87
*每千常住人口实有床位数（张）	5.80
其中：户籍人口	9.33
*每千常住人口卫生人员数（人）	13.90
其中：户籍人口	22.34
*每千常住人口卫生技术人员数（人）	10.86
其中：户籍人口	17.45
*每千常住人口执业（助理）医师数（人）	4.06
其中：户籍人口	6.52

续表

项目	2013 年
*每千常住人口注册护士数（人）	4.76
其中：户籍人口	7.65

注：1. 人口数为 2014 年北京市统计局发布的 2013 年北京市常住人口数和户籍人口数。

　　2. 本表统计范围包括 14 家三级驻京部队医院。

数据来源：北京市公共卫生信息中心。

632 家地方医院按经济类型分，公立医院 258 家，民营医院 374 家。按床位数分：100 张床位以下医院 455 家，100—199 张床位医院 60 家，200—499 张床位医院 53 家，500—799 张床位医院 33 家，800 张及以上床位医院 31 家。

2013 年，全市医疗机构（含诊所、医务室和村卫生室）诊疗人次数达 21882.5 万人次（含驻京部队医疗机构），出院人次数达 291.5 万人次（含驻京部队医疗机构）。与 2012 年比较，诊疗人次次数增加 2144.0 万人次，增长 10.9%；出院人数增加 22.2 万人次，增长 8.3%。

2013 年，全市医院诊疗人次数和出院人次数分别为 14707.1 万人次（占全市医疗机构的 67.2%）和 255.4 万人次（占全市医疗机构的 95.5%），与 2012 年相比分别增长了 10.8% 和 9.1%。

全市社区卫生服务中心（站）总诊疗人次数达 4745.7 万人次（占 21.7%），出院人数 3.4 万人次（占 1.2%），分别增长了 16.1% 和减少了 6.7%。

医疗资源建设方面，2012 年北京市推进了天坛医院的迁建和同仁医院经济技术开发区院区扩建工程前期工作，积极发挥中心城区优质医疗资源的辐射作用，积水潭医院回龙观院区建成并投入试运行，北大国际医院、清华大学天通苑医院加快建设，北京大学第一医院南区等项目正在积极推进，中心城区优质医疗资源向外扩展初见成效。

医疗资源建设重点在加快中心城区优质医疗资源疏解。本市 11 个新城各规划一所区域性医疗中心，郊区县主要依托区县级医院，亦庄医院依托同仁医院经济技术开发区院区扩建工程进行建设，新增病床 2765 张，总建筑规模 73.8 万平方米，总投资 47.1 亿元，其中市政府固定资产投资 35.9 亿元。大兴、平谷、门头沟 3 个区域性医疗中心已建成投入使用，密云、怀柔、延庆、顺义 4 个区域医疗中心正在加紧建设，房山、通州和昌平 3 个区域医疗中心一期工程已完工，二期建设项目正加快推进。

2. 分布特点：地区不均衡

虽然北京市医疗资源总量较大，但是也存在分布不均匀的问题。各城区差别较大。表 41 中的数据显示的是北京各区在医疗资源分布上绝对数字的差异。因为各区人口和面积不同，绝对数字的差距并不能反映出资源分配的实际距离，表 42 中的人均数据对此将有更直观的揭示。

表 41　　　　　　　　2013 年北京市医疗资源的分区数据

地区	医疗卫生机构数（个）	医疗机构数（个）	编制床位（张）	实有床位（张）	卫生人员（人）	卫生技术人员（人）	执业（助理）医师（人）	注册护士（人）
全市	10141	9984	116801	122754	294012	229720	85819	100652
东城区	548	525	11221	10948	31603	24091	9175	9380
西城区	611	582	14921	14562	39455	31849	11129	13392
朝阳区	1275	1256	19243	18252	53079	40770	15840	17647
丰台区	541	534	9627	8926	20691	15999	6029	6807
石景山区	205	200	4609	4007	8291	6684	2559	3002
海淀区	1051	1047	12335	10557	35175	27553	10140	11930
门头沟区	265	256	2775	2842	4352	3233	1136	1376
房山区	1023	1010	5036	5864	11772	8303	3216	3222
通州区	601	594	5234	3203	9660	7534	2803	2804
顺义区	608	598	3414	3270	8000	6281	2649	2227
昌平区	856	853	10046	9430	13234	9950	3863	4036
大兴区	728	720	5253	6074	11749	9218	3427	3660
怀柔区	487	484	1670	1576	4099	3168	1321	1075

续表

地区	医疗卫生机构数（个）	医疗机构数（个）	编制床位（张）	实有床位（张）	卫生人员（人）	卫生技术人员（人）	执业（助理）医师（人）	注册护士（人）
平谷区	434	430	2050	2056	4719	3620	1437	1380
密云县	641	634	1548	1485	4673	3482	1545	1123
延庆县	252	246	1019	982	2800	2147	867	819

注：本表分区县数据不包括驻京部队医院。
数据来源：北京市公共卫生信息中心。

　　通过表42中的人均数字比较，北京市各区医疗资源分布的地区差异清晰起来。例如：每千人口实有床位数，人均资源最丰富的东城区与人均资源最少的通州区相差4.6倍；每千人口执业医师数，最高的东城区与最低的通州区相差4.8倍。

表42　　　　　2013年各区县卫生资源按每千人常住人口占比比较

地区	每千常住人口编制床位数（张）	每千常住人口实有床位数（张）	每千常住人口卫生人员数（人）	每千常住人口卫生技术人员数（人）	每千常住人口执业（助理）医师数（人）	每千常住人口注册护士数（人）
全市	5.52	5.80	13.90	10.86	4.06	4.76
东城区	12.34	12.04	34.77	26.50	10.09	10.32
西城区	11.45	11.18	30.28	24.44	8.54	10.28
朝阳区	5.01	4.75	13.82	10.61	4.12	4.59
丰台区	4.26	3.95	9.15	7.08	2.67	3.01
石景山区	7.16	6.22	12.87	10.38	3.97	4.66
海淀区	3.45	2.95	9.84	7.70	2.84	3.34
门头沟区	9.16	9.38	14.36	10.67	3.75	4.54
房山区	4.99	5.81	11.66	8.22	3.18	3.19
通州区	3.95	2.42	7.29	5.68	2.11	2.11
顺义区	3.47	3.33	8.14	6.39	2.69	2.27
昌平区	5.32	4.99	7.01	5.27	2.04	2.14

续表

地区	每千常住人口编制床位数（张）	每千常住人口实有床位数（张）	每千常住人口卫生人员数（人）	每千常住人口卫生技术人员数（人）	每千常住人口执业（助理）医师数（人）	每千常住人口注册护士数（人）
大兴区	3.49	4.03	7.80	6.12	2.27	2.43
怀柔区	4.37	4.13	10.73	8.29	3.46	2.81
平谷区	4.86	4.87	11.18	8.58	3.41	3.27
密云县	3.25	3.12	9.82	7.32	3.25	2.36
延庆县	3.22	3.11	8.86	6.79	2.74	2.59

注：本表分区县数据不包括驻京部队医院。

数据来源：北京市公共卫生信息中心。

医疗资源分布的特点是除地区差距大外，城乡差距也大。一些农村地区占比较大的区，甚至医疗资源离达标标准都很远，这在号称医疗资源全国最丰富的北京，几乎不可想象。据 2011 年北京市综合评价情况显示，在一共 15 个指标中，距离达标要求最远的是医疗卫生指标"每千人拥有的医生数"，只实现目标值的 40.2%。[1]

医疗资源分布不均衡还表现在优质医疗资源分布上。作为优质医疗资源的代表，三甲医院数量无疑是最有号召力和说服力的。北京市现有三甲医院 53 所。主要集中在海淀区（13 所）、西城区（12 所）、朝阳区（9 所）、东城区（9 所）、丰台区（5 所）、石景山区（2 所），通州区、昌平区、大兴区各 1 所，其他区没有三甲医院。优质医疗资源集中于城六区的情况极其明显。优质医疗资源集中不但不利于其他城区的病患就近医治，额外增加医疗成本，也给其所在地区带来交通等巨大压力，对城市整体生态环境和运行效率都有显著的负面影响。

3. 医疗卫生信息建设

2012 年 6 月 26 日医疗卫生综合信息系统试点项目区县任务书签

[1] 孟素洁、杨晓琼：《北京市农村城镇化进程监测报告》，载《2013 年北京市经济社会统计报告》，北京日报报业集团、同心出版社 2013 年版，第 212 页。

订仪式举行，这是今年北京市推进卫生信息化工作的重要举措。为进一步加快北京市卫生信息化建设，落实市政府办公厅《关于推进首都地区电子病历工作的意见》以及北京市卫生局与卫生部统计信息中心签订的《2011年基于电子健康档案、电子病历、门诊统筹管理的基层医疗卫生信息系统试点项目目标任务书》等文件要求，北京市卫生局确定了北京市西城区、海淀区、顺义区、密云县和延庆县五个区县为卫生部试点项目区县。试点区县将承担建立区县卫生信息平台；建立辖区内电子健康档案数据库和电子病历共享数据中心；探索实现公共卫生、医疗服务、新农合、基本药物制度和综合卫生管理等重点业务领域的相关工作，将进一步提升北京市医疗卫生服务效率和能力；推进区域内转诊预约和双向转诊；实现新农合门诊和出院即时结报和基金监管；连接基本药物制度监测管理信息系统，改善基本药物管理等任务，逐步实现面向居民的自我健康信息查询、面向卫生行政管理人员的综合信息查询和面向医疗卫生工作者的业务协同信息查询，为实现基于市、区二级协同的卫生信息平台的卫生综合信息管理奠定基础。北京市市民的电子健康档案将与医疗机构的电子病历进行整合，逐步形成个人全生命周期的电子化健康记录。

（二）医疗保障全覆盖

北京市的医疗保障制度建设相对完善，通过城镇职工基本医疗保险制度、城镇居民基本医疗保险制度和新型农村合作医疗制度等，实现了基本医疗保险全覆盖。

1. 城镇职工基本医疗保险制度

1998年国务院颁布《关于建立城镇职工基本医疗保险制度的决定》，对城镇职工基本医疗保险改革的任务和原则、覆盖范围和缴费办法、筹资模式、监督管理等内容进行了纲领性界定。《北京市基本医疗保险规定》2001年出台，保障对象是"本市行政区域内的城镇所有用人单位，包括企业、机关、事业单位、社会团体、民办非企业单位（以下简称用人单位）及其职工和退休人员适用本规定"。保费缴存和保障原则是"基本医疗保险费实行用人单位和职工个人双方负担、共同缴纳、全市统筹的原则。基本医疗保险基金实行社会统筹和个人账户相结合的原则。基本医疗保险的保障水平应当与本市社会生产力发展水平以及财政、用人单位和个人的承受能力相适应"。

支付标准：基本医疗保险统筹基金支付的起付标准，本市职工在基本医疗保险实施当年为 1300 元。享受本市城镇居民最低生活保障的参保人员，基本医疗保险统筹基金支付的起付标准按《北京市基本医疗保险规定》第三十二条第一款规定的起付标准的 50% 确定。基本医疗保险统筹基金最高支付限额，在基本医疗保险实施当年为 5 万元。此后经过不断调整，到 2010 年，职工在社区就医门诊医疗费报销比例由 70% 提高到 90%，职工医保最高支付限额由 17 万元提高到 30 万元左右。为方便职工和居民医疗保险结算，自 2010 年以来，全面实施"医保卡工程"，在所有定点医疗机构实现职工和居民参保人员"持卡就医、即时结算"。

基本医疗保险覆盖面：根据北京市统计年鉴，2011 年参加基本医疗保险的人数是 1188.0 万，当年本地人口为 1276.4 万[①]，参保比率为 93.07%；2012 年参加基本医疗保险的人数是 1279.7 万，当年本地人口为 1295.5 万[②]，参保比率为 98.78%。北京市职工社会保障还向在京就业农民工敞开了大门，把他们也从制度上纳入了职工基本医疗保险的范围。据北京市社会保障局的信息，《关于本市职工基本医疗保险有关问题的通知》打破了参保人员身份和地域界线，确保农民工纳入本市城镇职工基本医疗保险制度体系。农民工按城镇职工缴费标准缴费后，将和城镇职工享受相同的医疗待遇，实现四个统一。一是统一缴费办法：按照本市职工医疗保险缴费标准，用人单位按全部职工缴费工资基数之和的 10% 缴纳，个人按本人上一年月平均工资的 2% 和每人每月 3 元缴纳；二是统一建立个人账户：按照职工医疗保险规定划入个人账户并计算缴费年限；三

---

① 本数字根据《北京市统计年鉴 2011》：常住人口 2018.6 万、常住外来人口 742.2 万推算获得。

② 本数字根据《北京市统计年鉴 2012》：常住人口 2069.3 万、常住外来人口 773.8 万推算获得。

是统一医保待遇：定点医疗机构的选择和医保待遇标准与城镇职工相同；四是统一持卡就医：农民工参保后可领到社保卡，实现持卡就医。① 虽然因为受制于企业单位农民工用工规范化、劳动合同签署等方面问题的困扰，农民工实际享受职工基本医疗保险的效果还有待评估，但是相关制度毕竟已经建立，从理论上来说，其医疗保障待遇有了法理依据。

2. 城镇居民基本医疗保险制度

为了真正实现医疗保险全覆盖，国务院于 2007 年 7 月下发了《关于开展城镇居民基本医疗保险试点的指导意见》，将城镇职工和参加新农合医疗保险之外的城镇其他人群纳为参保对象，解决其大病医疗保障问题。2007 年 6 月，北京市人民政府印发《关于建立北京市城镇无医疗保障老年人和学生儿童大病医疗保险制度实施意见》，为具有本市非农户籍的无医疗保障老年人和学生儿童建立大病医疗保险制度，启动了"一老一小"大病医疗保险。2008 年 6 月，北京市人民政府下发了《关于建立北京市城镇劳动年龄内无业居民大病医疗保险制度实施意见》，为本市城镇劳动年龄内无业居民建立大病医疗保险制度。至此，北京市基本形成了涵盖"一老一小"、无业居民在内的城镇居民基本医疗保险制度的雏形。2009 年，北京市对无医疗保障老人医疗保险制度的保障待遇规定加以完善，规定其门诊医疗费可以报销，起付标准为 200 元，起付标准以上部分由城镇无医疗保障老年人大病医疗保险基金支付 50%，在一个医疗保险年度内累计支付的最高数额为 500 元，享受的前提为在社区首诊且连续参保。2010 年以前实行的"一老一小"、"无业居民"医疗保障制度是按照城镇老年人、学生儿童和无业居民三个群体建立的，在保障待遇上，以解决住院医疗费用为主；在筹资上是按不同群体分别筹措；在参保时间上，"一小"是按学年度参保缴费，"一老"和"无业居民"是按自然年度参保缴费。制度运行三年，参保人数逐年增加，受益群体

---

① 本报记者：《农民工纳入本市职工基本医疗保险范围》，2012 年 6 月 18 日，《北京劳动就业报》：http://www.bjrbj.gov.cn/xwzx/zxdt/bjdt/201206/t20120618_27294.htm。

不断扩大，参保人员对制度充分认可，一定程度上缓解了群众看病难、看病贵问题。截止到 2010 年，参保总人数达到 148 万。三年来，医疗保险基金总收入 12.27 亿元，为 15.43 万人次支付医疗费用 11.24 亿元。[①]

2010 年，根据北京市委关于加快建立城乡统一的社会保障体系要求，整合"一老一小"和"无业居民"大病医疗保险制度，出台了《北京市城镇居民基本医疗保险办法》，从 2010 年 1 月 1 日起，北京市 150 万城镇居民开始享受门诊报销待遇，实现持卡就医、即时结算。为此，北京市政府加大财政补贴力度，每年投入 6.9 亿元，确保"一老一小"和"无业居民"门（急）诊和住院费用的报销。《北京市城镇居民基本医疗保险办法》的颁行标志着城镇居民医保制度在北京逐步走向成熟。

3. 新型农村合作医疗制度

2003 年，卫生部等部门提出《关于建立新型农村合作医疗制度的意见》，建立起基本覆盖农村居民的新型农村合作医疗制度。北京新农合启动于 2004 年，当年参保人数为 234.0 万，参保率为 71.9%。经过多年努力，到 2011 年参加新农合的人数是 276.8 万，参加比率为 97.7%；2012 年参加新农合的人数是 267.5 万，参加比率达到 98.1%，基本达到了全覆盖的要求。

新农合制度建立以来，经过不断调整，新型农村合作医疗保障水平大幅提高。2011 年全市最低人均筹资标准是 520 元，2012 年最低标准提高至 640 元，相当于 2004 年新农合刚开始时人均筹资水平 107 元的 6 倍。2012 年，全市平均筹资水平突破 700 元。各区县新农合筹资水平不同，已经有区县接近或突破人均 700 元的标准，例如朝阳区已达到人均 720 元，海淀区达到 670 元。各级财政补助资金在筹资中所占比例从 47.8% 上升到 86.4%；农民个人出资在筹资中所占比例从 52.2% 下降到 13.6%；贫困人口全部由财政出资参合。

①　北京市人力资源和社会保障局：《北京市城镇居民基本医疗保险办法》，2010 年 12 月 7 日，北京网：http://shbz.beijing.cn/syzx/n214104800.shtml。

15 类大病报销比例提高。2011 年，新农合门诊报销比例达到 40%，住院报销达到 60%，其中恶性肿瘤、终末期肾病、重性精神病、Ⅰ型糖尿病、先天性心脏病、白血病、血友病、再生障碍性贫血、重大器官移植 9 类医疗费用负担较重的重大疾病住院报销比例达到 70%。2012 年，急性心肌梗死、脑梗死、唇腭裂、甲亢、耐多药肺结核、艾滋病机会感染 6 类疾病也纳入新农合重大疾病保障范畴。参合农民受益面也将逐步扩大，新型农村合作医疗年度补偿人次由 122.6 万增加到 633.2 万，住院受益面从 2.9% 上升到 8.2%。

（三）医疗服务

1. 医疗服务总体水平

北京致力于提高医疗卫生服务水平，扩大医疗服务范围，效果较显著。

2012 年，北京市医疗机构就诊人次达到 1.8 亿，其中外地患者近 4000 万人次，本地患者为 1.4 亿人次，平均本地人一年到医院就诊 7 次。对比之下，2010 年全市诊疗总人次为 1.46 亿，两年增加 23%。目前，北京市已经形成环五环医疗服务圈，城区内大医院还将向五环外迈进。

根据 2012 年北京市卫生事业发展统计公报，2012 年末全市社区卫生服务中心（站）1897 家，其中：社区卫生服务中心 315 家，社区卫生服务站 1582 家。社区卫生服务中心人员达 26312 人（其中卫生技术人员 21765 人），每个中心平均 83.5 人；社区卫生服务站人员 2729 人（其中卫生技术人员 2238 人），每站平均 1.7 人。与 2011 年比较，社区卫生服务中心（站）增加 153 家，卫生人员增加 1534 人。2012 年末，全市村卫生室 2981 个，乡村医生和卫生员 3669 人。与 2011 年比较，村卫生室减少 5 家，乡村医生和卫生员减少 77 人。

2. 医疗费用

公众关注医疗卫生服务除了其中的质量、资源分布问题外，价格费用问题也是一个重要方面，即"看病贵"。北京市看病费用统计显示，从 2009 年到 2013 年 5 年间，几乎各项门诊、住院费用指标都呈现连年增长趋势，见表43。

表43　2009—2013年北京市部分医疗机构门诊及住院病人人均费用情况

单位：元

项目	2009年	2010年	2011年	2012年	2013年
门诊病人人均医疗费用					
*政府办综合医院	316.1	344.5	365.7	384.4	403.4
其中：三级	394.4	429.3	447.2	456.9	447.6
其中：二级	224.0	246.1	263.0	287.4	305.8
其中：一级	155.7	203.3	168.1	195.8	219.2
社区卫生服务中心	110.8	112.9	138.1	153.9	155.3
住院病人人均医疗费用					
*政府办综合医院	14805.9	15951.9	16550.6	17494.7	18099.6
其中：三级	18347.8	19386.2	19764.2	20557.3	19510.8
其中：二级	9384.7	10502.4	11011.7	11748.2	13233.7
其中：一级	5299.5	5039.1	5360.8	6797.9	5603.5
社区卫生服务中心	3978.5	3689.8	3940.1	4849.0	5433.9

注：本表统计范围不包括驻京部队医院。

数据来源：北京市公共卫生信息中心。

绝对数字显示的增长还不直观，表44给出了2009—2013年门诊及住院病人人均费用涨幅情况。

表44　2009—2013年北京市部分医疗机构门诊及住院病人人均费用涨幅情况

单位：%

项目	2009年	2010年	2011年	2012年	2013年
门诊病人人均医疗费用上涨					
*政府办综合医院	8.9	6.4	0.5	1.7	1.6
其中：三级	8.6	6.3	-1.3	-1.1	-5.2
其中：二级	8.6	7.3	1.2	5.8	3.0

续表

项目	2009 年	2010 年	2011 年	2012 年	2013 年
其中：一级	-2.4	27.5	-21.7	12.8	8.3
社区卫生服务中心	20.1	-0.5	15.8	7.9	-2.3
住院病人人均医疗费用上涨					
＊政府办综合医院	11.2	5.2	-1.7	2.3	0.2
其中：三级	9.5	3.2	-3.5	0.7	-8.1
其中：二级	11.9	9.3	-0.7	3.3	9.0
其中：一级	15.6	-7.1	0.7	22.8	-20.2
社区卫生服务中心	6.8	-9.4	1.1	19.1	8.5

注：本表统计范围不包括驻京部队医院。本表医疗费用增幅均以扣除物价上涨因素后的可比价格计算。

数据来源：北京市公共卫生信息中心。

病人医疗负担重一直是大问题，被称为"新三座大山"之一。政府也通过医疗改革加大对现行医疗体制的调整，减轻群众医疗负担。即便如此，以上所列出的门诊和医疗费用历年数据显示，相关费用还在继续增长。考虑到门诊和医疗费用占病人总费用的比例，尤其是在住院病人中所占几乎达到70%，这种增长对病人整体治疗费用的影响是显而易见的。表45显示，2009—2013年北京市门诊和住院病人医药费用占医疗费用的比例：门诊病人占60%以上，住院病人占20%以上。住院病人医药费用所占比例虽不高，但考虑到上文所说，治疗费用在住院病人的总费用中一直呈增长的趋势，联系到其在医疗费用中的比例，从总体上看，病人医疗费用负担仍然不小。

表45　　2009—2013 年北京市门诊和住院病人药费占医疗费用比重情况　　单位：%

项目	2009 年	2010 年	2011 年	2012 年	2013 年
门诊病人药费占医疗费用					
＊政府办综合医院	64.76	65.60	64.39	63.89	61.17
其中：三级	63.07	63.72	62.76	62.18	59.01

续表

项目	2009 年	2010 年	2011 年	2012 年	2013 年
其中：二级	68.15	69.51	68.15	67.66	68.39
其中：一级	71.86	67.30	66.47	68.32	64.35
社区卫生服务中心	82.23	83.08	79.68	84.84	84.93
住院病人人均医疗费用上涨					
*政府办综合医院	36.91	37.88	34.43	33.36	30.90
其中：三级	34.64	35.56	32.36	30.99	29.16
其中：二级	43.63	44.19	40.94	41.23	39.79
其中：一级	39.64	47.00	48.76	47.06	23.97
社区卫生服务中心	46.62	60.33	52.55	47.19	43.43

数据来源：北京市公共卫生信息中心。

3. 医疗服务试点

医药分开试点：北京目前在友谊医院、朝阳医院、同仁医院、积水潭医院和儿童医院五家试点医院试行医事服务费制度，医药分开、取消 15% 的药品加成和挂号费、诊疗费。目的在于取消以药养医，提高医生出诊价格，也提升了其职业尊严感。普通号、副主任医师、主任医师、知名专家分别收取医事服务费每人次 42 元、60 元、80元、100 元，医保相应报销每人次 40 元，个人分别自费 2 元、20 元、40 元、60 元。从试点效果看，有市民反映，在一些医院的非重点科室，一些主任医师没有多少病人。[①] 北京市医管局局长方来英认为，过去的医疗机构是药品经营型医疗机构，药品收入通常占医院总收入的 50% 左右，因此取消药品加成，不是简单的药品降价问题，而是改变了整个医院的运行机制[②]。

医联体试点：所谓区域医疗联合体（简称"医联体"），是将同一个区域内的医疗资源整合在一起，由一所三级医院，联合若干所二

---

① 方芳：《大病医保制度上半年或出台》，《北京日报》2013 年 3 月 19 日。

② 纪乐乐：《北京 5 家公立医院开始试点医药分开　收取医事服务费》，2012 年 7 月 1 日，中国广播网：http://china.cnr.cn/ygxw/201207/t20120701_ 510074945.shtml。

级医院和社区卫生服务中心组成，目的是引导患者分层次就医，而非一味涌向三级甲等医院。三级医院在医疗体系中居于顶端，主要做专科医疗。到这些医院看病的患者，相当一部分都是慢性病患者，他们完全可以在三级医院拿治疗方案，在社区医疗机构完成维持治疗。对于患者来说，不用来回跑路、不用排大队；对于医疗机构来说，可以改善就医环境，让医务人员把注意力更多集中在疑难杂症方面。最终，实现医院和患者"双赢"。根据北京市卫生局局长方来英向媒体提供的数字，截止到 2013 年 3 月，北京市已经以朝阳医院、友谊医院和世纪坛医院为核心建立了三家医疗联合体。①从发展方向上，医联体是未来努力的目标，北京市将用 2—3 年时间建立 20 家左右的医联体。

（四）公共卫生服务

1. 公共卫生服务体系建设

北京市完善公共卫生服务体系建设，建立起以突发公共卫生应急机制、疾病预防控制体系、医疗救治体系、卫生执法监督体系和公共卫生信息系统等"一个机制、四个体系"为核心的较为完善的首都公共卫生体系，公共卫生突发事件处置、应急救治和大型活动保障能力显著提高。同时，积极推进基本公共卫生服务逐步均等化，重点实施了为 0—6 岁户籍儿童免费进行健康检查、为 60 岁以上老年人和在校中小学生免费注射流感疫苗、为适龄妇女免费开展宫颈癌和乳腺癌筛查等 10 类 42 项基本公共卫生服务项目和 11 项重大公共卫生项目。积极开展卫生监督执法，有效保障了全市公共卫生和医疗安全。开展"健康奥运，健康北京"全民健康活动，实施《健康北京人——全民健康促进十年行动规划（2009—2018 年）》，首次发布北京市年度卫生与人群健康状况报告。完成农村无害化户厕改造 67.8 万户，无害化卫生厕所普及率 90.9%，创建了一批国家和北京市的卫生区、卫生镇、卫生村、健康社区，全市城乡居民生活工作环境得到进一步

---

① 本报记者：《"医联体"打通转诊通道》，《北京晚报》2013 年 3 月 19 日。

改善。

2012年，公共卫生体系进一步得到巩固和完善。加大市政府投资力度，重点支持郊区县疾病预防控制中心和卫生监督所设施条件改善。其中，大兴区疾病预防控制中心和卫生监督所、延庆县疾病预防控制中心建成投入使用，怀柔和平谷区疾病预防控制中心，房山区、顺义区疾病预防控制中心及卫生监督所，昌平区公共卫生服务大厦等将陆续开工建设。本市郊区县疾病预防控制和卫生监督执法能力得到进一步增强，疾病预防关口前移为保障居民健康奠定坚实基础。

2. 公共卫生服务效果

公共卫生服务取得较好的效果，具体来说，在传染病防治、儿童疫苗接种、预期寿命等方面，北京市公共卫生服务都取得了较好的成绩。

传染病防治效果较好，死亡率较低（见表46）。

表46　　　2009—2013年北京市甲、乙类传染病发病与死亡情况

项目	2009年	2010年	2011年	2012年	2013年
甲、乙类传染病					
发病数（人）	57612	47208	44474	35215	32254
死亡数（人）	262	237	235	184	233
发病率（1/10万）	339.89	268.99	226.76	174.45	155.87
死亡率（1/10万）	1.54	1.35	1.20	0.91	1.13
病死率（%）	0.45	0.50	0.53	0.52	0.72

注：本表统计口径为北京市常住人口。

数据来源：北京市公共卫生信息中心。

卫生防疫工作比较全面，其中儿童免疫接种工作基本做到了全覆盖（见表47）。

表47   2013 年儿童免疫接种   单位：%

区县	卡介苗	脊灰	百白破	麻疹	乙肝	流脑	乙脑	风疹	流腮
合计	99.84	99.87	99.87	99.84	99.73	99.78	99.65	99.88	99.19
东城区	100.00	100.00	100.00	100.00	100.00	100.00	100.00	100.00	100.00
西城区	100.00	100.00	100.00	100.00	100.00	100.00	100.00	100.00	96.02
朝阳区	98.56	99.52	99.52	99.52	98.56	97.32	100.00	100.00	97.65
丰台区	99.52	100.00	99.04	99.52	99.04	99.26	100.00	100.00	98.84
石景山区	100.00	100.00	100.00	100.00	100.00	100.00	100.00	100.00	100.00
海淀区	100.00	100.00	99.52	99.52	100.00	100.00	98.86	100.00	100.00
门头沟区	100.00	100.00	100.00	100.00	100.00	100.00	100.00	100.00	99.17
房山区	100.00	100.00	100.00	100.00	100.00	100.00	100.00	100.00	100.00
通州区	100.00	99.05	100.00	100.00	100.00	100.00	99.10	98.20	98.20
顺义区	100.00	100.00	100.00	100.00	100.00	100.00	100.00	100.00	100.00
昌平区	99.03	99.52	99.52	99.03	97.58	100.00	98.72	100.00	98.72
大兴区	100.00	99.52	100.00	100.00	100.00	99.42	98.78	100.00	100.00
怀柔区	100.00	100.00	100.00	100.00	100.00	100.00	100.00	100.00	100.00
平谷区	100.00	100.00	100.00	100.00	100.00	100.00	98.13	100.00	100.00
密云县	100.00	100.00	100.00	100.00	100.00	100.00	100.00	100.00	100.00
延庆县	100.00	100.00	100.00	99.52	100.00	100.00	100.00	100.00	100.00

数据来源：北京市公共卫生信息中心。

从 2009—2013 年的统计可以看出，人口预期寿命稳步增长，超过全国平均水平（见表48）。

表48   2009—2013 年北京市人口平均期望寿命   单位：岁

项目	2009 年	2010 年	2011 年	2012 年	2013 年
平均期望寿命	80.47	80.81	81.12	81.35	81.51
男	78.63	79.09	79.16	79.35	79.51
女	82.37	82.60	83.17	83.43	83.58

数据来源：北京市公共卫生信息中心。

二　医疗卫生服务存在的问题：基于比较的视角

（一）身份区隔严重，多个医疗保障体系并存

2012 年，北京市市级公费医疗人员，涉及市属公务员、事业单位、公立医院、高校教职工约 22 万人，已全部纳入职工医保，实现持卡就医。此改革进一步消除了医疗保险的身份差别，在公务员、事业单位人员和普通职工之间实现了平等就医。但是职工、居民和农村人口之间的医疗保险差别仍然存在。

具体来说，差别主要表现在门诊费用补偿和住院费用补偿标准不同。职工部分，门诊费用补偿为社区卫生服务机构 90%、非社区卫生服务机构 70%，住院费用根据就医医院等级不同表现比例不同，总体上在 85% 以上；居民部分，门诊费用补偿 50%，住院费用老人、无业人员和残疾人 60%，学生 70%；新农合部分，门诊费用补偿为 40%，住院费用补偿为 60%[①]。其他还有起付费、封顶数额等都有不同。可见，在保障水平上，呈现从职工、居民到农村居民逐步下降的趋势，而且差异仍然很大。

在消除医疗保障群体差别方面，德国实行的均衡服务值得借鉴。德国的均衡服务包括：一是医疗卫生服务体系布局均衡。政府规划宗旨是"让国民享受均衡服务"，开业诊所、医院及其设备、技术水平地域布局合理，医疗卫生资源在城乡、地区之间差异不大，无论穷乡僻壤还是繁华都市，参保人均可就近看医，享受同质医疗服务，服务可及时得到保证。二是国民享受服务待遇均衡。医保基金再分配从企业向家庭、资本家向工人、发病率低向发病率高地区转移。无论是在哪个法定保险机构投保，无论费率及实际缴费额高低，不分贫富贵贱均享受同等医疗服务待遇；同时参保人家属免费享受医保。强调企业社会责任，体恤弱势群体，充分保障低收

---

① 新农合补偿标准各区县略有不同；2012 年北京市规定 9 类重大疾病全市统一报销比例为 70%，也是为了减轻农民医疗负担的举措。

入和失业人群就医权。三是病种医疗均衡。社保覆盖面广，保障范围宽，基本达到应保尽保，对预防、早期诊断、治疗、康复等全程覆盖，几乎支付全部医疗费用，包括各类疾病门诊、住院、大病和慢性病治疗及其康复费用，以及生育服务、老年及残疾人护理等，并且还有疾病津贴①。

（二）医疗投入不足，民众医疗负担仍重

据 2012 年北京市卫生事业发展统计公报，2011 年全市卫生总费用持续增长，政府投入较快增加。2011 年北京市卫生总费用筹资总额为 977.3 亿元，按可比价格计算（下同），比 2010 年增长 12.6%。2011 年北京市卫生总费用占地区生产总值（GDP）比例为 6.0%，比 2010 年上升 0.24 个百分点，为近 5 年最高水平。卫生消费弹性系数为 1.56，即北京市地区生产总值每增加 1%，卫生总费用增加 1.56%。公报显示，政府卫生支出增长速度快于卫生总费用增长速度。2011 年政府卫生支出增长速度达到 14.0%，高于卫生总费用增长速度。政府卫生支出占卫生总费用比重为 28.2%，比 2010 年上升 0.35 个百分点，其中北京市及各区县财政支出所占比重为 26.3%，比 2010 年上升 0.85 个百分点，北京市各级财政投入增长速度更快。2011 年北京市卫生总费用筹资总额中政府、社会、个人现金卫生支出所占比重分别为 28.19%、46.37%、25.44%，分别比 2010 年增长 0.35、-0.90、0.55 个百分点。

从公报中可以看出，政府财政卫生支出投入总量不足，政府卫生支出占财政支出比例不高，大约为 6%。这导致个人医疗卫生负担比例过高，相比之下，OECD 国家负担在 70% 以上，北京市的个人医疗负担过重。

世界医疗保障制度模式主要包括以英国为代表的全民医疗服务模式、以德国为代表的社会医疗保险模式、以美国为代表的商业医疗保险模式以及建立在储蓄制基础上的新加坡中央公积金模式。无论实行

---

① 周毅：《德国医疗保障体制改革经验及启示》，《学习与探索》2012 年第 2 期。

哪种制度，医疗费用占 GDP 的比例都高于中国，也高于北京。以 2010 年为例，德国医疗卫生费用占 GDP 比重为 12%，居全球第三，美国第一、瑞士第二；荷兰实行全民医疗保险制度，英国实行基于税收的全民医疗保健制度，2010 年荷、英两国政府对全国医疗保障的财政投入分别达到 GDP 的 10% 和 9%。而且在英、荷两国，特殊群体保费减免。在荷兰，全国所有公民都必须参加法定医疗保险，失业和低收入等困难群体政府给予参保补贴；政策范围内的医疗费用超过起付线的全部报销，且无封顶线。当年医疗服务费用少于规定额度、未享受任何医疗服务的超过 18 岁的参保人，可得到一定限额的保费返还。在英国，全民医疗保健所需资金由税收支付，公民享受免费基本医疗。①

（三）社区卫生服务保障能力欠缺，患者错位就医现象严重

2000 年，在卫生部《关于发展城市卫生服务的若干意见》的指导下，北京市制定了《城市社区卫生服务中心设置指导标准》，建设成包括预防、治疗、康复、健康服务、卫生保健、计划生育和医疗养老服务等社区卫生服务功能，最终实现了"七位一体"的社区卫生服务体系建设。

在实践中，社区卫生服务体系虽然建立多年，但是因为不能有效吸引患者就医，长期存在大医院一号难求、社区医院门庭冷落的两极化现象。

社区卫生服务不能吸引更多的患者来就医，从患者主观方面分析，主要是由认知不足、患者认同度低造成的，而这也与资源向大医院集中的医疗体制长期影响有关。对社区卫生服务中心的认知，长期存在"三低一高现象"严重：信任度低、认知度低、利用度低，需求高。态度影响行为，不信任态度导致到社区医疗卫生机构就诊的人数不多。根据北京大学所做的抽样调查，与国内其他地区相比，北京市居民对社区卫生服务的总体满意度处于中上等水平。调查还显示，

---

① 王德平：《欧洲医保模式的中国借鉴》，《社会保障》2012 年第 2 期。

影响社区卫生服务总体满意度的主要因素是社区卫生服务内容评价，影响的程度依次是医务人员的服务水平、机构环境、设备和药品种类、方便性、价格及诊疗开放时间。在服务内容评价中，对药品种类及设备齐全性、先进性评价较低，对方便性评价最高，说明北京市社区卫生服务的方便性、及时性及人性化服务水平较高，但是与大医院相比，社区卫生服务的医疗设备配备和药品种类受限，特别是一些常见病、慢性病的用药问题较多。① 因为对设备水平不信任，对可获得药品不满意，导致对社区卫生服务认同度较低。

认知不足、认同度低有市民主观认知的原因，但也与我国医疗体制的现状有关系。长期的投资、医疗人才、先进设施向高等级医院倾斜，造成了群众对大医院的盲目信赖心理，而实际存在的不同等级医院之间的医疗设施和水准的差距也加剧了这种不信任心理。即便是经历了数年的社区卫生服务建设和改进，不断增加对社区卫生机构的投入，打造"15 分钟健康服务圈"，增加站点的设置，扩大医疗专业人士的数量，但与大医院的差别经年历久形成，很难一时间打破。目前，在政府财政补助上，每年 156.6 亿元的医疗领域财政支持，投向社区卫生服务的也只是 35.6 亿元，只占 22.7%。考虑到社区卫生服务的加强还只是最近几年的事情，场地、设备、人员配备很多是从零起点开始，这部分的财政投入仍显不足。

第二次世界大战以后，世界各国普遍重视发展社区卫生服务。在发达国家，医疗卫生保健的重点经历了基层（家庭）→医院→基层（社区）的转移过程。即在 20 世纪以前，以单家独户的个体医疗为主。20 世纪开始，逐渐形成了以医院为中心的医疗保健模式。60 年代起，医疗保健的重点又回到了基层。这次转移的原因有两个：第一是疾病观念的改变，人们对健康的要求不仅是躯体不患病，还包括心理健康以及良好的社会适应性。第二是卫生费用急剧上升，开展社区卫生服务是控制卫生费用、提高卫生服务效益的有效措施。因为社区

---

① 张国红、武阳丰：《北京市居民对社区卫生服务满意度的调查及其影响因素分析》，《中国全科医学》2013 年第 8 期。

卫生服务是综合性保健服务，重视预防，不仅可以节约资源，也能较好地满足居民对卫生保健的需求。在发展中国家，经济水平低，卫生资源有限，更应发展社区卫生服务，推行简便技术，改善居民健康状况。

相比较而言，国外社区卫生服务更多强调基本医疗服务的福利性质，在制度设计上强调社区首诊、完善双向转诊制度、严格医疗服务的准入、开放医疗服务的社会供给是重要的举措。

在英国，全国95%的居民都与自己所选择的全科医师建立稳定的卫生保健合同，而且全民均可免费获得全面的社区卫生服务。如果国民到医院就诊，必须经过全科医师转诊，英国大多数的医院属于国家，归国家所有。大多数西欧国家如德国、法国，北欧的芬兰、瑞典，澳洲的澳大利亚及亚洲的日本均为市场经济发达的国家，实行高福利政策，其社区卫生服务的共同特点为：基本实行全民免费医疗保健制度，至少有90%以上公民获得免费医疗保健；普遍存在着国家举办的公立卫生机构和私人卫生机构并存，国家对社区卫生服务中心的配置、布局、标准等都有明确规定；实行医院和开业医师两套管理系统，严格执行开业医师准入制，建立规范的考核、发证管理制度。社区卫生服务提供主体是社会，包括公立卫生机构、私人及社会其他力量公平竞争的优胜者。这些国家卫生服务的模式采取三级构架的卫生服务体系，即社区全科诊所、专科医院和综合医院。处于社区的全科诊所是卫生保健体系的网底，是医院服务的"守门人"，各级医院与社区卫生服务机构之间存在完善的双向转诊制度。美国采取的做法是卫生事业私有化，私有制医院占10%，公立医院占30%，私人开业医师占60%。而社区卫生服务是由私人开业医师提供的，政府提供足够的资金为纳税人购买社区卫生服务。同时，实行多种医疗保险并存，运用市场机制管理卫生服务，但私有化过度利用于卫生服务，引起了医疗费用居高不下[①]。

社区首诊制度2011年前后曾引起社会讨论，当时动议的强制社

---

①　凡璐：《国外社区卫生服务的基本模式及启示》，《华章》2012年第4期。

区首诊制度最终因为与国情不合而被放弃，北京市选择的措施是加大社区卫生服务医保报销力度，意图以市场经济手段、通过价格杠杆来撬动居民的医疗消费，但是如上文所述，如果不能够切实改善社区医疗服务的设施和水准，在涉及健康和生命这样的人生重大关切问题时，单纯的价格因素还不足以影响到真正的消费习惯。医疗卫生体制改革还是要重新理清思路，考虑增加福利供应是根本，调整医疗资源布局是关键，方便群众就医是保障，而无论是市场的无形之手还是计划的有形之手，在过去数十年的实践中，都没能真正解决民众的医疗需要问题，是要重新考虑了。

从 2007 年 4 月起，北京正式施行大医院与社区卫生服务中心（站）之间的"对口支援、双向转诊"，双向转诊制度开始建立。按照北京市《对口支援社区卫生服务工作实施方案》，各支援医院临床科室中级职称以上医务人员每年必须到对口支援的社区卫生服务中心（站）提供累计不少于 15 天的诊疗、带教、健康教育等服务，保证每个受援社区卫生服务中心每天都有支援医院相关专业的医务人员在岗。同时，双方组建高血压、糖尿病、脑卒中和冠心病等慢性病的管理团队，建立双向转诊机制和绿色通道，保证患者"小病在社区，大病到医院，康复回社区"。对于患者关心的医药费报销问题，北京市放宽了医保患者的定点医院报销范围。只要是转诊到对口支援大医院的患者，即使转诊医院并不是患者所选择的医保定点医院，也可享受医保。对于目前"对口诊疗"的模式，有一些患者也提出了自己的意见：大医院来支援的专家基本上是各个专科的医生，而社区患者中很大比例是患有多种疾病的老年患者。二者之间，需要更加细致、有效的对接。

（四）农村医疗投入低、负担重，城乡医疗保障水平差距大

2012 年，北京市卫生事业建设统计公报通报了社区卫生服务支出的情况。2012 年全市社区卫生服务中心（站）总支出为 93.6 亿元，财政补助 35.6 亿元，与 2011 年比较总支出增加 18.2 亿元，增长了 24.2%；财政补助增加 6.4 亿元，增长了 21.8%。2012 年，全市

2981 个村卫生室，总支出为 7897 万元，上级补助收入为 2404 万元，与 2011 年比较，总支出增加 1171 万元，增长 17.4%，上级补助收入减少 1.0%。比较一下城市社区卫生服务的支出和财政补助，卫生财政支出向城市、向大医院倾斜态势明显。

医疗消费也表现出城乡差异。根据北京市统计局发布的数字，2013 年 1—8 月北京市城镇居民人均医疗保健支出为 1209 元，农村居民人均医疗保健支出为 776 元，分别占总支出的 6.9%、9.0%。农村居民医疗保健支出比城镇居民多 2 个百分点，绝对量却只占城镇居民的 64%。可见，城乡收入差距仍然很大；农村居民的医疗保健负担比城市居民高；农民居民医疗保健水平低于城镇居民。

解决农村和城市社区卫生服务差距，要改变认识，确定新型的服务关系，使农民认同社区卫生服务存在的必要性；建立健康档案，动态管理，把各项社区卫生服务功能落实到位，不能仅注重经济效益，关注可以创收的项目，而忽视公共卫生服务的内容；合理配置资源，缩小城乡医疗卫生服务的差距；加大政府投入，人、财、物供给充足；尤其要注重农村医疗人才的配置和培养。最终实现城乡一体化的公共卫生服务管理，同时也在乡村内部实现对医疗资源的统一管理：乡村诊所、个体医生和乡镇卫生院纳入一体化管理体系。

三　结论与建议

据《部委政策动态》2013 年第 9 期报道，财政部副部长、国务院深化医药卫生体制改革领导小组办公室副主任王保安介绍，自 2009 年 4 月启动医改，4 年来国家财政对医疗卫生累计投入 22427 亿元，占财政支出的比例从 4.4% 提高到了 5.7%，其中，中央财政对医疗卫生累计投入 6555 亿元，占财政支出的比例从 2.28% 提高到了 3.19%。如果同口径对比，中国医疗卫生支出占财政支出比例约为 12.5%，不仅高于希腊、瑞士等发达国家，也高于俄罗斯、巴西、南非等金砖国家。

根据"十二五"时期卫生发展改革规划的总结，至"十一五"

期末，北京市医疗卫生领域存在的问题主要有：卫生发展模式仍然偏重于疾病治疗，对预防和康复的重视程度有待进一步提高；卫生资源配置不均衡，结构有待进一步优化；基层医疗卫生服务能力有待提高，有序就医格局尚未形成；卫生公共投入相对不足，卫生筹资机制有待完善；医疗卫生信息系统信息共享程度较低，尚未形成统一高效管理；医疗卫生资源管理体制复杂，全行业属地化管理有待进一步完善等。通过两年多的努力，一些问题已经得到了改善，比如医疗卫生投入连年增加，卫生资源配置结构通过加强新生卫生机构建设也有改善，卫生信息系统平台建设也已经起步等，但是问题仍然很大，与人民群众卫生医疗需求和要求仍然存在较大差距，需要加强的基础性工作仍然很多。

我们认为，医疗卫生社会服务事业的发展方向，应该本着尽量满足民生需求、为民服务的思路，在制度设计、资源配置、运行管理机制等方面加强探索，争取实现：医疗保障体系一体化、医疗投入福利化、公立医院医疗服务去盈利化、社区卫生服务保障化、农村医疗卫生服务城市化、医疗资源分散化。

（一）医疗保障体系一体化

目前，并行的三个医疗保障体系虽然实现了对市民的医疗保障全覆盖，但是在补偿额度、补偿比例、最高保障水平等方面存在着身份差异的现象，人为造成群体区隔，不利于社会整合和团结。以身份确定保障水平是计划经济时代的产物，当时城乡运行不同的医疗体制，在城市里也因为工人、干部等不同身份形成不同的医疗报销制度。随着医疗改革的推进，一些领域的身份权力已经逐渐被打破，比如公务员队伍整体进入职工医疗保障系统，与其他单位的职工享受统一的医保待遇就是巨大的进步，是值得鼓励的思路和发展方向。但是从目前来看，仅仅做到这一点还不够，突破职工、居民和农村居民的身份差别，探索一体化的医疗保障体制，从制度安排上排除人为的分类是接下来要探索的重要问题。

一体化有两个方面，一个是城市职工和居民医疗保障体制一体化，这里面还包括居民本身"一老一少"和无工作居民医保的同等待遇问题。此问题随着2013年对"一老"和无工作居民报销补偿水准提高到70%、年度最高限额提高到17万元，已经得到解决。但是存在于居民和职工之间的差异仍然没有消除，这是医疗保险体制分割的一个方面。

医疗保险更大的身份差异来自城乡之间。几十年来，户口制度造成的二元社会痕迹越来越明显，对社会的和谐发展造成巨大伤害，医疗保障制度就是其中一例。《北京市"十二五"时期卫生发展改革规划》提出要"不断缩小城乡医疗保障水平差距，努力实现城乡人群政策范围内报销水平一致"。北京市各地区也在努力于此。如密云县2013年新农合制度实施方案规定，从2013年1月1日起，新农合人均筹资从520元提高到680元。县内二级医院，住院费用1万—3万元的将报销75%，6万元以上的报销90%。对于15种重大疾病，报销比例由2012年的68%调整为2013年在县内二级医院报销80%，县内一级医院报销75%，市（县）医院住院报销65%；在门诊特病报销上，2012年报销比例与普通住院报销标准相同，2013年调整为与15种重大疾病报销标准相同，综合报销比例将达到75%。这已经远高于北京市新农合门诊报销40%、住院报销60%的比例，是向全体市民权利均等方向前进的重要步骤。

（二）医疗投入福利化

北京市医疗投入近几年来持续增长，保持了较好的发展势头。《北京市"十二五"时期卫生发展改革规划》也提到："加大市、区（县）两级政府卫生投入力度，政府卫生投入增长幅度要高于经常性财政支出的增长幅度，并逐步提高政府卫生投入占经常性财政支出的比重。公共卫生服务主要由政府负责筹资向全体市民均等化提供，提高公共卫生投入占政府卫生投入的比例。基本医疗服务由政府、社会和个人合理分担费用，特需医疗服务则个人或商业健康保险承担。政府提供必要的资金支持新型农村合作医疗、城镇居民医疗保险、城镇职工基本医疗保险和城乡医疗救助制度进一步完善。"

但是也应该看到，目前我国医疗投入无论是从国家级财政还是市级财政上，都没有超过6%左右的水平，与欧美国家10%左右的水准相比仍有很大差距。而我国医疗领域出现的很多问题都与医疗投入水平不足有关。比如：看病贵、因病返贫问题，根本原因在于患者获得的医疗保险补偿比例不足，个人和家庭负担太重；公立医院医疗体制改革迟迟无法获得突破性进展，固然因为长期的营利性经营策略、以药养医体制造成的积重难返、利益纠葛，但是其核心也在于盲目把医疗卫生事业推向市场，执行畸形市场化政策，殊不知保障医疗卫生作为基本公共服务的重要内容，核心本质就是其带有福利的内容。目前，医疗领域众多问题的解决思路都有待探索和完善，但是作为服务的供给方，政府有必要检讨自己以保障医疗投入为主的提供公共医疗服务责任履行力度，并进而从根本的财政体制上积极探索，加大投入，为保障人民群众的健康做出切实的努力。

（三）公立医院医疗服务去盈利化

《北京市"十二五"时期卫生发展改革规划》提出，公立医院改革要"确保公立医院公益性的完善和发挥"。这为正在进行中的医疗体制改革规定了一个方向。多年以前，随着市场化改革的突进，多个民生领域都被卷入市场的大潮中，这中间既有住房、教育，也有医疗，从而最终形成了严重影响国民生活质量的"新三座大山"。当前一轮的医疗体制改革"拨乱反正"，重提公立医院的公益性，是对前一段盲目市场化发展教训的深刻总结，也符合人民群众的迫切要求和愿望。

目前，北京市已经沿着这个思路在做出探索。通过医事制度改革探索医药分开、基本药物制度改革提高社区医疗服务能力等，对医疗机构的盈利化倾向有较大的影响，但还是要看到，医疗卫生事业还没有达到公益水准。比如，医事制度改革探索医药分开，提高医生门诊费用，一方面固然提高了医生的职业自尊，但是也存在一些问题，比如因为诊疗费高昂，导致病人向低端医疗资源分流，门诊部分较高端医疗资源应用不足；随着医疗保险比例的提高，有过度治疗现象存在，病人在医疗费用的绝对量上也有所上升。

（四）社区卫生服务保障化

社区卫生服务加强，但是仍没能够有效吸引病患，其医疗水准、服务水平、管理水平都无法满足患者的预期，医疗保障能力还有待加强。应该承认，基层医疗卫生服务能力有待提高，有序就医格局尚未形成；基层医疗卫生服务机构人才队伍和技术建设还需要进一步加强，居民到社区卫生服务机构首诊比例仍然偏低，"分级就诊、双向转诊"的有序就医格局尚未形成；社区卫生服务机构综合补偿机制有待进一步完善等问题依然存在，只有解决了这些问题，基层医疗服务的保障能力建设才能说有了阶段性成果。

社区卫生服务的改进首要问题是资金。建立多元资金筹措机制，首先是医保资金，要充分发挥医保基金的补充作用。建立合理的对基层医疗机构的补偿机制，如通过政府购买服务的方式，给予基层医疗机构财政补贴；逐步提高人均基本公共卫生服务经费标准，引导其流向基层医疗卫生服务机构。此外，还要探索合理渠道强化政府责任，尤其是提高中央政府的医疗补助。

其次是人才。社区卫生服务是医疗服务的"把门人"，只有具备了相关的业务水准和能力才能够承担起这一角色。但是，目前社区卫生服务的现状是无论是全科医生还是专职护士人才都严重缺乏。这既不能满足通过探索加强社区卫生服务体制建设推进医疗改革的时代要求，也不能满足群众的就近获得高质量卫生健康服务的社会需要，人才问题是社区医疗服务无法实现保障职能的关键。

最后是制度建设。社区卫生服务角色定位为"把门人"，在功能预期上就既起到对患者初步或基础治疗的作用，还要起到对病患进行分流的作用。建立起完善的转诊标准和程序对于社区卫生服务的功能实现就非常重要。目前通过探索医联体，既加强了社区医院和上级医院在医疗救助上的合作，也加强了病患转诊分流，是很好的尝试。但是相对于北京市成百上千家社区和社区卫生服务机构来说，目前的努力远远不够。相应地，信息制度、基本药物制度都需要完善。共同信息制度建设，沟通不同级别的医疗机构，实现不同层级间患者的医疗信息顺畅流动，对于转诊分流有重要的基础意义。基本药物制度是保障社区卫生服务对患者吸引力的重要方面。寻求社区卫生服务支持的患者中，有很大一部分是长期病患、慢性病患，其诊疗需要不大，但是药物维持要求多。但是很多这些病患必需的药物因为没有进入基本药物目录而无法从社区卫生服务机构获得，导致上级医院病人增加，也增加了病人的负担。制度建设包括基层医疗服务的标准建设。对于基层医疗服务来说，无论是基本保障类服务，还是家庭医生服务，因为都处于探索中，人民群众对服务质量的担心是影响普及推广的重要因素，应该针对这种顾虑，既加强基层医疗服务人员的准入标准控制，严格职业资格，也要对其服务水平订立相应标准，以供服务对象比照监督。

（五）农村医疗卫生服务城市化

党的十八大报告指出："坚持工业反哺农业、城市支持农村和多予少取放活方针，加大强农惠农富农政策力度，让广大农民平等参与现代化进程、共同分享现代化成果。"《国家基本公共服务体系"十二五"规划》也提到："打破行业分割和地区分割，加快城乡基本公共服务制度一体化建设，大力推进区域间制度统筹衔接，加大公共资源向农村、贫困地区和社会弱势群体倾斜力度，实现基本公共服务制度覆盖全民。"

《北京市"十二五"时期卫生发展改革规划》对完善农村新型合作医疗的表述就更具体："完善新型农村合作医疗管理体系建设，加强市级政策和相关资源的统筹协调力度，建立和完善市、区县、乡镇三级经办管理网络。调整、充实、强化新型农村合作医疗服务管理中心职能。适应参合农民医疗需求释放的形势，均衡市、区县和个人出资比例，建立筹资动态增长机制，提高筹资水平。建立全市统一的筹资及补偿政策，逐步提高新型农村合作医疗报销水平，推进实施市级统筹。探索开展新型农村合作医疗支付方式改革，引入商业保险机构参与新型农村合作医疗经办。"

新型农村合作医疗推广以来，对农村医疗卫生服务的改善起到了巨大的作用。其覆盖范围越来越大，目前已经基本实现全覆盖；保障水准也越来越高，门诊费用和医疗费用都达到了较高的水准，对缓和农村医疗负担起到了相当重要的作用。但是，几十年城乡割裂发展的差距绝非一夜之间即可消除。以优质医疗资源为例，如上文所述，以三甲医院为代表的优质医疗资源大多在东城区、西城区、海淀区和朝阳区，密云县、延庆县等远郊区县一个都没有，城乡医疗资源配置水平差异可见一斑。

提高医疗服务的重要基础还在于人才。医疗服务能否真正城市化、达到城市社区服务的水准，人才是关键。做好医疗人才下沉工作、尽可能吸引医疗人才下乡服务是提高农村医疗服务质量的根本。可以探索大医院医疗卫生人员定向支援等措施，通过定职、晋级等方面的优惠政策，鼓励大城市医院的人才短期下乡服务，提高农村地区的医疗服务水准。

为了提高服务质量、吸引人才，相应的硬件建设也是重点。区域医疗中心的建设就是为了解决区域医疗硬件问题，但如果目光仅仅关注在远郊区县的区域医疗中心建设，就会犯与过去多年来优质医疗资源向城区集中发展之同样错误，从而形成在远郊区县以县城或区域中心为集中地的新的集中发展模式，这与促进基层医疗服务的总的发展思路仍有不合。所以在倡导、努力建设区域医疗中心之际，还要考虑到更多离人民群众日常医疗服务要求更近的乡镇医院、村医疗室的医疗条件改善要求，在真正基础的层面为改善农村医疗卫生服务托底。

（六）医疗资源分散化

医疗资源配置不均衡问题在北京非常突出。"目前我市卫生资源结构、布局不尽合理，优质卫生资源主要集中在中心城区和三级医院，郊区（县）和基层医疗卫生机构资源数量和质量均不足。各层次医疗机构之间分工不清，三级医院超负荷运转与基层医疗服务资源闲置浪费现象并存。"

作为首都，北京拥有的医疗资源无论是规模还是质量都居于全国前列，但是资源配置的区域差距问题也很大。大量的优质医疗资源都集中在三环以内，造成的医疗、社会问题严重。从医疗机构运行来看，大医院病患集中，造成医疗资源紧张，挂号难、看病难现象依然存在。这个问题历史悠久，既有医疗资源地域原因，也有首都因素，长期向大医院投入的卫生政策造成大医院无论是设施还是医疗水平都比一般医院有较大的优势，后果就是口碑有了，患者也集中了。首都因素更加放大了医疗需求集中效应，加大了疏导的难度。对地区社会生活的影响也很严重。对于城市来说，大医院往往是社会管理压力较大的地区，尤其是周边的交通、饮食等，都容易形成城市热点区域，给市政设施和日常管理带来较大压力，这是医疗集中自然产生的外部性，增加了城市运转负担。

但是医疗资源分配不均衡更大的问题在医疗公平。集中在城区的医疗资源成为患者追捧的对象，经多年的集中发展优质医疗资源聚集，而很多偏远地区则医疗资源严重缺乏，优质资源更是阙如。这导致即使是北京人，要想获得较好的医疗服务，也要到城里才能有机会，这种医疗资源布局安排无疑既增加了非城区群众的医疗成本，也降低了医疗效率，社会后果是严重影响了人民群众的医疗公平感。以目前的新城建设为契机，积极调整市域范围内医疗资源的空间布局，把原来密集于城市中心区的各大医院合理外流，促进其分散布局，既可缓解城市人口、交通压力，也有助于提高资源利用质量，降低地区群众医疗成本。

下篇　社会管理

第六章　城乡统筹与社会发展[①]

从党的十六大第一次明确提出统筹城乡经济社会发展的方略，十七大进一步提出形成城乡经济社会发展一体化的新格局，到十八大提出推动城乡发展一体化是解决"三农"问题的根本途径，10 年时间里，城乡一体化的内涵已经由初期关注城乡经济社会形态的一体化发展，转向关注城乡人口一体化的发展，即李克强总理反复强调的，城镇化是人的城镇化，要富裕农民，造福城乡居民，重要的是要解决好 2 亿多农民工逐步融入城市的问题。推进新型城镇化，既要破解城乡之间"二元结构"形成的差距，也要破解城市内部"二元结构"形成的差距。

北京是一个高度城市化的特大型城市，2012 年城镇化率已经达到 86.2%。在全市 1297.5 万户籍人口中，农业户籍人口 260 万，只占 20%。客观地说，如果仅考虑北京户籍人口的城乡一体化，即破解城乡之间"二元结构"形成的差距，从北京现有的财政能力和市政府改革创新的力度上看，并不是一件十分困难的事，但是要破解城市内部"二元结构"形成的差距，即解决 500 万农民工的市民待遇问题，则困难重重。

北京是在全国较早开展城乡统筹综合配套改革试验的城市。2008 年 12 月 25 日中共北京市委十届五次全会通过的《中共北京市委关于率先形成城乡经济社会发展一体化新格局的意见》明确提出，要构

① 本章执笔人：冯晓英。本文同时为北京市社会建设专项资金购买决策研究与信息咨询服务重点项目（编号 SHJS2002）的阶段性成果。

建现代城镇体系，实施城镇化与新农村建设"双轮驱动"，并以城乡结合部这一发展活力最强、人口资源环境矛盾最突出、城乡一体化要求最迫切的地区为突破口，积极推进城乡结合部综合配套改革试验，鼓励和支持区县结合自身特点，大胆探索，先行示范，在绿化隔离带建设、土地使用制度、农民整建制转居、劳动就业、社会保障、管理体制等重点领域取得重大突破。

重点村①城市化建设是北京市委市政府落实中央提出的城乡发展一体化战略，从北京现实出发做出的重大战略部署。遵循"政府主导，农民主体、政策创新"的原则，北京市从 2009 年 2 个试验点起步，到 2010 年向 50 个重点村推进，并计划在取得经验之后再逐步拓展到全市 227 个村庄②。如此有计划、分步骤、大规模的"城中村"改造，开了全国城乡结合部地区城乡统筹配套改革的先河，引起了国内外，特别是学界的高度关注。2013 年 3 月北京市宣布 50 个重点村建设两年目标任务圆满完成，同时启动新的城镇化和城乡一体化改革。

那么，经过 4 年的实践探索，具有创新、示范性质的城乡结合部城乡一体化实践是否实现了改革的预期目标？有哪些经验、教训值得汲取？新的城镇化和城乡一体化改革要解决什么问题？实现城乡一体化的本质要求，即农民市民化的途径是什么？2009 年初我们从北坞村、大望京村试点开始进行跟踪研究，其后曾对朝阳区、昌平区的部分重点村做过相关调查。2012 年 9 月至 2013 年 5 月，我们又对海淀区和丰台区的重点村进行了专题研究，先后对 16 个重点村及其相关乡镇进行了座谈交流、实地考察和问卷调查，分别与重点村所在的乡镇、村干部、村民以及区政府相关职能部门负责同志进行了广泛而深入的交流，实地考察了回迁工程已经建设完工的重点村，并在村级层

---

①　重点村是指位于城乡结合部地区，人口密度高、卫生环境脏乱、违章违法建筑多的 50 个市级挂账整治督办村。引自《北京 50 个重点城中村改造名单及示意图》，《京华时报》2010 年 2 月 28 日。

②　本刊时政观察员：《北京 50 个重点村改造的新实践》，《领导决策信息》2012 年第 15 期。

面对重点村拆迁前后的经济、社会发展变化做了问卷调查，实际访谈和交流对象超过 70 人，期望能够找到一些答案。

一 北京重点村城市化建设概述[1][2][3]

（一）建设起因

依据 2008 年 12 月 25 日中共北京市委十届五次全会通过的《中共北京市委关于率先形成城乡经济社会发展一体化新格局的意见》，通过积极推进城乡结合部综合配套改革试验，解决该地区长期面临的人口与经济、社会、资源环境之间的尖锐矛盾。

（二）时间节点

2009 年初以北坞村、大望京村为城乡结合部综合配套改革试点，采取"新村建设与经济发展、社会保障、制度创新相互配套的一揽子改革方案"。在取得经验的基础上，2010 年 2 月启动 50 个重点村建设改造工程，涉及朝阳、海淀、丰台、石景山、房山、通州、顺义、昌平和大兴 9 个区县的 120 多万人，其中户籍人口 21.4 万人，流动人口 100 余万人。

（三）规划目标

50 个重点村村域总面积 85.3 平方公里，需要拆迁整理出土地 45 平方公里，其中：7.8 平方公里建回迁安置房；3.3 平方公里作为产业用地发展集体经济，安排好农民就业；13 平方公里回建绿地；16.9 平方公里完善城市功能，平衡建设资金；4 平方公里建设交通、

---

① 本刊时政观察员：《北京 50 个重点村改造的新实践》，《领导决策信息》2012 年第 15 期。

② 王广双：《北京市城乡结合部 50 个重点村的建设》，《中国发展观察》2012 年第 5 期。

③ 朱竞若、余荣华：《首都城乡结合部五十个重点村建设的启示》，2012 年 2 月 25 日，人民网（北京）：http://cpc.people.com.cn/GB/64093/64387/17216922.html。

医疗、卫生、水务等城市基础设施。计划用两年的时间完成旧村拆迁，启动回迁安置房建设，同步推进集体产权制度改革、整建制农转居、集体产业发展、农民就业、社会重建和绿化等工作。

（四）改革思路

政府主导、农民主体、政策创新。政府主导是指政府把握重点村的规划发展方向、土地资源利用、政策价值取向等重大问题，政府各部门严格监督，确保拆迁、回迁和新建过程公平、透明，产业预留地、各项公共设施建设等全部达标。农民主体是指在规划、拆迁、补偿安置等环节充分尊重农民重点的财产权、参与权和发展权，使之成为利益主体、责任主体和市场主体。政策创新是指集成绿化隔离地区建设、规划、立项、土地储备、拆迁等10类33项政策，在50个重点村发挥叠加效应。

（五）五大任务

即"调、拆、建、转、管"。调是指调规划、调立项、调土地等，本质是调城乡二元的体制性障碍，赋予农民以资源权；拆是指旧村拆除，目的是破除原有的生产、生活、生存方式，通过拆迁补偿赋予农民合理的财产权；建是指通过建回迁小区、建集体产业等，赋予农民生存权和发展权；转，包括转制（农村集体产权制度改革）、转居（解决农民社会保障）和转移就业，本质是赋予农民以市民一样的平等权，成为有资产的新市民；管是指改变社会管理运行方式，通过加强基层民主建设，赋予农民民主权。

（六）资金预算

50个重点村资金总需求2321.1亿元，通过三条融资渠道获得：一是用"昨天的钱"平衡资金。国土部门为重点村建设优先安排用地指标，优先统筹融资抵押物，优先土储上市。重点村拿出16.9平方公里的土地，依靠土地上市交易平衡建设成本。二是用"明天的钱"启动资金。通过打通融资渠道，利用信贷等融资手段启动土地开发，变现土地价值，以未来产生的现金流归还。需要融资 1702 亿元，其中自筹资金 459 亿元，银行贷款 1243 亿元。三是用"今天的钱"激活资金。"今天的钱"是政府投入可承受财力，以助推"昨天的钱"对接"明天的钱"。重点村建设政府财政计划投入约 161 亿元，包括大市政配套资金、拆迁奖励资金和应急风险资金，等等。

（七）建设情况

截至 2012 年 2 月底，50 个重点村共拆除面积 2530 万平方米，建成回迁安置楼 114.1 万平方米，有 7 个村实现回迁。50 个重点村中已有 37 个完成集体经济产权制度改革，13 个村基本实现了整建制农转居。2013 年 3 月 2 日北京市举行城乡结合部建设总结表彰大会，宣布 50 个重点村建设两年目标任务圆满完成。此后，市政府在内部会议上表示今后的城中村改造将不再采用 50 个重点村建设模式。

二 调查点城市化建设的现状与面临的困难

（一）基本现状

海淀区和丰台区共有 16 个重点村，占 50 个重点村的 32%。总占地面积 23 平方公里，拆迁前有户籍人口 7.2 万人，其中农业户籍人口 3.5 万人，流动人口 45 万人。按照综合改造计划，16 个重点村需要建设用地 440 公顷，其中回迁安置用地 168 公顷，产业发展用地及筹资所需的商品房用地 272 公顷，通过城市化建设有效促进土地的集约利用。

重点村整治改造主要采取市区土地联储、重点工程带动搬迁改造、宅基地腾退换房、旧村实现绿化和"一村一策"等多种模式。按照村民宅基地 1:1 置换或者人均 50 平方米的住房标准，截至 2012 年底，15 个重点村已经完成旧村拆迁腾退工作，农民回迁安置房正在加紧建设，其中多数回迁楼已经竣工，唐家岭、槐房等重点村的村民已经开始陆续入住。搬迁后的村民不仅获得了较高的拆迁补偿费，同时可以享受经济适用房政策。

重点村集体经济产权制度改革全面展开，其中丰台区8个重点村已经完成初次改制，资产处置全部完成，目前正在按照现代企业制度要求，建立规范的股份制或股份合作制企业。海淀区8个重点村因涉及镇级核算、历史遗留问题需要解决等原因，总体改革进程偏慢，截至2012年底，只有1个村建立了股份经济合作社，其他7个村都将按照区政府要求在2013年底之前完成集体经济产权制度改革。

按照劳均50平方米产业用地的规划要求，重点村都预留了产业发展用地，并基本确定了集体产业的发展方向，其中海淀区8个重点村将围绕海淀建设高科技核心区的功能定位，利用区位优势发展高端产业。丰台区的8个重点村也依据北京城南行动计划和丰台区一轴两带四区的功能定位，确定了未来产业的发展方向。

重点村城市化建设是一个涉及人、地、房、资产、产业、体制等多方面改革的系统工程。按照市政府提出的要求，是用两年的时间完成旧村拆迁，启动回迁安置房建设，同步推进集体产权制度改革、整建制农转居、集体产业发展、农民就业、社会重建和绿化等工作。从海淀区、丰台区重点村城市化建设的实践看，除了集体产业建设还未落实外，目前已经基本完成了前期建设的"调、拆、建"三大任务，但是重点村后续发展涉及的建业（集体产业发展）、转居（解决农民社会保障）、转业（农村劳动力的转移就业）和转型（农村社会管理体制向城市社会管理体制转换）仍然面临着较多困难，整体进展缓慢。

（二）当前面临的主要困难

1. 资金紧缺成为前期建设与后续发展的关键环节

重点村城市化前期建设是后续发展的基础。在前期建设中，16个重点村的腾退搬迁和安置房建设需要资金约730亿元，截至2013年初融资到位的资金约占需求总额的70%左右，除了少数重点村的建设费用已经纳入重点项目工程之外，其余重点村都提出资金非常紧张。造成重点村建设资金紧张的主要原因：一是集体自有资金不足。

16 个重点村资产全部加起来也满足不了前期建设所需资金。为了满足银行贷款需要有 20% 自有资金的要求，南苑乡的 4 个重点村都通过向其他村借钱来满足贷款条件。二是土地融资困难。受近两年房地产调控的影响，原先计划好的集体平衡用地迟迟不能上市交易，无法回笼资金。三是后期融资受到严格限制。2012 年 11 月 5 日国土资源部等四部委联合下发的《关于加强土地储备与融资管理的通知》，以及 2012 年 12 月 24 日财政部等四部门联合下发的《关于制止地方政府违法违规融资行为的通知》，进一步规范了土地融资行为，使得以往地方政府通过注入公益性资产、土地来包装融资平台的做法受阻，未来依靠土地融资将更加困难。按照重点村建设初期的融资设计，用好"三天的钱"是化解建设成本难题的关键，但是倘若 2013 年融资环境依然严峻，未来资金链条的断裂，不仅有可能影响到前期建设，而且会直接限制到重点村的后续发展。

2. 两大因素制约集体经济发展

虽然 16 个重点村都已经明确了未来产业发展的方向，但是绝大多数重点村的产业发展仍然处在"论道"阶段，产业用地迟迟不能开工建设。其主要原因：一是难以获得建设用地开工权。产业用地使用的审批需要经过市规划、国土和建设三个部门的逐个审核，由于村域内历史遗留的国企、私企、事业单位等搬迁困难，无法满足建设部门提出的土地清平的要求，重点村产业用地无法获批。从区的角度要求重点村产业发展与区域功能定位相适应，不希望出现"建而不拆"的局面。二是缺少启动资金。重点村集体产业发展需要自筹资金，由于集体自有资金有限，而银行关于集体资产不能抵押贷款的政策规定，也限制着产业项目的启动。产业发展的停滞，不仅使多数重点村集体收入受到严重影响，而且由于一个产业项目的发展从启动到成熟需要经历多年的培育，倘若不能及时采取有效措施，经济的滑坡很可能会引发难以控制的社会风险。

3. 政策上的相互牵制延迟整建制农转居进程

截至 2012 年底，16 个重点村均未实现整建制农转居。主要原因有两个：一是城乡社会保障衔接资金不到位。重点村拆迁改造后农民整建制农转居的前提是完成城乡社会保障的对接，即要补齐农村社会保险与城市社会保险的差额。据测算，16 个重点村农转居所需费用约 100 亿元。海淀区重点村由于自身土地资源有限，已经很难在有限的土地上融出农转居所需费用，所以社保资金没有纳入拆迁建设计划，8 个重点村中只有 2 个村因项目带动社保资金纳入一级开发成本，其余 6 个重点村的社保资金尚无出处。丰台区 8 个重点村的社保资金虽然已经全部纳入一级开发成本，但是由于建安成本的提高和未来土地上市后融资价格的不确定性，在现有融资只能满足拆迁、回迁建设和补偿腾退资金的情况下，后续资金能否足额到位成为丰台区重点村整建制农转居的决定性因素。二是整建制农转居程序上的限制。按照《北京市人民政府关于城乡结合部地区 50 个重点村整建制农转居有关工作的意见》（京政发〔2011〕55 号）要求，整建制农转居有三个前提条件：一是必须完成重点村拆迁任务；二是完成集体产权制度改革和集体资产处置工作；三是要将城乡社会保障保险衔接的费用筹集到位。由于目前海淀区、丰台区的重点村城乡社会保障衔接资金不能到位，无法满足整建制农转居的要求，也难以实现农村社会管理体制向城市社会管理体制的顺利转换。

4. 就业意愿不强，就业技能与就业岗位失衡

按照北京市要求，海淀区和丰台区已经全面实施了就业保障，总体讲就业岗位总量可以满足就业需要。但现实情况是，有一部分重点村村民没有就业愿望或者是就业意愿、职业技能与岗位需要不匹配。究其原因，一是重点村村民一次性获得了较高的拆迁补偿，短期内没有生存压力，主观上没有就业意愿；二是村民对物业管理、绿化等再就业岗位没有兴趣，希望从事技术性岗位又缺乏应有的职业技能，客观上难以找到合适工作。

客观地说，这次"城中村"改造最大、最直接的受益群体是试验点的村民。无论是"就地改造"还是"异地搬迁"，试验点的户籍农民的生活水平都会有一个显著提升。据丰台区有关部门测算，如果一个农户有 200 平方米的宅基地，按照拆迁地价 4000 元/平方米，地上建筑 1000 多元/平方米补偿标准，除了可以无偿获得 1 套 90 平方

米左右的两居室和 1 套 45 平方米左右的一居室外，还可剩余 100 多万元现款，同时医疗、养老等社会保障水平也有明显提高。但一个不容忽视的现象出现了，在北京一些重点村或者通过其他渠道搬迁上楼的农民，因拆迁而一夜骤富。富裕来得太快和太容易，使不少转型农民，特别是农村青年的传统生活方式和社会价值观念受到了极大的冲击，少数人过起了游手好闲、斗富比奢的日子，而"冲动消费"潜伏着返贫危机，"坐吃山空"并不是危言耸听。这种过度消费导致的心理失衡甚至比贫困更可怕，因为后者可以通过努力而改变，而前者一旦形成事实就难以自拔。

　　客观评价，重点村城市化建设模式是建立在特定地区、特定环境下的特殊政策。在以居民点、边角地、开发商甩项为主，土地开发成本很高的重点村，选择"政府主导、农民主体"的开发模式，不仅可以一步到位地给老百姓提供舒适的居住环境，使村民成为有岗位、有资产、有保障、有组织的新市民，而且通过环境改善、集约土地，可以创造更好的投资环境，促进地区产业的发展，实现政府与百姓的双赢，其针对性和示范性值得肯定，其成绩也是可圈可点。但是却无法在大范围推广，因为全国范围的"造城运动"证明，建立在土地融资基础上，以政府债务作为支撑的农村城市化建设模式蕴含着极大的财政和社会风险，而北京重点村城市化建设在实践中也因为土地融资困难而难以为继。为此，2013 年初，北京市政府主管副市长提出今后北京在城乡一体化的道路上，特别是对于城乡结合部、城中村改造中，对集体土地的利用要采取新思路新方法。概括而言，有三个特点：一是以村集体组织为主，可以引入社会化的方法，引入社会资金；二是不搞简单的征地、拆迁、上楼、土地入市的模式，而是大量地、长远地进行产业升级，让集体组织管理、经营这个资产，不再是买卖关系；三是农民的耕地这次不涉及，把农民的生产资料保障起来，不会让农民上楼后成为失地的农民[①]。

----

① 代丽丽：《本市今年启动城乡一体化改革》，《北京晚报》2013 年 1 月 26 日。

三　对重点村城市化建设的反思与认识

纵观包括北坞村、大望京村两个城乡结合部综合配套改革试点和 50 个重点村城市化建设的政策设计和实践过程，可以看出，与以往对"城中村"实施单一的环境整治，意在修饰"城市脸面"不同，作为新时期北京城乡一体化建设战略部署下的一次实验性"行动"，此次重点村改造在推进城市化过程中更多的是关注农民的切身利益，在政策上体现了执政为民、保障民权的两大突破：一是将宅基地腾退置换、城乡社会保障衔接、后续产业安排、集体资产处置等涉及"城中村"农民切身利益的配套政策作为改革目标逐项落实，旨在解决农民转居的后顾之忧；二是突破了集体建设用地不能建设出租房屋的制度瓶颈，鼓励农村集体经济组织集资贷款利用集体土地建设公租房，以便逐步解决在京工作的流动人口的住房问题，显然其政策出发点是好的。如果我们将重点村城市化建设任务分成前期建设（调、拆、建）和后续发展（转、管）两个阶段，那么前期建设的实践确实得到了改造地区基层组织和村民的一致认可，而反思包括建业（集体产业发展是转移就业的前提）在内的后续发展之所以难以持续，除了土地融资困难这个全国城镇化中面临的共同问题之外，我们认为也与城乡一体化的顶层设计存在缺陷，以及在实践过程中缺乏及时有效的政策调整有关。

（一）以户籍农民市民化为核心的城乡一体化顶层设计，难以从根本上解决人口与经济、社会、资源环境之间的尖锐矛盾

毋庸讳言，透过重点村名单的遴选和人口结构，我们不难看出，政府在推进户籍农民市民化的同时，有调控和压缩流动人口规模的政策意图。因为所谓市级挂账整治督办村，都是流动人口数量远远高于户籍人口，社会问题突出的农村社区，50 个重点村拆迁涉及的流动人口高达户籍人口的 5 倍。尽管在重点村拆迁改造时政府提出要妥善安排流动人口，但是从一系列具体的政策安排上并没有很好地体现这

一思想，包括 50 个重点村中只有唐家岭明确要建 10 万平方米的公租房，与此前在重点村居住的 100 多万流动人口的居住需求相比，也仅具有象征性意义。

我们理解作为地方政府优先考虑和保护户籍人口权利的选择，但是作为一个流动人口与户籍人口规模相近、流动人口已经成为经济社会发展不可或缺的重要力量的特大型国际都市，北京在城乡一体化进程中，仅考虑户籍农民的市民化，而忽略流动人口的权益保护，可能是一种"一损俱损"的结果。所谓"一损"，是指流动人口生存权利受到伤害。在重点村城市化建设中，流动人口不仅无法享受户籍农民在实现市民化过程中可以获得的长远的财产权、生存权、发展权、平等权和民主权，而且在被迫搬迁过程中也得不到户籍农民享有的拆迁周转补助费和外迁后妥善安居等近期权益保证，使流动人口经常处于一种"漂泊"不定的生存状态。更为严重的是，"被城市化"使多年来自然形成的流动人口社会关系网络瞬间"破裂"，流动人口赖以生存的社区环境不复存在。与祖祖辈辈生活在"城中村"的户籍农民日后大多还将集中居住在新建小区不同，生活在"城中村"的许多流动人口，多年来以家族、同乡，或者群体（如"蚁族"）方式自然形成的社会关系网络在搬迁后却难以为继。有学者曾以《北漂的"朝圣之旅"》①为题，将来到北京，在生活成本低廉的城中村聚集成群的"蚁族"形容为"朝圣者"，发出"没有人说城乡结合部孕育了创造精神，也没有人说精彩人生是与这里的社会空间相互生成的。……如果没有这种视角，城市改造将只是一场打造空壳巨人的城市恐龙化"的呐喊。"俱损"则是指在城乡一体化尚未找到一条可以复制推广的有效途径，全市产业结构调整又没有到位的情况下产生的系列反应。一方面，重点村居住的流动人口无序地外迁到周边村落和在城市社区群租，不仅使原有的社会矛盾和问题复制外推，加剧了周边社区社会管理的难度，而且抬高了租房成本，恶化了北京房地产的市场环境，城市社区群租房屡禁不止就是例证；另一方面，产业结构

①　朱晓阳：《北漂的"朝圣之旅"》，《南方周末》2010 年 4 月 28 日。

调整与人口结构调整的不同步，使北京人口规模减少 10% 的调控目标再度落空。在北京户籍人口规模呈现刚性需求的情况下，2012 年底北京市常住外来人口规模非但没有减少，反而比 2011 年底增加了 31.6 万人，总量达到 773.8 万人，北京人口资源环境的矛盾继续加大。

人口与资源环境矛盾的尖锐化是现阶段我国大城市面临的"通病"，在北京，这一矛盾显得更为突出。众所周知，人口规模调控是一项涉及区域协调发展，区内经济、社会政策调整和社会管理协调配合的复杂系统工程，其难度之高，堪称城市发展的"第一难题"。就北京而言，相关的话题已经争论了几十年，各种对策建议不绝于耳，但时至今日也没有出台一套与首都经济社会发展水平相适应的顶层设计。在各种政策措施不配套、不落实的情况下，寄希望于通过局部的城中村改造彻底解决人口与资源环境矛盾是不现实的。客观地说，重点村城市化建设的任务是探索农民市民化的有效途径，这个问题解决得好，可能有助于缓解局部地区人口资源环境的矛盾，但是将人口规模调控的意图赋予其中，在政策执行过程中就可能出现本末倒置的情况。反思重点村配套改革的初衷，是要解决该地区长期面临的人口与经济、社会、资源环境之间的尖锐矛盾，显然这已经超出了完成农民市民化探索的原意。因此，一旦户籍农民市民化过程受阻，不仅解决不了人口与经济、社会、资源环境之间的尖锐矛盾，而且还会进一步恶化周边社区环境，形成恶性循环。

（二）城乡一体化重在城乡"二元结构"和城市"二元结构"的双重突破，其目标是实现农民市民化

北京城乡一体化的实践给我们的启迪，就是加深了我们对于城乡一体化内涵的认识。如前所述，推进新型城镇化，既要破解城乡之间"二元结构"形成的差距，也要破解城市内部"二元结构"形成的差距。

北京作为国家首都和经济高地，城市化水平一直位居全国前列，但同时也面临着大城市共有的农民市民化整体质量不高的问题。北京现有户籍农民 260 万人，如果仅仅从社会身份变化的角度实现整体农转非，从制度安排上讲并没有什么困难，之所以越来越多的农民不愿意被"城市化"，是因为农民市民身份的转变仅是一种外在的改变，如果不能赋予农民完整的市民待遇，这种市民化就没有意义。此外，农民市民化是一个思维方式、生活方式等方面逐渐融入城市的过程，从当前的情况看，北京户籍农民市民化还有较大差距。

如果说，北京户籍农民的市民化已经纳入了政府工作的日程表，那么非北京户籍的农民工的市民化因为北京人口规模已经超出城市资源环境承载能力，其市民化政策的制定就变得格外小心谨慎，从《北京市居住证》迟迟不能出台就可以看出端倪。目前，北京常住外来农民工约有 500 万人，是户籍农民的 2 倍。20 年来外来农民工对北京经济社会发展所做出的贡献有目共睹，其引发的社会问题也是人所共知。如果不加分类，以人口规模调控为名将外来农民工群体排斥在社会保障和公共服务体系之外，不仅有悖社会公正，可能诱发较高的社会风险，也可能因产业结构链条的断裂影响北京城市发展和民生需要。因此，完善农民工社会融入政策同样是北京城乡一体化的题中之义。

（三）重点村后续发展不能停，应从关注硬件建设向关注人的全面发展转化

如前所述，重点村城市化建设可以分为前期建设和后续发展两个阶段。前者属于硬件建设，也是一般城市化建设的常规套路；而后续发展的重点是发展，即从前期的拆迁、回迁等硬件建设转向后期的与村民产业发展、民生权益、社会发展密切相关的软件建设。虽然北京已经宣布 50 个重点村建设两年目标任务圆满完成，但实际上只基本完成了前期的硬件建设，事关农民市民化的软件建设并未完成，如果半途而废，不仅丧失了改革的意义，也使处于半城市化中的农民面临新的发展困境。

调查研究表明，重点村后续发展不仅受制于国家土地融资调控政策环境的影响，同时也与传统的农村金融政策限制以及工作程序的政

策规定相互掣肘有关。包括重点村集体产业发展需要自筹资金，而集体资产不能抵押贷款的政策限制，使本已在拆迁改造时掏空集体积累或以借贷方式满足银行贷款需要 20% 自有资金规定的农村集体经济组织"雪上加霜"。而改革程序上的限制则直接影响着后续发展的进程。按照北京市相关规定，重点村建设改造的五大任务有很强的相关性，"调、拆、建、转、管"基本是依次进行，即前一项工作未完成，后面工作很难开展。例如，产业用地建设批复的前提是要完成重点村域范围内的全部拆迁工作，即土地全部清平。但现实情况是重点村内的建筑除了农民的住宅、集体企业建筑外，几乎每个村都有因历史遗留导致的不属于自己管理的国企、私企、事业单位等建筑，需要村里去与这些建筑的产权单位谈判搬迁条件，由于讨价还价十分困难影响了拆迁进度，导致重点村产业用地无法启动。同样，按照《北京市人民政府关于城乡结合部地区 50 个重点村整建制农转居有关工作的意见》（京政发〔2011〕55 号）文件要求，整建制农转居有三个前提条件：一是必须完成重点村拆迁任务；二是完成集体产权制度改革和集体资产处置工作；三是要将城乡社会保障保险衔接的费用筹集到位。由于三个前提条件不是每一个重点村都能完成的，所以实现整建制农转居的重点村只有 1/3。整建制农转居不到位，城乡社会管理体制对接也无法实现。可见，重点村城市化建设中遇到的问题并不都是无法解决的难题，需要从客观实际出发，在逐一分析具体障碍的基础上，有针对性地制定解决方案。

重点村城市化建设后续发展所涉及的集体经济发展、社区管理、社会保障、居民就业等问题，看起来是一项项独立的工作，其本质上却是一个彼此关联的整体，没有集体经济发展做支撑，就没有农民转移就业的美好前景，就没有能力为农转居人员提供更好的社会保障；不进行农村产权制度改革，就无法实现社企分离，无法还原居民在社会服务管理中的主体地位，就没有人的全面发展。可见，"人"是重点村城市化建设后续发展的核心。因此，以人为本，将工作的着眼点由初期的关注硬件建设向今后关注人的全面发展的方向转移，注重人口结构变化引起的社会结构变化，从人与经济、社会协调发展的角度进行整合，是实现重点村城市化建设后续发展的关键环节。

（四）从经济社会协调发展的角度寻求社会管理的制度创新

重点村拆迁上楼后的新建社区，由于保留了原有农村的社会结构，因而具有相对"同质化"社区的特点。所谓同质社区，是指以相似的文化背景或修养，相近的收入水平为核心要素的成员组成的社区类型。与城市社区相比，重点村改造后的新建社区可以克服城市社区成员因异质性较强，彼此不易沟通的障碍，使社区成员在共同意识、利益和愿望支配下，积极主动参与社区建设，在减少摩擦产生的交往成本中，提高社区参与的效率；另一好处是便于社区服务的分区定位。"以销定产"是市场经济的原则，社区服务虽属非营利性范畴，但根据服务对象需求确立服务项目和支持力度，乃是通行原则。

村居体制转换的过程不仅是一场社区体制转换的社会变革，同时也是一场涉及农村经济体制改制的经济变革。农村集体经济组织由合作制转为股份制的目的主要是两个：一是寻求自身发展，二是实现自我保障，而社区经济的发展，无疑是达此目标的有效途径之一。城市社区发展的一大障碍是社区服务资源短缺，村转居社区则不同，拥有产业发展用地、固定资产和流动资金是其发展社区经济的优势所在。农村社区转制为城市社区之后，至少面临三个问题：一是集体经济转制后，新的发展突破口在哪里？二是新建社区的服务设施与城市社区存在明显差距，怎样解决？三是在市场经济条件下，城市劳动力市场已供大于求，农转居人员如何再就业？应该说，投资社区服务业是一种理想选择。首先，新建社区对社区服务的需求市场潜力巨大，而社区服务业又是政府大力倡导的新兴产业，顺势而为，既可以得到政府的政策支持，又占有天时、地利、人和的优势；其次，农转居人员就地转居，直接进入社区服务组织，不仅解决了就业问题，也因他们同时是社区服务的受益者而使社区服务项目的设置更符合市场需要，更具生命力；再次，社区经济的发展，可以使农转居人员因经济利益的关联，与社区组织继续保持紧密的关系，从而有利于发扬他们自觉参与社区自治的传统；最后，转变传统的福利观念，变过去的福利赠予为投资性福利服务，使农转居人员在助人自助的社区服务理念下，在服务中受到教育，在工作中提升能力，最终实现人的全面发展。因此，应发挥集体经济有资产、村民社区服务有需求的优势，从经济社会协调发展的角度，通过资源整合，使社会管理与农村集体经济同步发展，这种做法符合国务院总理李克强近日提出的通过扩大内需和发展服务业在"调结构"过程中发挥作用的重要性，实现新一届政府"稳增长、调结构、促改革"的经济治理思路，应成为重点村城市化建设中社会管理的创新所在。

四　推进北京城乡统筹与社会发展的对策建议

北京城乡统筹的核心是通过农民市民化实现社会发展与进步，其实现过程就是从经济一体化向社会一体化的转变过程。作为一个国际化大都市，要实现城乡"二元结构"和城市"二元结构"的双重突破，就应跳出传统的户籍人口与流动人口分管的制度障碍，既要从顶层设计的大处着眼，也要从实践推动的操作入手。

（一）农民市民化需要置于北京市经济社会发展总体框架，做好顶层设计

国际移民区治理的经验证明，在国家或者市级层面，做好经济、社会、文化、政策、环境等综合治理的顶层设计至关重要。重庆、成都的城乡统筹之所以做得有声有色，也与两市政府的"顶层设计"密切相关。重庆的城乡统筹是在"共同富裕"框架下进行的。2011年7月重庆市出台《关于缩小三个差距促进共同富裕的决定》，提出的12条措施中与农村直接有关的就有6条。成都的城乡一体化也是一个涉及市场体制、民主政治、社会管理改革的系统化"顶层设计"。我们说，北京城乡统筹综合配套改革试验之所以在实践过程中受阻，资金短缺仅是一个外在因素，更重要的是在设计之初，就忽略了北京是一个有着800多万流动人口的事实。在这个户籍人口与流动人口在经济上已经结为高度利益共同体的移民城市，在制定城乡统筹

发展战略时，需要站在全市经济社会统筹协调发展的高度，统筹考虑不同社会身份群体的利益平衡。

我们建议进一步完善北京城乡统筹规划与发展战略，做好与《北京城市总体规划（2004年—2020年）》和《北京市国民经济和社会发展第十二个五年规划纲要》的衔接。除了依据城市功能定位、发展阶段目标、北京市"十二五"期间的具体任务之外，还要从北京作为2000万人口的特大城市需要考虑人口与资源环境承载能力相适应的现实出发，确定包括流动人口在内的农民市民化的目标框架。北京五环以内的行政村、自然村，大多是户籍人口与流动人口比例倒挂的农村社区，应该认真进行调查研究，在总结城乡结合部综合配套改革试验的基础上，提出全市农村社区城市化建设的目标和任务。城乡结合部综合配套改革试验与国际移民区综合治理和国内城乡统筹的经验相吻合，可以在加入流动人口市民化条件的基础上继续深化，并据此提出分阶段的基本方略、政策措施和制度体系。考虑到流动人口的市民化是一项复杂的系统工程，需要进行财政支持能力和资源环境承载能力的测算，当务之急是在摸清底数的前提下做好北京流动人口未来规模、结构、分布的研判，研究户籍人口与流动人口在经济和社会方面的依存度，综合考虑其改革政策与人口规模调控相关政策的有效衔接，包括研究出台《北京居住证》制度，北京居住地实有人口管理制度，北京人口规模调控的实施办法，等等。

（二）构建政府、社会、村民、企业合作治理的农村社区城市化建设模式

国际社会在治理移民聚居区时采取的政府、社会、移民合作开发治理的经验给我们以启示。北京在城乡结合部综合配套改革试验中提出的"政府主导、农民主体"也在一定程度上体现了合作治理的思路，但是还不够，缺少地方政府、社会和企业参与的成分。

如前所述，针对城乡结合部综合配套改革试验中出现的问题，市政府提出了对集体土地采取的新思路、新方法。它在强调农民的主体地位的同时，提出通过改变传统的征地、拆迁、上楼、土地入市模式，解决产业发展难题，总体思路是对的。但需要注意的是，农民主体不意味着政府责任的懈怠。因为没有政府把握规划发展方向、土地资源利用、政策价值取向等重大问题，势必会导致农村城市化建设的无序发展；没有政策创新，以往的制度障碍将重新成为农村城市化建设的羁绊而导致一事无成。因此，未来的农村城市化建设中政府主导地位不能变。

我们建议构建一个"政府主导、农民主体、地方主责、企业和社会组织参与"的农村城市化建设的合作主体框架。其中"政府主导"中的政府是指市区两级政府，其角色依旧体现在把握规划发展方向、土地资源利用、政策价值取向等重大问题上，而政策创新则应在重新评估此前出台的33项相关政策效果的基础上，选择那些可以持续、有效的政策并补充完善新的政策，以保证政策的连续性和发挥叠加效应。同时，依据政府财力，在公共设施建设方面提供资金保障。"农民主体"则在原有提出的"在规划、拆迁、补偿安置等环节充分尊重农民重点的财产权、参与权和发展权，使之成为利益主体、责任主体和市场主体"基础上，强调尊重村民创新。村民是农村城市化建设的主人翁，尊重村民意愿，不仅体现在城市化建设前期上，更应该体现在后续发展阶段上。特别是在改变大拆大建模式之后，农村城市化建设将更多地表现为后续发展中建业（集体产业发展）、转居（解决农民社会保障）、转业（农村劳动力的转移就业）和转型（农村社会管理体制向城市社会管理体制转换）等方面。因此，应该支持和鼓励包括户籍人口和流动人口在内的村民在集体经济发展、社区管理、社会保障、转移就业中的首创精神，调动他们参与城市化建设的积极性、主动性，确保村民在改革中能够分享到发展成果。"地方主责"是赋予城市化建设所在的街乡、社区组织在城市化建设中的责任主体地位。农村城市化建设的目标是落实农民的资源权、财产权、生存权、发展权、平等权和民主权，因此地方政府和社区组织的责任主体主要体现在发挥核心作用方面。一是充分发挥党组织在城市化建设中的引领作用。党组织的引领作用，主要体现在把握具体发展方向、整合社会资源、动员群众参与上。农村城市化建设涉及党组织、政府、村民和合作单位等多个参与主体，发挥好不同参与主体的角色作用，协调好各个参与主体之间的关系，就成为党组织凝聚多元主体的重要抓手。二是充分发挥社区组织的自治作用。城市化建设所在的村民委员会是村民主体的代言人，在工作中一方面要认真听取村民的意见和愿望，把村民利益放在首位；另一方面要做好人口结构和社会需求的调查研究，根据人口状况确定未来产业发展与村民就业、社区服务的匹配结构，并制定具体的实施方案。"企业和社会组织参与"是指创造条件，引导企业和社会组织参与农村城市化建设。北京在这方面已经有成功经验，例如：门头沟区把镇企合作作为开展基层党组织引领发展试点工作的主要模式，坚持以旅游文化休闲产业为主导合理安排产业项目，与知名大企业联手带动四个重点镇的整体开发；房山区长阳镇党委充分发挥功能区优势，先后与首创集团、中国核工业集团公司、金融街控股股份有限公司、投资北京等大企业实现全面战略合作，接洽金融、地产、旅游等各领域大型企业已近百家，实现签约大型项目13项，成功走出了一条与大企业合作推进功能区建设的新路子。以行动研究的方式服务农民工群体是北京民间社会组织的一大特色，许多高校和科研机构的学者都选择流动人口聚居区作为社会实践推动的载体，在服务流动人口的同时，也推进了政策的完善。虽然目前企业和社会组织参与农村城市化建设还在起步阶段，但是如果在农村城市化建设上确立社会组织与政府、村民和地方政府的合作伙伴关系，在政策上给予支持和鼓励，北京的农村城市化建设就可以走出发展困境，迈上一个新的台阶。

（三）总结前期教训，寻求新的突破

农村城市化建设是一个循序渐进的过程，不可能一蹴而就，因此在做好顶层设计，搭建合作治理平台的前提下，还需要着手解决一些瓶颈难题。

一是统筹兼顾不同情况下农村居民点建设规划，完善公共服务配套设施。以行政村市政基础设施升级改造为引擎，突破基础设施对改善居民生存环境的制约瓶颈。要高起点制定农村城市化建设和经济社

会发展综合规划，将地区内行政村的市政公共环境基础设施建设纳入地区总体规划范畴，使之与地区城市建设总体规划相协调，与区域经济社会发展规划相衔接。区政府在制定规划时，要根据区情明确农村城市化的时间进程表，以乡镇为单元对农村空间进行细分，根据服务人口和服务半径等因素统一设计公共环境基础设施的范围和标准规范，将区域的主导功能落实到空间上。特别是要明确未来居民点的位置，做好与包括流动人口在内的居民点人口规模相适应的公共环境基础设施规划，避免改造后的居民点因设施不足再次成为环境脏、乱、差的"城中村"。对于不具备搬迁条件的地区，应该本着改善生存环境的原则，按照现有人口规模，做到基础设施建设与现有人口规模基本匹配。对于与民生密切相关的医疗、教育、社区服务、职业培训、再就业等政府公共服务也应按照居民的实际需求配置到位，应重点加强医疗服务机构的配备，增加医疗设施的投入，通过建立"平民医院"或简易诊所，就近解决居民看病难、看病贵的问题。研究制定流动人口集中居住管理的政策措施。在符合城市规划和土地利用总体规划的前提下，探索在流动人口聚集的企业、大型集贸市场附近以及流动人口聚居区，由政府引导支持、市场运作，把当地居民组织起来入股经营，或由企业、个人投资，建设符合流动人口居住需求特点，满足基本生活需要，具有经济承受能力的集中住房。通过增加住房供给，分解城乡结合部人口高度密集社区的居住压力，逐步改变城乡结合部地区大量建设违章建筑问题，改善流动人口居住条件、确保居住安全。

二是逐步改变以行政村为主的拆迁模式，整合乡镇甚至更大范围的资源。行政村地域范围偏小，难以通过产业调整和空间整合的方式实现城乡一体化全面发展。因此，根据区域功能定位，整合乡镇甚至更大范围的资源，积极探索"城中镇（乡）"的改造途径，即在镇域（乡）范围根据区域功能定位，统一规划，实施整体改造。认真研究大兴区西红门镇镇域范围统一规划工业区升级改造的经验，在条件具备的情况下予以借鉴。

三是积极探索"城中村"有机更新改造模式。改变传统的征地、拆迁、上楼、土地入市模式，特别是对于生存环境恶化的"城中村"实施有机更新改造，从维系自然形成的社会关系网络和缓解融资压力的角度考虑，都是一个值得实践的选择。"城中村"有机更新改造是对城乡一体化建设中需要改善生存条件的农村社区做必要的改建，使之获得重新发展和繁荣。主要包括对建筑物等客观存在实体的改造，以及对各种生态环境、空间环境、文化环境、视觉环境、游憩环境等的改造与延续。北京何各庄、白家楼、草场地、南宫村和高碑店村的有机更新改造模式已经取得了很好的经验，但是借鉴时需要在政策上有所突破，即如果"城中村"位于绿化隔离带地区，必须获得规划许可，否则日后如果纳入拆迁地区，可能会得不偿失。

四是创新经济发展模式，积极探索集体建设用地合作开发利用的有效途径。近日，国土部门已经完成"关于改革完善土地管理制度的框架建议"，准备上报国务院进行讨论。新一轮土地改革将在土地用途管制、土地整治、土地有偿使用制度、土地产权制度等重点领域有重大突破，有可能成为十八届三中全会后土地管理制度的改革基础①。配合 2013 年北京城镇化和城乡一体化改革的新要求，建议市政府抓住国家土地制度改革的机遇，积极组织研究出台农村集体产业用地准入市场的政策，包括农村建设用地准入市场进行合法交易的条件和实施路径，探索在集体建设用地上通过招租有发展前景和经济实力的大企业入驻，集体经济组织分享发展收益的方式，主动破解农村集体经济发展的瓶颈。同时应加快完善融资政策，借鉴重庆"三权（农村土地承包经营权、农村居民房屋使用权和林权）抵押"的经验，开辟以农村集体资产作为抵押物向银行申请贷款的渠道。

（四）继续做好重点村城市化后续发展工作

一是坚持先急后缓、先易后难的原则，从现实出发调整改革程序。先急后缓是指先把在后续发展中具有承上启下，与百姓利益关系

---

① 李乐：《城镇化长期发展规划送审在即　土地改革最先启动》，2013 年 8 月 25 日，新浪网：http://news.dichan.sina.com.cn。

最大的工作做起来。例如，产业项目的选择与启动，事关重点村村民日后的就业、收入和福利，因此在个别地块短期难以清平的情况下，在继续做好重点村拆迁腾退工作的同时，允许启动产业发展用地。先易后难就是从客观实际出发，先从与其他工作没有直接的因果关系，有条件、有基础、有经验借鉴的工作做起。例如，在农转居社会保障资金筹措有办法的情况下，可以先期启动撤村建居工作，不要因为农转居手续复杂而延误了社会管理体制改革的进程；将集体产权制度改革和集体资产处置工作与整建制农转居分开进行。因为集体产权制度改革和集体资产处置与农民的直接关系是解决股东身份问题，与是否农转居或者撤村建居没有直接的利害关系。

二是加快解决城乡社会保障对接问题。一方面，优先解决超转人员社保衔接。针对超转人员一次性趸交社保费用高的问题，按照有关规定，采取年度汇缴、按月发放的方式，认真核算重点村超转人员趸交总额，并根据需要测算年度汇缴的适度区间，尽快落实到位。另一方面，创造条件引导农民直接参加城镇社会保障。目前，海淀区已经开放了农民自愿选择参加城镇社会保障的渠道，下一步要结合需要和可能，通过补贴参保费用等途径，引导农民自主做好城乡社保衔接。

三是寻求转移就业与职业匹配的实现途径。转移就业与职业匹配重在产业发展与培养新型职业工作者的有机结合。我们注意到，重点村目前选定的产业发展方向以酒店、写字楼、商城等服务性项目为主。这些项目建成之后，由于地理位置优越，可以取得较好的预期收入，但是可能开发的就业岗位并不是农转居人员愿意，或者有能力从事的工作。我们认为，在未来转移就业安置上应注意区分就业与择业情况，不要过于追求再就业指标，而是应在产业发展与培养新型职业工作者的有机结合上下功夫，将转移就业工作的重点放在35岁以下的年轻人和有就业意愿但能力不足的中年人身上。要认真分析农转居人员的年龄、性别、文化程度、家庭环境和就业意愿，做好四方面工作。一是强化劳动至上的意识。高度重视重点村年轻人中出现的主动失业现象，把转变劳动观念作为首要任务，在寻找切实有效的办法上下功夫，可以通过政策解读、专家讲座、案例分析等途径，培养年轻人正确的劳动价值观。二是因势利导设计培训课程。结合年轻人的特点、兴趣、爱好和愿望，按照"定岗、定向、订单"要求，有针对性地设计培训课程。要变传统的简单岗前培训为定期的现代专业技术培训，下本钱，花力气培养农转非青年成为今后产业发展不可或缺的、具有专业服务水准和道德水平的合格职业工作者。三是从社区服务入手解决困难群体就业。对于有就业意愿但能力不足的中年人，可以从社区服务就业入手解决他们的从业困难。要从社区服务体系建设入手，把覆盖社区全体成员、服务主体多元、服务功能完善、服务质量和管理水平较高的社区服务体系作为回迁社区的发展目标，借鉴城市社区"参与式社区服务项目化管理"的经验，以公共服务需求为导向，自下而上由社区服务参与主体多方共同筛选服务项目，并通过专业化的能力培训，提升中年人社区服务项目的参与能力。四是借鉴国际经验，将进城农民也纳入到城市现有的成人职业教育体系，包括通过兴办成人学校接受文化教育和通过职业学校接受职业教育两种方式，使他们在理论知识和实践操作技术方面得到较为完整的培训，成为合格的现代工人或有专业知识的服务工作者。

四是建立符合区域特点的新型社会管理模式。与拆迁前相比，重点村城市化后的人口结构会有明显改变。一是人口数量大幅度减少；二是流动人口整体结构优化、素质提高；三是社会管理内容发生变化，涉及公共服务、社会保障、社会组织建设与管理、基层社会管理体制、群众权益维护、流动人口服务管理、突发事件应急管理、社会治安防控体系等诸多内容。因此，结合十八大提出的"加快形成党委领导、政府负责、社会协同、公众参与、法治保障的社会管理体制"要求，新建社区应着手从四个方面进行制度创新：一是建立实有人口一体化管理。改变以农业和非农业人口划分城乡社区的做法，将重点村作为一个整体社区，按照城市社区组织的功能定位，重新组建社区党组织、社区自治组织、社区服务站以及社区各类社会组织。原有的村委会按照社企分离的原则"一分为二"，原有经济管理职能交由村经济组织负责，原来的社会管理和服务功能让渡给新建的社区居民委员会。新建的社区党支部和居民委员会由户籍居民、户籍村民、流动人口选举的代表构成。经民主选举产生的社区居民委员会全面负责社区日常公共事务和公益事业管理，配合当地政府做好辖区社会治安综合治理工作，将目前以治安防控为主的封闭社区管理转变为全方位的社区管理，真正实现农村社区管理城市化。二是以社区服务业为抓手，带动经济社会可持续发展。发挥重点村集体经济有资产，村民社区服务有需求的优势，探索变传统的福利赠予为投资性福利服务，把以往年终作为福利发放的部分资金投资社区服务业，使村民在助人自助的社区服务理念下，在服务中受到教育，在工作中提升能力，在生活中享受服务。服务业是当前国家重点关注的领域，"把服务业打造成经济社会可持续发展引擎"，是"克强经济学"的内容之一。以此为契机，加大政府对村改居社区服务业的支持力度。政府对新建社区服务业的支持主要体现在五个方面：一是根据撤村建居的新建社区服务资源的短缺状况，给予倾斜性质的资金支持。二是通过税收减免等政策支持，鼓励农村股份经济组织投资于社区服务业。三是撤村建居时，预留一定比例的非农业用地，用于新建社区服务设施的更新改造。四是加强居委会和社区成员的能力建设。培育以推动社区能力建设为己任的能力支持型社会组织，通过社区参与式治理能力建设的专业化培训，使参与培训的社区居民在自我学习、相互学习、实践学习的过程中，提升领导力，增强创新力。五是创新"集中住宿"的管理模式。"集中住宿"是落实流动人口服务管理的基础性环节。海淀区推行的集中出租房屋的做法值得推广。在此基础上要积极探索与"集中住宿"相适应的"公寓管理"模式，即以活动为媒介吸引流动人口回归社区，通过社区活动，增进户籍人口和流动人口的相互了解和彼此信任，化解社会风险，促进社会融合。

第七章　社会管理创新与人口有序管理①

社会管理创新作为社会建设的重要组成部分，是党中央根据现阶段我国处于社会矛盾凸显期，许多社会问题难以通过改善民生得到根本解决这一国情制定的重大战略部署。党的十八大报告明确提出"加强社会建设，必须加快推进社会体制改革"。这一提法涵盖了社会管理体制、基本公共服务体系、现代社会组织体制和社会管理机制创新在内的体系建设。

一　社会管理面临的难题与社会风险分析

社会管理是社会建设的核心内容，其落脚点在于做好人的服务与管理。北京的社会管理虽然在社会建设的总体框架下取得了骄人的业绩，但是却面临着人与经济、社会、资源环境发展之间存在的尖锐矛盾。

毋庸讳言，北京人口服务管理的难点在流动人口。在户籍人口公共服务管理日趋完善的今天，流动人口服务管理上的缺位既有受人口规模调控政策影响，难以把握加强管理和做好服务之间的平衡等客观因素，也有对加强和完善流动人口服务管理认识上存在误区的主观因素。如何在新形势下做好流动人口的服务管理，在北京已经成为一个无法回避的问题。

———————

①　本章执笔人：冯晓英。本文同时为北京市社会建设专项资金购买决策研究与信息咨询服务重点项目（编号 SHJS2002）的阶段性成果。

（一）当前北京流动人口的新变化

北京是一个流动人口高度聚居的城市，截至 2012 年末，在京居住半年以上的流动人口达到 773.8 万人，占常住人口的 37.4%①，流动人口规模仅次于深圳和上海，位居全国城市的第三位。除了众所周知的流动人口规模庞大、以劳动年龄为主、就业比重高、主要从事第三产业、半数以上聚居在城乡结合部和环城带地区等基本特征之外，近年来北京的流动人口还呈现出一些新的变化。

1. 流动人口社会分化日趋明显

社会分化是指社会结构系统不断分解成新的社会要素，各种社会关系分割重组最终形成新的结构及功能专门化的过程。流动人口社会分化的基本形式有两种：一是社会异质性增加，即群体的类别增多。二是社会不平等程度的变化，即社会群体间的差距拉大。与传统的将流动人口视同于农民工不同，我们可以从户籍属性、文化属性、民族属性和职业属性四个维度上看出北京流动人口社会分化的程度。

根据北京市 2010 年第六次全国人口普查数据，北京常住流动人口中非农业户籍人口占 32.31%，比 2000 年增加 6.51 个百分点，增加的人数超过 160 万，反映了城际间城市人口流动加速的势头。从受教育程度上看，常住流动人口中大专及以上人口比例由 2000 年的 10.8% 迅速提升到 24.35%，即每 4 个 6 岁以上的常住流动人口中就有 1 人接受过高等教育。北京是一个民族大家庭，全国 55 个少数民族的 28.13 万流动人口在北京工作、生活，其规模比 2000 年增加 1.9 倍。从职业构成上看，流动人口中脑力劳动者占 25.6%，比 2000 年提高 10.1%，其中"专业技术人员"占据半壁江山，国家 7 个职业分类中都有流动人口的身影。

在群体类别增多的同时，北京流动人口还呈现出社会群体间差距拉大的态势，它不仅表现在不同社会身份群体（例如，农民工和城

① 北京市统计局：《北京市 2012 年国民经济和社会发展统计公报》，《北京日报》2013 年 2 月 7 日。

市户籍流动人口、传统产业工作者与高新技术产业工作者）之间的社会不平等程度的分化，而且反映在同类社会群体内部的分化上。以高学历流动人口群体的住房情况为例，其中超过 1/3 的人已经购买房屋，但也有相当比例的人仅租住人均面积不足 10 平方米的房子。从居住地来看，高学历外来人口大多居住在城区，但是也有部分"蚁族"居住在城乡结合部的村庄。即使是农民工群体，新生代农民工与他们的父辈在职业、收入、价值观和生活方式上也有明显差距。

值得指出的是，随着北京经济发展和产业结构的提升，流动人口社会分化的趋势日渐加大。

2. 流动人口呈现市外"强流动"与市内"弱流动"共存的状态

虽然北京的人口流动早已不是因家庭生产需要每年定期往返于居住地与户籍地之间的"候鸟式"流动模式，但也并不是完全的定居模式。从北京市调查登记情况看，依然呈现出流动总量规模较大，人员流动性较强的特征。2011 年，来京人员与离京人员规模总计达到 481.8 万人，其中，初次来京的有 148.4 万人，占新登记人员的 69.2%，呈现市外"强流动"的态势，这种大出大进的情况与经济发展的走势和产业结构调整密切相关。但是，当流动人口在京居住稳定或就业稳定之后，又呈现出明显的"弱流动"甚至"不流动"特点，全年市内流动人口迁移人员仅 41.6 万人，在京居住时间 5 年以上的有 154.1 万人。概括而言，北京流动人口迁徙呈现出"三二五"的特征，即"三成强流动"：全市流动人口总量中近三成处于频繁流动的状态；"两成不流动"：流动人口中近两成处于长期在京生活的状态；"五成弱流动"：全市一半流动人口在京居住时间超过 1 年未满 5 年。

流动人口频繁进出和移民化趋势明显共存的局面，对习惯用统一模式进行服务管理的管理者来说是一种挑战。

3. 不同区县流动人口行业差异显著，人口规模指标调控难以奏效

人口规模调控是一个世界性难题，为了将"控而不住"的人口规模降下来，北京市确实下了很大功夫，在落实"以证管人、以房

管人、以业管人"工作思路的同时，这两年市政府采取与区县政府签订责任书的方式，要求各区县在现有人口规模的基础上压缩 10% 的人口。但是在地区产业发展需求的引导下，流动人口基于就业能力、工作成本选择不同的行业和居住区，导致多数区县人口规模指标调控的目标一再落空。数据证明，由于不同区县产业发展方向和发展水平不同，其流动人口的从业规模结构也不同。图 3 显示了第六次人口普查北京分行业流动人口与其规模位居前三位区县之间的关系。可以看出，部分行业的流动人口在规模位居前三位的区县中集中程度均比较高，表明它们是流动人口主要从事的行业，如商业服务业和批发零售行业；部分行业的流动人口在区县分布不平衡，表明不同区县产业发展重点的差异性影响到流动人口的职业聚集，如制造业、交通运输和仓储业等行业的流动人口在大兴区、通州区和昌平区集中程度较高，信息传输服务、科学研究技术服务和教育业等在海淀区、朝阳区和丰台区集中程度较高。在这种情况下，如果不加区分地以调控指标来考核区县工作，是不符合科学发展规律的。

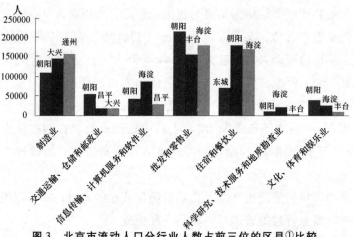

图 3　北京市流动人口分行业人数占前三位的区县①比较

---

① 由于"农、林、牧、渔业"从业流动人员总体上比例较低，因此在此项统计中省略这一行业类别。

4. 区县"居住—就业"的功能失衡

就业通勤情况，即"上下班情况"是反映一个地区每天人口流动状况的重要指标，通过计算本地和跨区县流动人口的通勤情况，能够直观地、微观地反映出地区的产业规划、功能定位、基础设施的科学化水平，能对功能定位的实现情况进行匹配和检测。

利用第六次人口普查（以下简称"六普"）相关数据对北京市各区县流动人口通勤情况进行分析后，各区县"居住—就业"功能呈现出就业区、平衡区和居住区三种情况。其中：

以就业为主的区县（包括西城区、东城区、平谷区、顺义区、延庆县、门头沟区、海淀区）中，就业流动人口总量大于居住流动人口，表明这些区县具有较强的就业功能，有能力吸纳居住在其他区县的流动人口就业，从而引起"向内"（指向本区县的通勤）的流动人口通勤活动。

居业平衡区（包括密云县、丰台区、石景山区、怀柔区、朝阳区、房山区）。这些区县能够基本实现流动人口就业和居住的自我平衡，引发流动人口跨区县通勤程度较低。

以居住为主的区县（包括大兴区、通州区、昌平区）中，居住流动人口总量大于就业流动人口，意味着由于本地区就业功能不足，部分居住此地的流动人口需要去其他区县工作，引起"向外"（指向外区县的通勤）的流动人口通勤活动，在一定程度上具有"睡城"性质。

区县就业和居住功能的错位，不仅容易引发流动人口通勤需求与交通承载量错位，也不利于调控人口规模和实现基层社会有序管理，应引起"居住—就业"功能失衡区县的高度重视。

（二）北京流动人口服务管理面临新的挑战

客观地说，北京市的流动人口服务管理工作在全国一直处于"排头兵"的位置，无论是从理念创新、体制机制创新还是实施效果，都走在全国前列，多次受到中央和国务院主管部门的首肯。但是基于国家政治、文化中心，经济发展高地的首都优势，北京人口规模

已经超出资源环境的承载能力已经是一个不争的事实。目前，北京的
人口规模仍然处在一个高峰阶段。未来一段时期内，全市人口总量还
将呈现持续缓慢增长的态势，伴随着国家区域间的协调发展、北京城
市功能定位的落实和产业结构的调整，将逐渐达到一个稳定的饱和
状态。

面对中央对做好流动人口工作提出的"实现基本公共服务由户
籍人口向常住人口全覆盖，促进流动人口与当地居民和谐相处、共同
发展"新要求和新时期流动人口渴望在公民权利、社会保障和公共
服务等方面享有市民待遇的新期待，北京市流动人口服务管理工作也
将面临新的挑战。一是快速增长的流动人口总量规模与城市基础资源
环境承载能力之间的矛盾更趋紧张；二是不断增长的流动人口利益诉
求与城市经济社会发展水平之间的矛盾更加突出；三是日益敏感的流
动人口网络舆情对维护首都社会和谐稳定的影响更加直接；四是愈发
重要的流动人口服务管理对首都社会建设和社会管理的作用更加凸
显。在这种情况下，如何妥善处理好上述关系至关重要。

（三）当前北京流动人口服务管理面临的潜在社会风险

1. 国家层面：城市内部"二元结构"产生的制度风险

众所周知，社会不公，特别是因户籍所在地不同而采取社会福利
的区别对待政策是流动人口群体产生社会风险的主要原因。城市内部
户籍人口与流动人口享有不同的社会福利是我国"二元社会结构"
在城市社会的延伸，有其历史原因，即使在中央和国务院一再强调要
破除"二元结构"，实现基本公共服务由户籍人口向常住人口全覆盖
的今天，由于城乡之间、城市之间、不同地区之间经济社会发展存在
的严重失衡，也难以在全国范围内全面实现社会福利在流动人口与户
籍人口之间的平均分配，这也是现阶段国家提出要分类明确户口迁移
政策，继续合理控制直辖市、副省级市和其他大城市人口规模的原因
所在。

北京作为全国的首都和经济发展高地，有其良好的发展前景和生
活环境，因而吸引着数以千万计的流动人口来京工作和生活。但是在

北京人口资源环境承载能力有限，经济增长又暂时无力平衡解决流动人口与户籍人口之间的福利差异时，城市内部"二元结构"的弊端就显得格外突出，并在四个方面表现出明显的差异性：一是生活状态的差异，即户籍人口的稳定性与流动人口的漂泊感；二是劳动就业的差异，即对户籍人口的政策倾斜与流动人口的市场选择；三是子女教育的差异，即户籍人口的全程保障与流动人口的阶段解决；四是社会保障的差异，即户籍人口的全覆盖与流动人口的部分享有。

居住证制度是推进流动人口民生建设的一项重要制度安排。北京市在研究实施居住证制度时，曾经对流动人口与户籍人口在公民权利、社会保障和公共服务等方面的权益待遇进行过系统的梳理和比较，发现在分解的 75 项权益中，流动人口与户籍居民权益待遇基本相同的有 37 项；需要满足一定条件可以享受的有 25 项；需要中央政策支持或本地政策创新突破的有 13 项。可见，城市内部户籍人口与流动人口的权益差距是在不断缩小的，但也难以一蹴而就。

2. 北京自身存在的社会风险

（1）流动人口社会分化蕴含着潜在的社会风险。

流动人口的社会分化本是社会变迁的必然产物，但是倘若忽视了社会分化和重组后新社会阶层和不同利益群体的利益诉求，潜在的社会风险在一定条件下就有可能显性化。不同流动人口群体的利益诉求具有差异化特点。新生代农民工对生活品质有所追求，渴望改变身份留在城市；高学历流动人口对在城市有稳定居所和较高的经济收入与社会地位有着很高的预期；长期居京的流动人口对平等享有城市权利待遇，成为名副其实的"北京市民"有着强烈的期待。但是现实与他们的期望往往存在一定背离，除了前面提到的大城市继续执行严格的户籍迁移制度，以及短期内无法彻底消除城市内部"二元结构"弊端之外，还有一个更严酷的事实，就是高学历流动人口相对于低学历人口的低就业现实。"六普"统计数据表明，流动人口中大专以上学历者的失业率为 5.17%，比低学历者失业率高 2.1 个百分点，与北京市户籍人口中低学历者的失业率明显高于高学历者的情况正好相反。逃离"北（京）上（海）广（州）"后又无奈逃回"北上广"

的经历，使他们承受着巨大的心理压力。"地位失衡"导致的"心理失衡"，使他们对于社会歧视特别敏感，维权意识强烈。而面对这些需要解决但一时又难以完全解决的问题，我们的管理者还缺少有效应对和化解矛盾冲突的"本领"。

（2）人口规模调控政策执行过程中可能诱发的社会风险。

北京人口规模已经超出现阶段的资源环境承载能力需要调控已经形成社会共识，而且从调控思路到调控手段都有明确的定位和要求。由于人口规模调控是一个过程，很难立竿见影，因此在实践过程中往往由于追求调控效果而难以妥善处理好调控人口规模和改善流动人口服务的关系。比较典型的案例有两个：一是在城中村改造过程中只重视维护户籍人口的拆迁利益，而不考虑流动人口的居住需求。北京50个重点村进行城市化改造时涉及100余万流动人口，户籍人口都给予了临时安置补助费，但是流动人口没有；户籍人口可以回迁居住，流动人口只能重新寻找房源。虽然北京近期出台了将流动人口群体纳入住房保障体系的法规，但真正能够享受到这一惠民政策的只是其中的极少数人。在北京房价居高不下、城市不断清理地下空间和严格控制群租房的情况下，流动人口的居住需求和居住安全很难得到保障。毋庸讳言，城中村改造除了落实中央和北京提出的城乡发展一体化战略之外，有调控、压缩流动人口规模的意图。但是寄希望通过城中村改造实现人口规模调控的目标，从结果上看并未取得明显成效，相反还增加了城市社区管理的难度。二是在政府和社会层面都存在如果不断改善流动人口服务需求，将会进一步增加北京人口规模调控困难的认识。这种争论由来已久，且具有一定的影响面。关于人口规模调控与改善流动人口服务是相辅相成的关系早有论述，不再赘述。问题在于争论不休的结果有可能影响到政府的决策，并因社会排斥而引发新的社会风险。

（3）流动人口基本权益保障缺位可能出现的社会风险。

如前所述，城市内部"二元结构"产生的制度风险在现阶段还不能完全化解情有可原，但是如果已经出台的社会福利政策不能得到有效落实，或者缺少有效的替代办法而导致流动人口基本权益的长久缺失也会蕴藏较大的社会风险。

客观地说，北京是全国较早出台流动人口社会保障政策的城市，目前流动人口的基本养老保险、基本医疗保险、工伤保险、失业保险和生育保险均已纳入北京社会保障的制度框架。但是 2012 年的统计数据表明，大部分流动人口并未纳入"社会保障"安全网，全市就业流动人口中，67.3% 的流动人口未参加过任何形式的社会保险，参加失业保险、基本养老保险和基本医疗保险的流动劳动力分别只占 21.3%、18.8% 和 28.5%，而且全市就业流动人口签订劳动合同的比例也仅占 38.5%，一旦发生劳务纠纷，这些流动人口的合法权益很难得到保护。除了已有的流动人口权益保障制度监管不到位之外，在流动人口，特别是流动人口聚居区的流动人口民生服务严重不足的情况下，本来是可以通过政府购买服务，或者社会组织自我服务的形式缓解供需矛盾的，也因为种种原因不能支持到位，包括在当前公办学校学位紧缺情况下，对部分打工子弟学校的"零容忍"①，市区两级政府购买社会服务项目中较少有专门为流动人口民生服务的项目，等等。

（4）流动人口在社会认同方面存在的社会风险。

社会认同是社会融入的基础。在北京虽然流动人口群体性事件发生的情况较少，但是流动人口主动维权的情况也不多见。例如，在城中村拆迁改造时，当流动人口权益受到损害，甚至在出租房屋被强行拆迁时，往往是户籍人口在据理力争，而流动人口却缄口不语。不是因为他们心悦诚服，而是因为他们认为地方政府不是他们的政府，不会考虑他们的利益。在低收入群体中不认同自己是北京人的情况很普遍。调查显示，流动人口，无论是农民工还是知识阶层在北京大都有漂泊感，他们认为没有北京户籍就没有实质性的权益保障，这也是北京户籍堪比"洛阳纸贵"的原因。流动人口对北京的社会认同偏低是一个危险的信号，因为近期国内出现的流动人口群体性事件的发生都有一定的规律可循：一是事件的起因经过了长时期的积累，因为长

---

① 廖卫华、刘修齐：《打工子弟学校关停风波》，《法制日报》2012 年 10 月 23 日。

时期得不到解决，最后借某个导火索突然爆发；二是事件的起因是局部性的，某人、某村、某地的事件，因为不能正确处置，最后的影响扩大到了局部之外；三是事件本身可能是事关经济利益调整，但是最后却演化成为社会冲突事件。对此，社会应该给予足够重视。

二　社会管理创新的突破口：人口有序管理

依据《北京市国民经济和社会发展第十二个五年规划纲要》提出的构建适应首都发展的人口格局的目标，以及《北京市"十二五"时期社会建设规划纲要》提出的要实现各类人群服务管理全覆盖，人口有序管理将成为北京社会管理创新的重要内容。

（一）人口有序管理的内涵

人口有序管理是站在人与经济、社会、资源、环境协调发展的高度，在转变经济发展方式的同时，通过社会管理创新，促进人口管理向着"规模适度、结构优化、多元和谐、分布合理、服务有效、管理严格，与城市可持续发展和城市功能定位相适应的人口发展格局"的方向发展。人口有序管理是从人口全员化管理的角度与社会管理创新相契合的概念，流动人口管理是其中的重要组成部分。

（二）人口有序管理的重点

实现人口有序管理，应注意把握好以下几层关系并做好顶层设计。

一是正确把握流动人口规模调控与人口有序管理的关系。流动人口规模调控是人口有序管理的重要组成部分，但不是前提条件。因为人口有序管理是一个涵盖人口"规模、结构、和谐、分布、服务、管理"多目标的集合，规模适度只是其中一项内容。说它是重要组成部分，或是北京明确提出要努力遏制人口无序过快增长的局面，不仅是因为北京现有的人口规模已经超出了资源、环境的承载能力需要调控，也因为北京已经出现了人口无序盲目聚集膨胀的势头。当然，这种无序盲目不是指流动人口进京目的的盲目,而是指部分产业发展失控导致对人口的无序吸纳。因此,从流动人口规模调控入手,通过定量分析,从管理的角度找出流动人口的社会结构与空间布局、就业构成的对应关系,有针对性地提出重点地区、重点行业、重点人群的管理措施,力争通过管理来促进产业和流动人口规模的匹配,进而实现流动人口规模适度的目标,无疑是人口有序管理的重要内容。正确把握上述两者之间关系的好处:一是厘清了两者之间的逻辑关系,避免因放大人口规模调控在有序管理中的作用而使有序管理落入单一调控人口规模的误区;二是有助于在人口有序管理框架下实现调控流动人口规模、促进产业发展、改善人民生活、提供服务保障的有机结合,避免将流动人口规模调控与改善流动人口服务对立起来;三是有利于与社会管理创新对接,人口有序管理是社会管理创新的重要组成部分和基础,社会管理的体制和机制创新是实现人口有序管理的制度保证。

二是人口有序管理重在统筹兼顾三层关系。从北京的现实出发,人口有序管理需要妥善处理好控制流动人口规模和分享"人口红利"、保持城市"活力"和防止出现"大城市病"、强化管理和做好服务等几对复杂关系。为此,需要把握好三层关系:一是平衡流动人口规模调控与经济社会可持续发展、资源环境承载能力三者之间的关系。北京现有人口规模超出资源环境的承载能力是一个公认的事实,但是如果把承载力作为流动人口规模调控的首要因素,而不能兼顾老龄化社会对财富积累的需求,那么人口抚养比的上升将对北京的人民生活及社会和谐稳定产生重大影响。因此,应警惕顾此失彼的情况发生,以"人口均衡发展"作为"人口有序管理"的基础,即流动人口的发展不仅要与经济社会发展水平相协调、与资源环境承载能力相适应,同时应该高度重视流动人口的素质提升、结构优化、分布合理和不同社会群体之间的良性互动。二是统筹规划、建设与管理的关系。"规划是龙头,建设是基础,管理是手段。"没有规划做引导、建设做支撑,人口有序管理就会成为无源之水,无本之木。规划做引导不仅要将与人口规模调控相关的城乡发展规划、产业发展规划、土地利用规划、人口和计划生育发展规划、社会建设规划等与国民经济和社会发展规划有机结合起来，在规划中直接体现以产业结构调整、城市功能扩散、住宅用地控制、就业政策引导、社会保障监督等人口规模调控的思路，同时要考虑人口变动趋势，统筹规划配置公共服务实施，特别是向城市功能拓展区和城市发展新区倾斜，在满足实有人口日益增长的物质和文化需求的同时，避免"大城市病"的出现。建设做支撑就是要将规划落地实施，特别是加快对人口密集且公共服务实施严重不足地区的建设，为人口有序管理打好基础。三是正确把握公共服务与公共管理的对立统一关系。公共管理与公共服务作为一对矛盾，体现在管理者和被服务者在人口管理服务方面具有不同的要求，即管理者强调控制人口规模，被服务者强调权益对等，但是人口管理与服务在目标上又具有同一性，即无论是管理者还是被服务者都希望北京是一个既充满活力又和谐有序的社会，这是与人口有序管理目标一致的本质要求。现实生活中我们发现，人口规模的扩张与公共服务的提供之间并没有绝对的正相关性，因为收入预期是决定人口聚散的关键性因素，所以调控人口规模应在产业结构调整上下功夫。而公共服务水平的提升，可以增强流动人口的社会归属感，有利于社会的和谐稳定。从这个意义上讲，调控流动人口规模与提供公共服务是人口有序管理的两个方面，不应成为相互制约的因素。

三是做好顶层设计。流动人口的服务管理创新是当前党和国家高度重视的战略性任务，2012 年初民政部发布了《关于促进农民工融入城市社区的意见》（民发〔2011〕210 号）。我们在贯彻落实国家宏观战略部署的同时，应结合北京发展情况，从建设中国特色的世界城市的要求出发，将流动人口规模调控和有序管理放在全市社会管理创新总体框架内统筹考虑。要结合《北京市国民经济和社会发展第十二个五年规划纲要》和社会建设、人口发展等专项规划的要求，研究制定人口有序管理的制度框架和实施路径，在现有基础上寻求新的突破，包括构建居住地实有人口一体化管理制度、实施居住证制度、探索社区人口登记制度、实现流动人口社会保障的跨地区衔接和提供适度的市民待遇，等等。

三　实现人口有序管理的对策建议

人口有序管理是一项涉及首都发展和社会安全的具有全局性和战略性的任务，必须从建设中国特色的世界城市的要求出发，放在全市社会管理创新总体框架内统筹考虑。当前应着重在以下几个方面寻求突破。

（一）按照世界城市的要求主动调整流动人口结构

评价北京流动人口结构是否合理，不能满足 10 年来内部结构的改善，应该从建设中国特色的世界城市的要求出发，结合户籍人口的构成，进一步优化流动人口结构。有关研究结果表明①，北京现有的人口结构与纽约、伦敦、东京等世界城市比较，虽然从规模上已经达到世界城市的水平，但是在分布和结构上仍然存在明显差距。从人口分布上看，表现为内城人口与外城人口比偏大、人口空间分布呈现明显的非均衡性；从人口结构上看，北京的总人口性别比显著偏高，第三产业的就业人口所占比重偏低（纽约、东京和伦敦分别占 81%、90% 和 86%），人口受教育程度偏低（纽约和东京接受高等教育人口比重分别为 86% 和 42%），国际移民规模较小、国际化程度不高；等等。当然，北京与世界城市所处的发展阶段不同，资源环境条件不同，城市功能定位也不尽一致，我们不能要求人口发展完全照搬国际模式，但是我们应该尊重世界城市的发展规律，结合走中国特色的世界城市道路的发展需要，主动调整人口结构，使之不断适应北京经济社会可持续发展的需要。因此，我们要在流动人口结构改善的基础上，继续在调整流动人口区域分布，提升职业层次，改善行业结构，加大现代服务业比重和提高接受高等教育人口比重等方面下功夫。同时，要积极引进符合首都发展需要的国际人口，尽快提高人口的国际

---

① 童玉芬主持的北京市"六普"招标课题"北京与国际大都市人口发展比较研究"（内部），2011 年 12 月。

化程度。

（二）人口规模调控重在人口结构与产业发展相匹配的空间落实

建设世界城市需要有较高的人口规模，但这并不是说人口规模越大越好，人口规模的大小取决于城市资源环境的承载能力。现阶段北京的人口规模已经超出了资源环境承载能力，而我们的调查与数据分析表明，北京不仅有调控人口规模的需要，也有调控人口规模的空间和可能。需要注意的是，人口规模调控不是简单的数量控制，而是要从人口结构与产业发展匹配的角度，将规模控制落实到具体的空间，或者说是细化到有产业发展功能的乡镇和低端服务业密集的街道区域范围。

一是将人口规模调控的重点放在有产业发展功能的流动人口高度聚居的乡镇。乡镇政府要根据乡镇区域的详细规划和区域功能定位，结合"六普"数据，认真研究本地区人口规模、结构与产业发展之间的匹配程度。考虑到行政村地域范围偏小，难以通过产业调整和空间整合的方式实现人口结构与产业发展相匹配，对流动人口规模调控的作用和力度较弱的情况，在完善"城中村"改造模式的同时，积极探索"城中镇（乡）"的改造途径，即在镇域（乡）范围根据区域功能定位，统一规划，实施整体改造。应认真研究大兴区西红门镇镇域范围统一规划工业区升级改造的经验，在条件具备的情况下逐步推进。配合首都文化大繁荣、大发展的战略部署，以文化产业整合区域发展也是一个很好的途径。在有条件的地区（如朝阳区崔各庄乡），应以文化产业为龙头，通过整合地区文化资源，扶持具有特色文化的行政村发展，打造文化产业重镇，这样可以起到提升产业层级、控制人口规模、满足文化需求等一举多得的作用。

要通过规划和产业引导，避免乡镇内特定产业的集聚和社区单一化地接纳来自同一个地区的流动人口。对于目前一些较多集中在特定地域中的产业，如废旧物品回收利用产业、餐余食品回收行业，建议试行特许经营制度。这样做的好处：一是通过特许经营公司的选择，打破特定行业流动人口"垄断"经营的局面；二是有助于通过对企业的管理，消除分散的难以管理的公共安全隐患。要将流动人口规模调控的重点放在非正规、小规模经营的行业上，加强对这些行业的严格管理。要不断提升传统服务业的层级，通过引进现代服务业态，压缩流动人口规模。

二是低端服务业密集的街道办事处要认真清查辖区内低端服务业的分布与数量，结合辖区人口结构，统筹考虑辖区居民生活和单位工作的服务需求。对于严重超过区域需求的流动人口就业集中的小规模经营行业，如废品收购、理发及美容保健服务、小百货店、小旅馆、小饮食店等，要与工商管理局沟通协商抬高注册门槛，或者与民政局沟通限制以社区服务为名进入，从源头上控制低端服务业的规模和数量。

三是对于符合区域产业发展和服务需要的行业，街乡政府和社区组织要创造条件做好服务和管理，稳定工作场所，尽量减少流动人口频繁流动产生的跨区域调控困难。

四是"居住—就业"功能失衡的区县要高度重视"居住—就业"的协调配置。在刚刚结束的北京市十四届人大常委会第六次会议上，讨论通过了《加强城市规划管理，标本兼治缓解交通拥堵》的议案，提出北京市将建立就业和住房对接机制，促进就近居住。针对中心城外围已建成的大型居住区，研究制定促进就地就业政策，探索产居联动制度，引导就业人口就近居住，利用轨道交通沿线的闲置、空置和低效利用土地建设租赁房，明确配租对象，鼓励就业人群就近居住。同时探索通过产业园区配建职工宿舍、试点利用集体建设用地或者企业自有用地建设租赁方等方式，加强针对产业功能区的住房保障，创新住房供给管理政策，鼓励通过房屋置换、租赁方、人才公寓等多种方式，提高居住与就业对接的灵活性[①]。政策制定之后关键在落实。建议各区县顺势而为，抓紧时间研究"居住—就业"的协调配置。从统计数据上看，地处城区范围的西城区、东城区和海淀区都属于城市就业区，说明这些区的经济功能强大。在当前城区人口密度过大的

---

① 孙颖：《地铁沿线建租赁房　鼓励就近居住》，《北京晚报》2013 年 9 月 27 日。

情况下，这三个区可以有选择地将一些不适于在区内发展的产业转移出去。大兴区、通州区、昌平区被归类为城市居住区，表明它们现在接纳居住人口的能力大于产业发展的能力，而这三个区都在城市发展新区范围内，可以有选择地接纳西城区、东城区和海淀区转移出来的成熟产业，形成区域间的产业发展互补。当然，无论是城市就业区、居业平衡区还是城市居住区，不能仅从人口结构和产业容纳力的协调度考虑，实现"居住—就业"协调配置的前置条件是满足城市功能定位需求，在此基础上，再统筹考虑与人口结构、产业发展相匹配的公共服务设施的配备，这样才能体现既可以调控流动人口规模又能够满足流动人口生活和工作服务需要的双重功能。同时，各区县无论功能定位如何，都要注意产业和行业的协调发展，以及公共服务资源的协调配置，避免形成明显的流动人口职业结构上的区县差异。

五是在强调地区负总责的前提下，加大跨区域流动人口服务管理的协调力度。区县要建立跨区域流动人口服务管理领导小组，统筹协调跨区域流动人口服务管理的衔接与合作，将科技园区和研发基地的流动人口服务管理纳入属地管理和网格化管理，实现流动人口服务管理的无缝对接。

六是在继续加强与周边省市及北京流动人口输入大省之间的工作协作的同时，积极引导和鼓励企业根据发展需要，通过与学校建立实习关系定点招聘流动人口员工，避免流动人口的盲目流入，从源头上把好引进流动人口这一关。

（三）完善基层管理体制，促进人口的有序管理

依据民政部《关于促进农民工融入城市社区的意见》（民发〔2011〕210号）和《北京市"十二五"时期社会建设规划纲要》的精神，从流动人口有序管理的实际需要出发，进一步调整和完善基层社会管理体制。要明确政府、社区居委会和社区成员在流动人口有序管理中的角色定位。街乡政府和社区居委会是实现流动人口有序管理的责任主体，包括流动人口在内的社区成员是促进流动人口有序管理的参与主体，构建政府、社区居委会、社区成员等多元主体参与的人

口有序管理平台是实现流动人口有序管理的有效途径。

一是强化属地管理，实行人、财、物的协调配置。要改变街道、乡镇按照户籍人口配置管理资源的传统做法，按照实有人口的数量和需要配置行政管理人员、管理经费和办公物品，重点向流动人口高度聚居的街道、乡镇倾斜。

二是建立社区实有人口一体化管理体制。要改变社区内户籍人口与流动人口的分管模式，接纳流动人口为居住社区的正式成员，享有与户籍人口同等参与公共服务和管理的权利。积极探索流动人口参与社区居委会选举的新途径，在城市社区要鼓励符合条件的流动人口经过民主程序担任社区居委会委员和下属机构的成员，切实保障流动人口参与社区自治的权利。

继续探索具有城乡结合部特点的"农村社区城市化管理"模式。"农村社区城市化管理"不是简单的"撤乡建街"或者"撤村建居"，而是建立一种有别于城市社区和农村社区，兼具城乡社区优势的管理模式。要改变以农业和非农业人口划分城乡社区的做法，将行政村或者自然村作为一个整体社区，按照城市社区组织的功能定位，重新组建社区党组织、社区自治组织、社区服务站以及社区各类社会组织。原有的村委会按照社企分离的原则"一分为二"，原有经济管理职能交由村经济组织负责，原来的社会管理和服务功能让渡给新建的社区居民委员会。新建的社区党支部和居民委员会由户籍居民、户籍村民、流动人口选举的代表构成。经民主选举产生的社区居民委员会全面负责社区日常公共事务和公益事业管理，配合当地政府做好辖区社会治安综合治理工作，将目前以治安防控为主的封闭社区管理转变为全方位的社区管理，真正实现农村社区管理城市化。

三是构建政府、社区居委会、社区成员等多元主体参与的人口有序管理平台，这个平台是虚拟平台与实体平台的结合，目的是实现合作主体在人口有序管理中的协同共治。虚拟平台主要是明确政府、社区居委会和社区成员在人口有序管理中的职责定位，做到恪尽职守，协同共治。政府的角色主要是做好顶层设计，合理配置资源，组织协调和监督实施；社区居委会的角色主要是组织落实政府相关要求，积极开展各项有利于人口有序管理的工作，把矛盾尽可能化解在基层；社区成员的角色主要是遵守政府和社区居委会的相关规则，积极参与社区活动，关心公共事务，积极谏言建策，增进社区成员彼此之间的理解、信任与互动。实体平台是借助街乡政府一站式综合服务平台和社区服务站，为流动人口提供包括居住登记、劳动就业、社会保障、计划生育、社区矫正、安置帮教、法律援助、社区教育、社会救助、文化体育、社会治安等社区服务管理项目，并逐步使流动人口可以享受到与户籍人口同等的市民待遇。要发挥社会团体资源优势，打造无边界社会支持网络。"无边界社区"是指没有明显的地理边界，通过组织网络保持较强社会联系的虚拟社区。社会团体主要是指工会、共青团、妇联等准政府组织，它们具有透过单位，直达"无边界社区"的组织优势和专业优势。工会、共青团、妇联作为工人阶级、青少年、妇女的代表，其成员本身就涵盖全体流动人口，因此在社区建立相应的工会、共青团、妇联的基层组织，承担组织、教育、服务、维权等功能，通过联系、凝聚与服务，使流动人口群体在接受专业技能培训、维护正当权益、丰富闲暇生活的过程中，感受亲情，分享快乐，并在履行义务中增加主人翁意识和对社区的归属认同。此外，社区听证会、社区评议会、民情恳谈会、网上论坛等也是实体平台的重要组成部分，有助于引导农民工理性、合法地表达自己的诉求，提高自我管理、自我约束的能力。

四是加强街乡政府和社区组织的职业培训，提高基层组织防范社会风险的能力。要结合新时期流动人口的特点，根据流动人口服务管理的目标、要求，有针对性地对从事流动人口服务管理的人员进行相关政策、法律、技能沟通、服务方式等内容的培训，提高他们防范社会风险，应对突发事件的能力，包括警觉社会变迁带来的风险点、把握社会事件处理中的主导权和培育社会公众解决利益冲突的自主能力，等等。

（四）创新服务管理模式，促进流动人口的社会融合

世界城市是"世界社会的缩影"，是多元文化和多民族共生的空

间。促进流动人口的社会融合是建设世界城市的本质要求。而文化隔膜和制度缺失是当前限制流动人口社会融合的两大问题。我们要通过社会管理制度创新解决流动人口社会融合的制度缺失，通过社会服务模式创新解决流动人口社会融合的文化隔膜。

解决制度创新需要国家的顶层设计，包括出台一系列有助于促进流动人口社会融合的政策、制度、法律和法规，逐步解决流动人口的市民化待遇问题。解决文化隔膜，就需要有海纳百川的胸怀。当前，我们提出的"爱国、创新、包容、厚德"的北京精神正是这种胸怀的体现。北京的城市建设需要包括流动人口在内的全体市民的共同努力，没有近半数流动人口的积极贡献，就没有北京今天蒸蒸日上的发展局面，因此北京的经济发展成果要由全体市民共同分享。北京正在实施建设中国特色社会主义先进文化之都，建设具有世界影响力的文化中心的发展战略，城市文化大发展、大繁荣离不开多元文化的注入，来自国内外流动人口的多元文化与北京地方文化的相互交融，才是先进文化之都的最好体现。我们要践行北京精神，就是要以博大的胸怀，接纳来自四方的新老朋友，与他们相互包容、相互学习。

实现社会融合需要政府的政策支持和基层实践的积极探索。我们要按照《中共北京市委关于发挥文化中心作用加快建设中国特色社会主义先进文化之都的意见》，在全国率先建成均衡的、城乡一体的公共文化服务体系。在公共文化设施建设方面，向城南地区、城乡结合部、重点新城、新建大型社区及农村地区倾斜，并优先安排涉及基层和农村群众切身利益的文化项目。我们要加快街道级文化休闲中心、郊区城镇数字影院、"八网合一"、数字文化社区、24 小时自助图书馆等设施的建设，推进文化馆、博物馆、图书馆、美术馆、科技馆、纪念馆、工人文化宫、青少年宫等公共文化服务设施建设并向全社会免费开放，来满足全体市民不断增长的文化精神需求。我们要丰富流动人口的文化生活，建立政府主导、企业共建、社会参与的文化工作机制，切实保障来京务工人员、困难群体的基本文化权益。

文化隔膜属于文化变迁过程。我们要把顶层设计与基层探索对接起来，鼓励基层开展积极的实践探索，通过社会服务模式创新缩短清除文化隔膜的时间。

一是继续完善"新居民服务站"模式，鼓励通过建立"新居民互助协会"等方式，整合辖区内外的政府、企业、社会组织和辖区内的流动人口和社区居民等各类资源，挖掘服务资源，助人自助，实现流动人口与户籍人口的"同服务、同教育、同管理、同参与、同发展、同提高"。

二是倡导通过"青年汇"等流动人口参与式模式，为青年流动人口提供一个跟上时代发展、符合青年需求的服务平台。要积极构建网络沟通平台，为青年流动人口的社会融合做好沟通服务工作。发挥居委会在社区社会组织发展中的枢纽作用，以文化为媒介，吸引生活在社区的职场流动青年回归社区，通过尊重他们的自治权利，为他们提供便利和服务，使职场流动青年心系社区、认同社区、服务社区、融入社区。

三是积极倡导以"参与式社区服务项目"为抓手，提高流动人口的社会适应能力，满足流动人口不同群体的多样化需求。"参与式社区服务项目化管理"是指以社区为基础，以公共服务需求为导向，以项目运作为纽带，发动社区成员全程参与，实施网络化管理的组织服务模式。"参与式社区服务"本质上是一种建立在邻里互助基础上的志愿服务，它不仅可以提升流动人口个人的社会适应能力，增进社区融合，而且在助人的过程中分享"乐人乐己"的志愿情怀，是消除文化隔膜，促进流动人口社会融合的重要途径。

四是鼓励企业和业主共同解决流动职工居住问题。一方面，要加大城中村改造过程中配建集体公租房的力度；另一方面，要在尚未纳入改造计划但有条件的农村地区积极探索在农村集体建设用地上建设公租房，满足流动人口的住房需求。北京一批科技园区正在建设之中，园区的规划单位和用工单位应该将流动职工居住纳入规划建设范畴，统筹配置集体公寓，同时与地方政府配合，实现流动人口工作、社会服务管理的有效衔接。这样做的好处是职工上班方便，可以有效应对房租价格上涨，稳定企业员工队伍，这也是企业应尽的社会责任。

　　五是高度重视高学历流动人口的工作、生活安排，有针对性地帮助他们解决实际困难。金融危机中年轻的高学历流动人口往往是受影响最大的群体，也是反应最激烈的群体，我们要未雨绸缪，切实做好他们的服务管理工作。根据首都社会经济发展需要，积极鼓励企业接纳高学历流动人口就业，逐步将他们纳入公租房计划，并认真履行劳动合同，避免超时、超强度工作。要创造条件，鼓励高学历流动人口发挥自身优势，在社区服务和管理中承担重要角色，同时要在企业和社区广泛开展心理辅导活动，释放"中产阶级焦虑"。

（五）以社会主义文化建设作为社会管理的思想基础

　　中国共产党第十七届六中全会做出的《关于深化文化体制改革推动社会主义文化大发展大繁荣若干重大问题的决定》，为社会管理提供了具有社会主义核心价值观的思想基础。

　　社会主义核心价值观是一个社会中居统治地位、起支配作用的核心理念，也是一个社会必须长期普遍遵循的基本价值准则，包括民主平等、公平正义等，它是构建和谐社会文化的根本，具有凝聚人心的作用。社会管理的主要任务是解决社会问题。任何社会只有扬善抑恶才能保持良好、稳定的社会秩序。从这个意义上讲，社会问题也是文化问题。文化失调表现为个人的生活变化引起了原有社会秩序的变动，反映在个人心理上就是浮躁、焦虑、忧郁、不安等，这在流动人口中比较常见。如果一个占人口比重很大的社会群体，经常生活在焦虑、流动之中，这个社会的氛围难以祥和。近年来，一些国内突发的安全事件出现了燃点低的特点，很小的事件就会引发很大的风波，一定程度上是长期积聚的结果。而社会主义核心价值的认同是社会长治久安的保障。在坚持公平正义、民主平等原则的同时，把文化发展与社会管理有机结合起来，在政策上把文化大发展大繁荣与加强和创新社会管理有机结合起来，在日常生活中把人们的社会活动与文化价值统一起来。只有把人们的精神生活和行为规范与社会主义核心价值观融为一体，才能使现实生活中的人与人之间的关系更加和谐、友善，社会生活更加秩序井然。

　　目前，北京已经出现了一些流动人口自己组织起来的文艺社团，建筑工地、空场就是他们的舞台。虽然舞台简单，设备简陋，但演出内容却给打工者带来了自信和尊严，在丰富流动人口文化生活的同时，也让一批又一批的外来打工者找到共鸣，认同自身的价值。将这样的流动人口自组织纳入政府管理和资助范围，不仅可以丰富流动人口的文化生活，也有利于增强他们的生活认同，促进首都的社会安全与和谐稳定。

第八章　特大城市管理与民生服务[①]

作为一个人口超过 2000 万的特大城市，北京市民生服务压力巨大，在一些较小城市还没有引起很大关注的民生领域，因为北京市的城市地位和人口规模等因素的影响，其社会管理效果也会被放大。这些领域包括交通管理、垃圾管理、水资源管理等，虽然细碎，却是关系民众生活质量的重要方面，在建设世界城市的过程中，这些都将成为影响城市品质的关键内容，是社会管理工作要重点加强的民生议题。

一　交通管理与服务

(一) 交通管理与服务的现状和问题

影响城市交通的因素，主要包括：城市的功能布局；汽车保有量；交通方式的构成，尤其是各类交通工具在出行中所占的比例对道路交通状况有着重要的影响；道路布局，包括道路宽窄程度，路、桥设计情况，道路交叉情况，出入口设置情况以及道路规划情况；交通管理水平；交通参与者的素质和文明程度等。

1. 道路建设

表 49 列出了 2006 年至 2011 年北京市道路建设主要指标数量。

① 本章执笔人：李伟东。本文同时为北京市社会建设专项资金购买决策研究与信息咨询服务重点项目"十三五时期首都社会治理机制研究"（编号 SHJS2015）的阶段性成果。

表 49　　　　　　　　北京市道路建设统计　　　　　　单位：公里、万平方米

年份	境内公路道路总里程	公路里程	高速公路里程	城市道路里程	快速路里程	主干路里程	城市道路面积
2006	25377	20503	625	4419	232	955	7258
2007	25765	20754	628	4460	236	960	7632
2008	26921	20340	777	6186	242	755	8941
2009	27436	20755	884	6247	242	805	9179
2010	27907	21114	903	6355	263	874	9395
2011	28446	21347	912	6258	263	861	9164

数据来源：根据《北京市统计年鉴 2012》数据整理。

相比于 2006 年，2011 年北京市道路建设各主要指标都取得增长，其中道路总里程增长 12%，高速公路里程增长 45%，城市道路面积增长 26%。北京市在道路建设上的总体努力可见一斑。

2．轨道交通建设

北京市大力推进城市轨道交通建设，2013 年全市共有地铁线 17条，轨道交通总里程已经达到 456 公里。北京市还致力于提高公共交通出行比例，2013 年六环内公共交通出行比例达到 44%，其中轨道交通占公共交通比例 38%。轨道交通占公共交通系统客运量的比率仍然偏低，发达国家特大城市在 50% 以上。

轨道交通一直坚持低票价制度。奥运会后地铁票价 2 元钱的惠民政策一直坚持了下来，为此北京市每年要拿出巨额交通补助。

3．公共交通

北京市大力发展公共交通事业，积极改善民生。2011 年，全市公共电汽车线路达到 749 条，运营里程 1.9 万公里，运营车辆 2.2 万辆；全市公路旅客客运量达到 129918 万人次。

为改善市内公共交通状况，北京市先后采取了各种措施，促进公共交通的发展，包括：

实行公共交通一卡通，减少了乘客买票、验票和付费的时间，也免除了现金找零的麻烦，而且通过不断优化一卡通服务功能，一些便民项目和打折优惠政策也通过一卡通体现出来，成为方便市民出行的

重要手段。

优化公交线路。2012 年分批次优化公交路线，其中第一批涉及 9 条，新开 5 条，调整 2 条，分段优化 2 条。第二批涉及公交路线 14 条，其中新开路线 4 条，调整路线 10 条。第三批优化路线在 2013 年 4 月实施，涉及路线 16 条，其中新开 3 条，调整 12 条，撤销 1 条。此次优化公交路线的目的在于提速度、增覆盖、减重复，同时进行公交场站改造，如建成四惠、宋家庄综合交通枢纽；推进西红门、天宫院、立水桥、西二旗和小营 5 座以上公交场站建设；改造规范 20 座以上公交场站；完成德胜门公交场站改造等。优化公交线路的同时，还建设公交专用车道 30 公里；更新车辆，更新老旧公交车 729 辆，实现 350 辆液化天然气（LNG）公交车、400 辆电动公交车示范运营。

道路改造。城市内微循环道路建设，主要包括打通断头路、拓宽瓶颈路段和道路局部改造拓宽，是提高路网通达性、缓解中心城区交通拥堵的重要措施之一。2011 年，北京市投资 16 亿元支持 12 项微循环道路建设。2012 年，北京市投资 28.4 亿元加快微循环道路建设，进一步缓解交通拥堵和改善民生。此次共安排城六区微循环道路项目 24 项，总长 14 公里；项目选择上更加贴近民生，确定了一批学校及老旧小区等重点地区对缓解区域交通拥堵、改善居民出行环境作用明显的项目；支持范围进一步扩大，由 2011 年的东城、西城核心区扩大到城六区，涉及多个重点区域；加大了市级投资支持力度，28.4 亿元总投资中市政府固定资产投资占 8.5 亿元。

4. 停车管理

2011 年末全市机动车保有量 498.3 万辆，其中私人汽车保有量达到 389.7 万辆，轿车保有量 286.2 万辆；截止到 2012 年底，北京市机动车保有量已经达到 518 万辆，汽车保有量增速虽然受到控制，但是总量已经很庞大。

据网易财经报道，截至 2011 年 8 月，全市有备案机动车停车场

5508 个，停车位 1397525 个[1]。在北京市于 2011 年 4 月上调非居住区停车场收费标准后，最高收费变为路侧停车（占道停车）收费，第一小时 10 元，第二小时以后每小时 15 元。该项措施出台后那些对价格敏感的有车族受到了一定的影响，但是停车管理问题也逐渐暴露出来，主要表现为：随意路边划线收费、停车费征收无票据、议价、停车费用途不明、路边停车占道费征收乏力等，停车管理秩序混乱的现状阻碍了进一步规范北京市机动车停车市场，使得从提高停车收费的角度调控机动车在城市的使用想法实现起来大打折扣。

5．交通政策

为缓解交通拥堵，北京市多年来尝试了各种交通管理政策，试图限制机动车道路使用，提高市民公交出行数量。这些措施主要包括：

（1）限购。自 2010 年 12 月 24 日起，北京市对家用小轿车实行了限制购买政策，每月 2 万个购买指标通过摇号的方式进行社会分配，此举大大降低了北京市机动车保有量的增长速度，遏制了私家轿车的高速增长态势，为缓解北京市的交通拥堵从源头治理创造了条件。但是限购政策也有一些负作用，比如一些长期无法获得小轿车购买指标的刚性需求群体开始探索变通策略，悬挂周边地区的汽车牌照。

（2）限行。北京市采取尾号限行政策，在工作日高峰时段采取区域限行措施。此政策始于 2008 年 10 月 11 日，奥运会后一直延续下来。

（3）差别化停车收费。2011 年，北京市开始在城市区域对停车车辆进行差别化收费政策。

（4）公共交通低票价政策。此政策始于 2008 年，一直延续至今。

6．交通执法

为缓解北京市交通困境，在以上措施之外，还积极研究更加严格

---

① 网易财经：《北京停车管理公司乱象丛生，税收应专款专用》，网易：http://auto.163.com/12/1027/10/8EQLT6KG00084TV1.html。

的机动车分区分时限行等政策，完善外地车辆在京使用的管理政策。重点加强对夜间进京的外地大型货运车、渣土运输柴油车、无牌照燃油小摩托、外地牌照长期在京使用的小客车的监管。

7. 交通信息发布

目前，北京市交通流信息对外发布系统分析工作正在进一步改善，基本完成系统方案设计工作，系统工程实施也将随之展开。北京市交通流信息对外发布系统力争向广大的交通参与者提供实时的交通信息，交通参与者可通过手机、电话、广播、电视、网络等多种途径获取交通信息。

（二）改进措施、评价

北京市交通最大的问题就是堵。道路拥堵几乎成为城市发展的死结，综合各国的城市发展历程，可以看出在一定的发展阶段，随着城市人口的聚集，城市私人交通工具的普及，人、车、路之间的矛盾都会爆发出来。

只有下大力气治理城市之堵，才能提高城市运行的效率，提高城市生活的质量，降低民众出行成本。居民出行成本表现在两个方面：一个是经济成本；另一个是时间成本。北京近年来一直坚持低票价政策，以交通补贴的方式作为社会交通福利，取得非常好的社会评价，对广大群众尤其是底层群众减轻生活负担有一定的作用，社会效果很好。在降低出行的时间成本方面，北京市仍大有可为。除了大城市出行的正常时间成本外，广大市民因为拥堵而造成的时间损失也很大，据相关研究，平均每天市民上班的拥堵时间为 14 分钟，平均每天上班用时位居全国第一[①]。从数字来看，北京市市民拥堵耗时有很大的可压缩空间，只有下决心改善交通拥堵状况，广大市民出行成本才有望大幅降低。

下文从介绍世界各国治理拥堵的经验入手，结合北京城市发展的现状，对治理城市拥堵略作建言。

---

① 牛文元：《中国新型城市化报告2012》，社会科学文献出版社2013年版。

1. 大力发展轨道交通，通过轨道交通建设促进城市空间布局转型

轨道交通节省空间，速度快，运量大，是发展公共交通的首选。日本轨道交通日均运送乘客 4000 万人次，北京目前只有 1000 万人次，还有很大的提升空间。

表 50 显示了世界若干城市轨道交通通勤出行分担比例①。

表 50　　　　　　　纽约、伦敦、巴黎、东京轨道交通对比

城市名称	人口（万人）	开通年份	线路数（条）	运营里程（公里）	年均运量（亿人次）	占城市总出行比例（%）	高峰时列车间隔（分）
纽约	735	1904	26	432.4	11.3	61	2.00
伦敦	680	1863	11	408.0	7.64	65	2.00
巴黎	214	1900	15	316.5	15.3	58	1.35
东京	1200	1927	12	231.3	26.5	86	1.55

发展轨道交通，应该加强对几个新城的空间规划，与促进产业合理布局同步，以轨道交通建设促进空间合理布局，力求逐步改变北京市环形交通的空间格局，形成几个新城既独自发展又与核心城区保持有机联系的城市空间布局形态。目前，已经有多条地铁线路规划建设，拓展城市发展新区的空间。根据 TOD 理论，随着轨道交通的发展，必然带来当地的地价攀升，从而促进地区经济社会整体提升。在地铁建设的过程中，坚持土地合理规划，避免新一轮摊大饼式发展，形成新城与老城区的有效隔离，保持空间的豁朗，在新城和老城之间形成有效空间区隔，这样既有利于人口合理分布，也可避免路开到哪里堵到哪里的尴尬局面。

2. 坚持公交为主的交通政策

东京、伦敦、纽约、巴黎的公共交通比重已达到 67%—87%，其中轨道交通承担了公共交通的 58%—86%，而小汽车包括出租汽

———————

① 转引自杨柳《北京城市轨道交通现状及快速发展动因分析》，《城市发展研究》2009 年第 5 期。

车在内，仅占总出行量的 12%—32%。

21 世纪以来，北京市家庭轿车保有量呈跨越式发展，这既说明城市经济实力的增长，人们生活水平的提高，也与城市交通发展政策不明确有关系。鼓励发展私家轿车曾一度呼声甚高，这一发展趋向既被赋予具有保持经济增长的好处，也被看成城市现代化的标志，现在反思性地回看，发展私家轿车确实不是像北京这样的世界大都市应该采取的城市交通政策。以公共交通为城市主要的交通手段，促进主城区内公共交通占据主导优势，是改善城市交通效率、保障城市生活质量的不二选择。为此，要增加公共交通的投入，除了在城市道路利用上下功夫外，还要探讨如何加大公共交通管理，保障公共交通的准点运行率；升级公共交通车辆，提高出行舒适度；合理规划线路，加强科学管理。

3．加大停车管理力度

欧洲各国的停车秩序好，并非自觉自愿缴纳罚款，从很大程度上讲，是罚出来的。我们从中又可借鉴什么呢？欧洲的停车管理条款也是抑制车辆迅速增加的制约因素。市中心和公共场所要少设置或不设置停车场，私车进得来，没办法停，不得不采用停车换乘的措施。这样做可有效地限制大量的车辆进入市中心。拥有私车的目的是为了方便。采用各种措施，使私车的自由受到限制，私车必定在一定程度上减少。

4．交通规划

2004—2020 年北京城市规划规定了北京市的两轴两带多中心的发展方向，9 个新城的规划建设也逐渐确定，交通是城市建设的重要内容，也是确定城市空间格局的关键因素。随着新城建设的逐步开展，北京市城市环形布局、摊大饼式发展模式有望被打破，从而形成核心城区与新城区共同发展的新格局，在这个过程中，科学合理规划新城区与核心城区的交通联系地位非常重要。只有在交通规划合理的情况下，城市的发展才能避免拥堵的老路。目前来看，加大发展联系新城区的轨道交通是可行选择。轨道交通运力大、效率高，出行时间有保障，对于促进城区之间的联系具有无可替代的作用。

5．路网建设

随着 2012 年几批次的市内道路微循环改造和公共交通路线的调整，北京市市内公共交通的效率有了一定程度的提高，但是相比于庞大的人口压力，加强城市路网建设也是重要的选择。比如天通苑地区长期拥堵，主要原因就是进城路网建设落后，与城市连接的交通干线缺乏，改善路网结构是治理此地区拥堵的根本措施。

6．信号、标识、标线建设

公交车站点的位置、红绿灯配时、交通标志的设立以及交叉口和划线的设计等均存在很多问题，影响了道路的通行能力。

7．收取交通拥堵费

治理机动车是北京市清洁行动计划中的主要手段之一，对于已经采取的限行、限购措施，还将继续完善从严治理，而且收取交通拥堵费也被提上了议事日程。从国外经验来看，新加坡、美国、英国等国大城市收取交通拥堵费治理城市交通的做法多有采用，也收到了一定的治理效果①。

各国的经验显示，收取交通拥堵费确实能在一定程度上减少进入中心城区的汽车数量，缓解中心城区的交通压力。但是实现这项措施最重要的前提是优先发展公共交通，提高公共交通的舒适度、准点率，通过完善轨道交通和公交线路，提高公共交通的可及性，确保放弃自驾车选择公共交通的乘客能够有较满意的交通体验；同时还要完善收费体制，伦敦每天都有数千辆的汽车违规进入限制区，如何加强收费管理是一个重要问题；对于收取的费用的使用和管理，也要对公众有个交代，国外的做法是此资金基本进入财政专项收入，用以改善公共交通。如果北京在以上几个方面都能未雨绸缪，经过广泛的公共讨论和调研，在适当区域收取交通拥堵费也不失为一项可选择的治理手段。

---

① 参见朱振荣《北京开收交通拥堵费的政策探析》，《北京工商大学学报》（社会科学版）2007 年第 5 期。

二　水资源管理服务

（一）水资源现状与问题

1. 水资源短缺，地区人口承载力告急

根据水利部《2011 年水资源公报》，2011 年全国人均用水量为 454 立方米，北京市人均水资源只有 100 多立方米，远低于全国人均用水量，也低于世界人均水资源占有量 1000 立方米的标准。北京市 2011 年全年用水量为 36 亿立方米，其中地表水、地下水和其他水源（再生水和外调水）数量和比例见图 4。

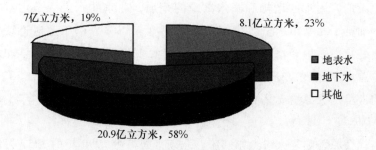

图 4　2011 年北京市城市用水来源

目前，北京市地下水开采量超过城市用水一半以上，按照国际标准，利用地下水的极限是 40%，如超过会对生态环境造成破坏。在北京市地下水源严重紧缺的情况下，这种使用情况应当引起警惕。

《京津冀发展报告：承载力测度与对策》称，北京的城市综合承载力超过了警戒线，处于危机状态。主要原因是城市承载压力过大，城市支撑力随人口增加而下降。根据该报告分析，北京市的水资源人均需求量约为 345 立方米，以此推算，北京当地水资源只能承载 667 万人，相当于现有人口规模的 40%。2011 年北京全年水资源缺口量为 9.2 亿立方米，不得不依靠过度开发地表水、超采地下水以及依靠外来水源的补给。

不同学者，不同时期对北京市资源约束下地区人口承载力问题有不同的研究结论，具体结论和推算方法可以商榷，但是其研究思想是一致的：因为土地、水等资源约束，北京地区社会发展面对一定的瓶颈，超过资源能力的发展将给城市社会生态平衡造成破坏性后果。这也是北京市水资源问题的核心所在，社会生活各方面的发展、安排都要考虑到资源约束这个硬条件，无论设定的具体发展指标如何，城市建设方向坚持资源节约、环境友好，对于保持城市生态系统长期稳定平衡都是积极的措施。

分析北京水资源减少的原因，既有自然因素，也有社会因素。

自然因素主要是天气连年干旱，降水不足，导致北京水资源自然补给不充分。进入 21 世纪以后，北京降水多年低于平均降水量，由于上游地区用水的增加和降水减少的叠加，北京的水资源来水量减少，加剧了北京市水资源供需矛盾。1999 年以来，由于遭遇连续干旱，北京市平均降水量为 475 毫米，仅为多年平均的 81%；年均水资源总量 21 亿立方米，约减少 16 亿立方米，仅为多年平均的 56%；年均入境水资源量 3 亿立方米，约减少 13 亿立方米，仅为多年平均的 77%。[①]

社会原因则是人口急剧膨胀。北京市人口由 1999 年的 1257 万增长到 2012 年的 2016 万，增加了 60%，大量涌入的人口严重摊薄了人均资源占有量，成为造成北京市水资源短缺的另一个重要因素。

2. 水污染严重，治理难度大

据《2012 年北京市环境状况公报》，"2012 年北京市全市地表水环境质量总体保持稳定；集中式地表水饮用水源地水质符合国家饮用水源水质标准。水资源短缺和城市下游河道水污染严重的局面尚未得到根本扭转"[②]。

地表水水质差。根据《2012 年北京市环境状况公报》，北京市河

---

① 本报记者：《北京水危机严重，缺水问题求解》，《二十一世纪经济报道》2012 年 3 月 31 日。

② 北京市环保局：《2012 年北京市环境状况公报》，2013 年 11 月 18 日，中国环保网：http://www.chinaenvironment.com/view/ViewNews.aspx? k = 20131118144706203。

流Ⅱ类、Ⅲ类①水质河流长度占检测总长度的 53.6%，Ⅳ类、Ⅴ类水质河流长度占检测总长度的 4.3%，劣Ⅴ类水质占检测总河流长度的42.1%，主要污染物为生化需氧量、化学需氧量、氮氨、总磷等，污染类型属于有机污染型，这和城市生活用水没得到有效处理直接排放有关。地表河流五大水系中，潮白河水系水质最好，永定河和蓟运河水质次之，大清河和北运河总体水质较差。

湖泊的污染也很严重。环保局全年检测的 22 个湖泊中，Ⅱ类、Ⅲ类水质占检测湖泊水面面积的 44.9%，Ⅳ类、Ⅴ类水质占检测湖泊水面面积的 40.5%，劣Ⅴ类水质占检测湖泊水面面积的 14.6%，主要污染物为生化需氧量、化学需氧量、总磷等。

北京市环保局检测的 16 座水库中，Ⅳ类水质也占到 9.2%，其中官厅水库水质为Ⅳ类，不符合规划水质要求。水库水主要污染物是总磷、化学需氧量、高锰酸盐、生化需氧量，也与生活用水排放有关。

地下水水位不断下降。北京市因为长期过度开采地下水，补给不足，造成地下水位累累下降，已由 1999 年的平均 12 米左右，下降到2010 年的平均 24 米左右，已形成了 2650 平方公里的沉降区。沉降现象严重的地区，包括海淀、朝阳等经济、文化繁荣的城区。北京市水务局提供的数字显示，北京 10 多年来超采的地下水超过 56 亿立方米，相当于抽干了 2800 个颐和园昆明湖。

3. 生活污水处理不充分，环境危害加剧

据环保组织追踪调研显示，近年来，北京水体污染日益严重，五大水系受到不同程度的污染。这其中最为明显的是官厅水库已不能作为饮用水源。民间环保组织绿家园调查发现，北京东南地区河流水质

---

① 水质分类参考：Ⅰ类：主要适用于源头水，国家自然保护区；Ⅱ类：主要适用于集中式生活饮用水、地表水源地一级保护区，珍稀水生生物栖息地，鱼虾类产卵场，仔稚幼鱼的索饵场等；Ⅲ类：主要适用于集中式生活饮用水、地表水源地二级保护区，鱼虾类越冬、回游通道，水产养殖区等渔业水域及游泳区；Ⅳ类：主要适用于一般工业用水区及人体非直接接触的娱乐用水区；Ⅴ类：主要适用于农业用水区及一般景观要求水域。水质标准词条，百度百科：http：//baike. baidu. com/link? url = alWRfZyQV1aWCkm − UiHrNzl6E HWGNdRo5cVpQrYtnNZdLNOldTUjEiYbWmr964h9。

几乎都是劣Ⅴ类。据分析，除降水减少、持续干旱和人口增加的原因外，点源污染加重也是重要原因。随着高污染工业逐步搬离北京，生活污水成为北京市水体污染的主要来源，生活污水排量非常大，而且分布面广，有众多的小污水排放口。如北运河为主要的排污河，以通惠河、西坝河、清河为主，这里的污水没有处理就直接排入河道中，使得河水的水质受到严重污染，此地区的河道大多为劣Ⅴ类水质。石景山区有75处污水口，工业废水直排河道。[①]

生活污水造成的污染主要原因是污水处理厂数量少，处理能力不足。北京市水务局的一项数据显示，清河污水处理厂日处理能力45万吨，而2010年高峰期污水来水量为每日50万—70万吨。大量未经处理的生活污水只好直接排入河道，这成为水体污染的主要原因。

生活污水处理不充分与规划滞后有关。比如清河地区，清河污水处理厂的处理能力是按照《北京市城市总体规划（2004—2020）》中的规划人口数量确定的。根据该规划，清河污水处理厂按处理190万人的生活污水并适度超前确定了建设规模。但是截止到2011年底，该区域人口达290万，远远超过规划预计[②]。人口的急剧膨胀也给生活污水处理带来了巨大压力，这也是近几年北京大量生活污水来不及处理、造成城市水体污染的重要原因。

面对目前北京污水处理能力跟不上人口发展速度的困境，除了尽快上马新的污水处理设施及一些除臭等应急措施外，规划部门也应在今后的工作中强化前期规划，避免再出现投资滞后于发展的尴尬。当然，这种投资落后于发展的问题也与多年来城市在基础设施方面投资动力不足有关。此外，公众也应该采取更加节水的生活方式，以降低污水产出量，比如更换节水马桶、节水龙头等。

4. 雨洪管理尚待改善，治水观念需要更新

雨水是城市重要的补给水源，对生产生活有至关重要的作用。

---

① 本报记者：《北京五大水系遭污染 生活污水渐成"元凶"》，《新华每日电讯》2012年6月15日。

② 钱沛：《北京污水来水量远超污水处理能力，被指规划滞后》，《新京报》2011年12月12日。

2012 年 "7·21" 大雨让我们见识了雨水另外一个面向，对大自然的给予利用不当，同样会有致命的危害。大自然的灾害为城市管理敲响了警钟，提醒我们人与自然的关系仍是迈向现代城市文明要学习的一课。

造成雨洪灾害的原因固然与城市排水系统有关。从 2007 年下半年开始，北京建筑工程学院环境与能源工程学院教授李海燕等，对北京城区雨水排水管道内沉积物的沉积状况进行了调查，结果发现，"北京市近 80% 的雨水排水管道内有沉积物，50% 的雨水排水管道内沉积物的厚度占管道直径的 10%—50%，个别管道内沉积物的厚度占管道直径的 65% 以上"①。但是在相关专家看来，事情要远比排水系统复杂。同济大学建筑与城市规划学院戴慎志教授就将特大暴雨造成的灾害归纳为六个方面的原因：暴雨强度过大，远超过城市的防涝标准；城市建设导致渗水地面大幅度减少，雨水径流系数发生重大变化；城市内部和外围河流水系淤塞、断堵、所滞纳水面积和容量不足、流速不快、流量不畅；城市现有排水设施和管网容量不足、运营效率低；城市缺乏科学、合理的雨水储存、利用的空间、设施和措施；城市缺乏统筹协调、严密有效的防洪抗涝应急机制。

仅就一次大雨造成的灾害来说，涉及的问题还包括暴雨预警。关于北京市暴雨预警能力，2009 年 11 月北京市水务局副局长潘安君等在《中国给水排水》杂志发表论文曾坦言，北京市 "虽然已采用多种雷达进行中、大、暴雨等降水预报，但不能提前 2—3 小时准确预报降雨的雨强、范围、中心位置和过程"。相比之下，日本在 20 世纪 90 年代就已建立城市雨洪管理模型，利用气象雷达预报降雨强度及分布，英国几乎同时也建立实时降水和洪水预报系统。②

排水系统除了养护不足外，设计也有问题。北京市防汛抗旱指挥部办公室总工程师王毅的文章认为，以莲花桥为例，莲花池泵站设计

---

① 谭万能、阮洋：《内涝不断拷问城市管理 专家称建立体系需要 10 年》，《南方都市报》2012 年 7 月 23 日。

② 王峰、金柳：《九龙难治水：管网改建难题待解》，《二十一世纪经济报道》2012 年 7 月 24 日。

流量 4.1 立方米/秒，而雨水入泵站管线直径为 1.6 米，流量约 2 立方米/秒，明显低于泵站设计流量，造成桥区雨水入泵站速度缓慢。另外，经调查发现莲花桥区有 38 个雨箅子，而按莲花池泵站设计流量 4.1 立方米/秒计算，约需单个雨箅子 205 个，根本无法承担收纳桥区暴雨雨水的能力。王毅称，这种问题，在北京城市道路雨水排放中，或许不是个别现象。[①]

但是更深刻的问题在于雨洪管理的观念。针对大众对排水管线失灵的抱怨和加强排水管网建设的呼声，学者指出，效仿巴黎、伦敦，建设可以通行汽车的宽阔排水系统是工业时代的产物，早已经被现代城市设计理念摒弃，西方目前的反思是如何设计绿色海绵系统把天降甘霖留在城市里，成为城市有效水资源，而不是白白排入江河[②]。俞孔坚说："主要问题是城市建设过程中忽视城市自然水系统和绿地系统滞水能力的利用，片面依赖市政管道排水。"他认为应该统筹城市的自然水系、湖泊、湿地和绿地系统，与分散式的排水管网相结合。"最简单的办法是通过绿地系统、湖塘和家庭社区雨水收集系统，实现雨水的就地资源化，把公园建成雨洪滞留公园，"俞孔坚说，"实际上北京所有湖畔目前基本上都与排涝系统没有联系。"[③] 此呼声与多位水资源专家文章观点一致。联系到城市里人行步道上至今都不能普及吸水砖，要想改变城市雨洪管理的现状，确非仅仅是在立交桥下增加水泵、疏通排水管线那么简单。尤其是北京这样的水资源如此缺乏的城市，强化生态意识、资源意识，改变对雨洪的观念，由排到留，更具有迫切的现实意义。

5. 再生水利用率高，节水观念还需强化

为解决北京水源不足问题，北京市大幅提高再生水利用比率，再生水利用率很高。

---

① 王峰、金柳：《九龙难治水：管网改建难题待解》，《二十一世纪经济报道》2012 年 7 月 24 日。

② 俞孔坚：《让雨洪不是灾害，而成福音》，《文汇报》2012 年 8 月 7 日。

③ 王峰、金柳：《九龙难治水：管网改建难题待解》，《二十一世纪经济报道》2012 年 7 月 24 日。

再生水是指污水经技术处理后，达到一定的水质指标，满足某种使用要求，可以进行有益使用的水。从经济的角度看，再生水的成本最低，从环保的角度看，污水再生利用有助于改善生态环境，实现水生态的良性循环。北京市多年坚持"向观念要水、向机制要水、向科技要水"的节水理念，加大再生水利用和节水力度，减少新水用水量。

自 2003 年起，北京把再生水纳入全市年度水资源配置计划中进行统一调配。据北京市水务局消息，再生水已经成为北京市第二大水源，2012 年再生水利用量约为 7.5 亿立方米，占供水比例达 20%。自 2009 年以来，再生水利用连年超过地表水，成为北京市稳定的水源。洗车、景观用水、绿地浇灌等领域再生水的使用逐渐成为主导水源。

再生水利用也有不足。再生水用于工业冷却、河湖景观、绿化、冲厕等用水在水处理厂方面问题不大，在再生水输配水管网方面存在较大问题。北京的再生水处理厂与污水厂同址建设，相对比较集中，而再生水用户比较分散，需要像自来水管网一样建设独立的配水管网系统。对于新建或改建区域，可以随道路建设，敷设再生水管道，然而对于城市建成区域，由于道路交通受影响、改造无计划、地下空间无路由和建设投资大等原因，往往造成这些地区再生水管道无法实施，降低了再生水回用率①。另外，还存在河湖利用再生水水量较少、对水资源环境改善作用不大、再生水资源利用法规不完善等问题。

北京市还加大节约用水宣传，大力推广节水设施。2006 年到 2012 年，北京市总用水量控制在 34 亿至 36 亿立方米。扣除再生水利用量，2012 年实际用新水量 28.4 亿立方米，比 2006 年的 30.7 亿立方米减少 2.3 亿立方米。

工业企业、机关、院校的节水设施为水资源紧缺的京城"抠"出不少用水量。北京市节水中心介绍，在日常生活中，最大的用水量

---

① 刘京、王强、王军：《绿色北京建设发展之中心城再生水利用》，《中国人口、资源与环境》2011 年第 21 期。

集中在洗衣洗澡上，这部分的用水可以占到日常用水量的六成以上。以北京交通大学为例，该校率先推广浴室供水系统采用节水设备，将管道剩水回收加热再用；卫生间冲刷设备也装上红外线控制设备，实现了人来水流，人走水停；学校还自建了两座中水处理站，每天可净化 480 立方米洗浴废水，年可节约自来水 6 万立方米，解决了操场喷洒、校内洗车、校园绿化灌溉及景观用水。

（二）比较借鉴、创新建议

1. 拓宽污水处理投资渠道，确保设施建设到位

随着城市的发展和壮大，人口集中带来的问题是城市原有污水处理设施不足，建设资金往往是一大笔投入，成为扩大污水处理能力的重要制约因素。北京投建污水处理厂同样面临资金来源的难题。对于解决资金问题，美国的滚动资金投资方式值得借鉴。美国在 1987 年开始实施《清洁水法》（Clean Water Act），该法律授权联邦政府为各州设立一个滚动基金来资助它们实施污水处理以及相关的环保项目。至 21 世纪初，各州都已经有了比较完善的滚动基金计划。在滚动基金中，资金来自联邦政府和州政府。这些资金作为低息或者无息贷款提供给那些重要的污水处理以及相关的环保项目。贷款的偿还期一般不超过 20 年。所偿还的贷款以及利息再次进入滚动基金用于支持新的项目。滚动基金除了对一些主要城市的中心污水处理项目提供了支持，更重要的是对很多人口比较少的社区所需的项目提供必要的资助。例如，近 59% 的贷款项目是提供给那些人口低于 1 万的社区。这些贷款的额度是总额度的 24% 。[①]

日本污水处理设施建设的主要资金来源是中央及地方各级政府的直接拨款。主要包括来自于中央政府以补贴形式发放的财政拨款、地方政府财政拨款、地方债等形式[②]。

---

① 郭海洋：《滚动资金，美国污水处理的资金来源》，《环球纵横》2004 年第 2 期。
② 常杪、杨亮、小柳秀明：《日本污水处理资金建设运行机制的启示》，《环境经济》2010 年第 1—2 期。

2. 借鉴先进雨洪管理理念，促进绿色发展

雨洪管理不仅涉及城市内涝、水灾害问题，北京市城市水资源最根本的问题——缺水——能否最终缓和，可能还有赖于雨洪管理观念和相应体制、制度设施的建设。因为北京市目前最严重的水问题是地下水严重超采，这是北京市水危机的根本内容。要实现地下水的补给，如果仅仅靠外调水回灌，恐怕不是最终的解决办法：不但回灌方式仍无定论，外来水能否充足到实现向地下大量回灌尚无把握，这不仅涉及成本问题，也关联到地区水资源分配问题，从中国城市普遍缺水的现实出发，此安排能否实现也在两可。而依赖大自然降水的自然补给，不仅成本低，也不触及水资源地域分配的敏感问题，是较理想的办法。

国外雨洪管理的理论也有不同的思路。其中，在美国有最佳管理措施体系、低影响开发，在澳大利亚有水敏感城市设计、在英国有可持续排水系统，下面根据相关资料①，主要介绍一下美国的理念。

1972 年，美国联邦水污染控制法及其后的修正案中第一次提出了最佳管理措施，在全美范围内都成立了相应的组织机构来促进和要求最佳管理措施体系（BMPs）的实施。美国环保局把 BMPs 定义为"特定条件下用作控制雨水径流量和改善雨水径流水质的技术、措施和工程设施的最有效方式"。BMPs 最初是用来控制城市降水径流非点源污染，发展到现在，BMPs 已经注重运用与植物、绿地、水体等自然条件和景观结合的生态设计和非工程性的综合技术来解决水质、水量和生态问题。

纽约市在 2012 年制定的《雨洪管理体系设计与建设指导手册》中，根据低影响开发（LID）理论将城市雨洪管理分为了地表体系、屋顶体系、组合体系。分散、小型、多样化的 LID 技术能有效控制雨水冲刷带来的污染物对受纳水体的污染，渗入地下的雨水也可为河湖提供一定的地下水补给，对改善城市生态环境有重要作用。低影响开发雨洪管理策略首先于 20 世纪 90 年代初在美国马里兰州逐步展开

① 参见姜丽宁、应军《绿色基础设施与纽约城市雨洪管理》，《城乡建设》2012 年第11 期。

实施，其设计思路就是通过采用各种分散、小型、多样、本地化的技术以模拟场地开发前的水文状况，尽量减少开发场地的不透水面积，对暴雨产生的径流实施小规模的源头控制。LID 体系的主要措施有：生物滞留设施、绿色屋顶、透水路面、植草沟以及其他小型辅助设施。

总体来说，无论哪种具体的理论思路，都坚持"绿色基础设施"（Green Infrastructure）的思想。该观念可以追溯到 150 多年前美国自然规划与保护运动，奥姆斯特德在设计美国纽约中央公园时就有绿色基础设施理念的雏形。但这一概念的正式提出是在 20 世纪 90 年代。绿色基础设施的概念是将城市绿色空间提升为一个系统，美国规划协会对绿色基础设施进行了如下定义：它是由绿道、湿地、公园、森林保护区、自然植被区等开放空间和自然区域组成的相互连接的网络，以自然的方式管理城市雨水径流、减少城市洪涝灾害、控制径流污染、改善水环境。在城市区域内，这种网格可以通过雨水花园、绿色屋顶、植物种植、透水铺装和其他具有排水功能的景观要素延伸到城市的各个角落，在已有的环境中恢复、保护、模拟自然水文循环。这一定义明确了城市雨洪管理在城市规划中的重要地位。

北京市的雨洪管理如果能扎扎实实引入绿色基础设施的观念，配合最佳管理措施理论和低影响开发理论，在未来的城市建设和改造中优先考虑水资源的管理与规划，持之以恒，则城市水生态最终改观才真正可期待。

3. 合理定位水价，提高节水积极性

北京市缺水是资源性短缺，不是季节性问题，也不是区域性问题。从长远来看，采取加强节水、深化利用再生水、大力引进外调水等措施或许能使问题在短期有改善，但是根本的解决还在于减少水消耗，除了限制发展耗水型产业外，控制人口的无限制膨胀也是必然选项。这是解决水危机的釜底抽薪之策。但是鉴于目前北京市在全国社会经济发展的领先地位和国内外影响力，其对人口的吸引力必将长期存在，这势必会限制人口的政策有效实施。从目前来看，利用市场经济的杠杆调节水资源利用，是比较可行的办法。其中最重要的调节手段就是水资源的价格。

在纽约，1994 年以前居民用水是免费的，以体现用水的社会福利；为了节约用水和规范供水服务，1994 年以后，所有居民户都被强制性安装了水表，通过水表计量来收取适当的水费，采用水费制后，纽约市的用水量下降了 15%。21 世纪初，纽约市的水价为 0.26 美元（折合人民币 2.15 元）/立方米，一般家庭年水费支出为 400 美元，通常占家庭年收入的 1% 以下[①]。但是纽约市水资源价格近年又有变化，到 2009 年，纽约市供水单价已经涨到 1.12 美元/立方米，家庭人均水费支出已经达到 723 美元，纽约城镇居民人均水费支出占可支配收入的比例为 1.76%，北京市为 0.6%[②]。在城镇居民水价承受能力方面，普遍采用水费占人均可支配收入的比例来衡量居民水价承受能力，研究显示，这个比例达到 1% 时，居民一般都能接受，并开始关心用水量；当比例达到 2% 时，将引起居民对用水的重视，注意节约用水；当比例达到 3% 时，将对居民用水产生很大的影响。按照这个规律，北京市城镇居民用水价格还有较大的提升空间。只有支付了相应的成本，节水才能找到内在的动力，这是依靠市场手段解决水资源问题的基础，也是目标。

三　垃圾管理与服务

本章中的垃圾主要指城市生活垃圾。垃圾管理是公共服务的重要内容。随着人口的聚集，城市生活垃圾处理成为重要的社会问题，处理不好不但污染环境、有碍观瞻，也影响到市民的身心健康；同时农村区域因为采取的是与城市不同的垃圾处理方式，长期以来以村民和村组织的自主处理为主，垃圾处理率低，对农村社会环境也造成了相当的影响，而且因为有大量非法处理城市垃圾的填埋场，更加重了垃圾引起的环境问题。

---

① 邱卫东：《纽约市北河污水处理厂见闻》，《城乡建设》2002 年第 5 期。
② 张杰、贾绍凤：《纽约市与北京市自来水定价比较研究》，《水利经济》2012 年第 4 期。

（一）现状与问题

1. 垃圾总量大，处理率待提高

目前北京市日产垃圾 1.84 万吨，如果用装载量为 2.5 吨的卡车来运输，长度接近 50 公里，能够排满三环路一圈，并且北京每年垃圾量以 8% 的速度增长。如此庞大的垃圾量对运输、分拣、处理都提出巨大挑战，需要占用大量城市资源，虽是现代城市生活无法避免的代价，却也着实是严重的社会问题。

垃圾总量大对处理能力提出要求。北京现有垃圾处理手段严重不足，垃圾填埋场多数超负荷运转，超负荷率达到 30% 以上，处于崩溃的边缘。即便如此，每天北京仍有多达数千吨的垃圾无法处理。大量垃圾未经正规垃圾处理渠道，以各种方式被非法抛掷，在北京郊区形成数百个垃圾堆放点，据人民网 2012 年报道，数百处非法垃圾填埋场已经在北京外围形成了一个垃圾"七环"①，垃圾围城现象极其严重。

历史垃圾存量问题严重。在城市成长的过程中，对垃圾处理的认识也伴随着成长、成熟。20 世纪 90 年代，大量城市生活垃圾的处理方式以集中堆放为主，形成了围绕城市的大大小小垃圾堆放点，北京市体量达到 200 吨以上的这种堆放点就达 1000 个，从发展的角度来看，这些垃圾堆积地不但影响观瞻，也对环境质量产生负作用，还占用了本就紧张的城市土地资源。处理这些垃圾历史存量需要一个渐进的过程，但也为我们敲响了警钟：现在如果不下决心改变垃圾处理方式，长久之后，对城市环境和社会经济生活的影响将是巨大的。

2. 垃圾分类不充分，分类习惯待养成

北京虽经多年倡导垃圾分类，但是实际情况是垃圾分类远未普及，远不能达到日常垃圾处理需要。由环保组织"自然之友"和清华大学社会学系发布的《2011 北京市垃圾真实履历报告》显示，

---

① 梁馨：《每处垃圾站一标签 垃圾填埋场构成北京"七环"》，2012 年 12 月 26 日，人民网：http://sc.people.com.cn/n/2012/1226/c346399 – 17920171.html。

2011 年北京市生活垃圾的分类情况是：居民按标准分类投放，4.4%；居民投放垃圾未改变，41.1%；部分居民分类投放，另一部分居民混合投放，50%①。分析起来，垃圾分类不充分原因大概有：

首先是垃圾分类比较粗糙。一般社区垃圾堆放点提供的分类选项是可回收物、餐厨垃圾和其他垃圾，既缺乏细致的说明，也没有分类指导，很难起到规范垃圾分类的作用。

其次是缺乏垃圾分类习惯。长期以来垃圾粗放型处理习惯使得绝大多数民众缺乏垃圾分类意识。《中国青年报》社会调查中心于 2011 年进行的一项调查显示，垃圾分类之所以很难推行，受访者眼中最重要的原因是"人们难以养成垃圾分类的习惯"（63.0%）。其他原因还有：政府不重视（62.1%）；政府投入不够（61.4%）；分类标准复杂，很难掌握（54.3%）等②。

再次是缺乏垃圾分类知识。生活垃圾多种多样，对于一般人来说，既缺乏垃圾分类意识，也不具备进行垃圾分类需要的相关知识。这是一个逐渐教化和养成的过程，需要不断地学习和实践，只有在反复的摸索中，垃圾分类成为人们生活中的常识之后，垃圾分类才能成为一种与生活质量息息相关的"本能"。

最后是推广宣传力度不够，引导措施不力。垃圾分类不是一时倡导的运动，而是新城市文明必需的生活技能，要想全社会都习惯、明了、接受，需要进行大量的宣传、解释和引导。德国是垃圾分类做得非常好的国家，国民教育水准也很高，但是即使是在德国，国民养成垃圾分类的习惯也用了一代人的时间。只有把垃圾分类提高到一个民族素养的高度，才能真正意识到任务的艰巨，回想一下 20 世纪我们曾经用了多么长的时间和城市里随地吐痰现象作斗争，就知道改变一个民族的习惯多么艰难。就此而言，做好对垃圾分类的长期宣传和引导准备，对于主政者是考验，也是鼓励：不必急于求成。

---

① 张海林：《一路盯着垃圾 从社区到阿苏卫》，《东方瞭望周刊》2012 年 4 月。
② 王聪聪：《我国超三分之一城市遭垃圾围城，侵占土地 75 万亩》，《中国青年报》2013 年 7 月 19 日。

3. 垃圾处理方式落后，垃圾处理观念需改进

垃圾分类的目的在于实现"减量化、资源化、无害化"。首先要降低垃圾排放；其次促进垃圾回收利用，实现垃圾资源化，此阶段的目标是实现垃圾"零排放"，最大限度实现垃圾再利用；最后才是对无法回收利用的垃圾进行无害化处理。

先看看垃圾资源化处理。

资源化处理是指将废物回收作为原材料投入到再生产当中，将垃圾变废为宝。由于国外实行了严格的垃圾分类收集制度且分类科学合理、高效、细致，使得发达国家的垃圾资源化比例较高。目前，北京市垃圾资源化回收处理基本依靠个体垃圾回收户，产业化水平低，远远无法满足建立循环经济的需要。而且因为垃圾分类水平低，加大了垃圾集中后的再分类工作量和难度，也是阻碍垃圾资源化的重要原因。目前，北京市只有个别垃圾转运站具备垃圾机械化再分类能力，日处理量只有几千吨，无法满足城市垃圾回收的需要。

垃圾无害化是资源化之后的措施，对于无法回收利用的垃圾，进行无害化处理。垃圾无害化处理方式有三种：焚烧、生化处理和填埋。我国因为没有实行垃圾分类，堆肥原料中含有大量金属、石头等，堆肥产品往往质量不过关，含有大量有毒物质，不利于植物生长；焚烧时如果燃烧不充分容易产生二噁英等有害物质；填埋需要大量土地，而且其产生的渗沥液也会造成次生灾害。北京现在有正规垃圾处理机构 23 处，其中 13 处垃圾填埋场，2 处垃圾堆肥厂，2 处垃圾焚烧厂，6 处垃圾转运站。北京垃圾处理以无害化处理为主，而无害化处理方式中，又以填埋为主。2010 年，全国垃圾无害化处理率只有 72.4%，北京无害化垃圾处理率在 90% 左右。目前，北京生化、焚烧和填埋三种处理方式的比例是 2∶8∶90，这不但造成了大量土地资源的占用，而且也对环境保护造成危害。就此角度而言，垃圾处理理念需要改进，亟须适应大城市现代化的生活方式，改造垃圾处理方式。要强化垃圾资源化意识，认识到以垃圾回收利用为主建立起循环经济体系是现代社会城市绿色健康发展的关键，放弃垃圾"废物观"，改变简单抛掷的做法，全社会倡导垃圾回收利用的绿色环保观念，促进城市生态改善。

4. 城乡垃圾处理体系不同，农村垃圾处理无序

农村地区和城市里实行不同的垃圾处理政策，在城市里，实行的是由物业委托环卫公司统一处理运输垃圾，居民交垃圾处理费、垃圾清运费。农村地区实行的是"村收集、镇运输、区处理"的方式，问题就在第一步"村收集"上。各行政自然村既缺乏垃圾分类收集处理的知识，也没有足够的资金购置设备，导致的后果是大量农村垃圾还处在比较原始的就地焚烧、抛弃、自然降解的状态。这不但影响了农村的环境景观，也无法适应城镇化的生活要求，是亟须改善的农村民生服务中的重要方面。

（二）比较借鉴、创新建议

1. 减少垃圾总量，加大再利用

国际垃圾处理有个"3R"原则：减量化（Reduce）、再利用（Reuse）、资源化（Recycle）。垃圾减量一方面要积极倡导公民参与，减少垃圾制造和抛弃，另一方面也要对商品包装进行引导、规范，尽量减少过度包装，日本这方面的经验就值得借鉴，下文将会谈到。

在垃圾减量化方面，台湾的做法值得学习。据新华网报道，台湾社会坚持"源头减量、再利用—回收堆肥—焚烧—填埋"的处理模式和步骤，把源头的减量作为基础性工作。台湾人均每天垃圾产生量从 20 世纪 80 年代末的 1.143 公斤减至目前不到 0.35 公斤，远低于国际人均日垃圾清运量 1 公斤的水平，垃圾减量效果非常突出。由于垃圾减量成功，原先台湾规划的 36 座垃圾焚化炉，最终只建造了 24 座，有的现在还面临缺乏垃圾可烧的状况。在台湾，95% 以上的罐装饮料 PET 瓶被回收，铁罐、玻璃瓶的回收率在 90% 左右。产业化的回收体系刺激了创新，化腐朽为神奇，废弃的塑料瓶和咖啡渣可以做成衣服，无毒无害，人们不会拒绝这样绿色环保的资源再利用产品。[①]

---

① 齐健、李惊亚：《垃圾减量化：难题待破解》，新华网：http://news.xinhuanet.com/2013 - 07/21/c_ 116625575. htm。

城市生活垃圾减量的源头在家庭。只有家庭处理好产生的垃圾，从源头上控制了生活垃圾的排放，垃圾产量自然就降下来了。日本的一些做法值得参照。日本垃圾分类已经形成了一种"文化"，按照这个思路，现在越来越多的日本家庭开始普及"生垃圾处理机"。"生垃圾"的意思是厨余垃圾。日本松下、夏普等公司面向日本家庭，研发出"生垃圾处理机"。这个机器看上去像个电水壶，可将厨余垃圾搅拌、粉碎、干燥，最后变成灰黑色的干燥粉末。机器具有防臭和自净功能，不必自己动手清理内部。剩余的厨余垃圾粉末再稍加工就可以变成有机肥料。很多家庭将处理后的粉末进行简单发酵，制成肥料，为花草施肥，形成了良好的资源循环再利用。可见，只要坚持探索垃圾利用，变废为宝的空间无比广阔，既回收了垃圾、降低了环境压力，也增加了资源的循环利用，成为对家庭和社会都有利的举措。只要人们的垃圾环保理念达到了一定的水平，这种家庭处理垃圾的机器进入北京市场也不会是太久的事儿。而良好的垃圾环保理念的形成有赖于政府的积极宣传和引导，这不是一日之功，需要较长时期的努力。

2. 积极倡导垃圾分类，促进垃圾回收

垃圾分类是垃圾资源化和无害化处理的前提。只有先做好垃圾分类，后续管理措施才有的放矢，否则费事费力，事倍功半。所以只有加大垃圾投放过程中的分类管理才是上策，世界各国也都意识到这一点，无不在此关口加大管理力度。

在日本，垃圾分类极为细致。如在横滨，分类的门类就达到10种。为了帮助市民按规定倾倒垃圾，横滨市向市民发放了一本27页的关于如何给垃圾分类的手册，手册重点部分包含的详细说明多达518条。同时，几乎所有商品外包装都有分类标记，以指导普通市民在家中更便利地将垃圾分类。这些说明十分详细，如化妆品的瓶子，会分瓶体和瓶盖，连外包装的塑料袋都有说明成分，告诉购买者袋子燃烧的时候是否会产生有害物质，等等。在日本，商品外包装上有关分类说明，甚至比厂家的地址和电话还重要。诸如此类的做法，为垃圾分类的顺利推行奠定了坚实的基础。[1]

垃圾分类和回收需要加大监管，在标准明确的情况下，采取适当的处罚措施，对规范社会垃圾处理行为有一定作用。比如2009年，旧金山开始实施违反垃圾分类规则处罚政策，最高可以对居民罚款100美元/次，企业为1000美元/次。目前，旧金山的垃圾回收率达到了77%，[2] 远高于美国的平均水平。

3. 强化"污染者付费原则"，提高垃圾污染成本

垃圾污染收费是国际通行管理手段。一般而言，有三种收费方式：定额收费、计量收费和超量收费。

根据"污染者付费原则"，北京市生活垃圾收费为定额收费，分为两种：一种是生活垃圾处理费，自1999年9月起开始征收，具体标准为本市居民每户每月3元，外来居民每人每月2元；另一种是生活垃圾清运费，自1999年7月1日起北京市将居民小区生活垃圾清运费由原来的每户每年21元调整为30元。但是由于管理混乱且非强制性收费等原因，北京市生活垃圾收费实际征收率一直很低，至今北京市生活垃圾收费制度仍处于理论探索和实践阶段[3]。

另外，很多西方国家有"生态税"，为了减少某种商品的使用而对生产者或消费者收税，比如生态税在丹麦、爱尔兰、比利时等国家得到实施。爱尔兰和澳大利亚的研究发现，塑料袋重量占街头垃圾重量的5%—7%。为了减少塑料袋的使用量，2002年爱尔兰开始对塑料袋征收生态税，每个征收0.15英镑的税，2007年时增加到0.22英镑。2009年，塑料袋税收费达到2340万英镑，管理成本在39.7万英镑左右，占2009年收入的17%。爱尔兰政府把大部分收入投入到垃圾管理和回收体系建设上。与塑料袋生态税实施前相比，爱尔兰塑料袋使用量减少超过90%。比利时不仅对塑料袋征收生态税，还

---

① 本报记者：《垃圾分类：光有强制措施还不够》，《晶报》2013年7月5日。
② 徐金龙、朱跃钊：《城市生活垃圾管理的国际经验、中国问题及优化策略》，《生态经济》2012年第5期。
③ 贾子利、郭建斌：《北京市生活垃圾管理现状分析研究》，《上海环境科学》2011年第3期。

对饮料瓶、胶水、墨水和一次性饭盒征收生态税。① 我国也意识到了如塑料袋等对环境带来的危害，北京市还曾一度禁止市场、超市使用非环保塑料袋，但是因为监管艰难，违禁难治，最后也不了了之。如此一来，不但好的行为习惯未能养成，还让民众对政府垃圾管理的决心产生怀疑，提高了下一轮垃圾政策制定和实施成本。

4. 改变垃圾处理方式，促进垃圾资源化水平升级

目前北京市垃圾处理仍然以填埋为主，这种垃圾处理方式占地多、渗沥液污染地下水危险大、废气挥发等环境危害大，是三种垃圾处理方式中最不可取的一种，本应作为垃圾处理中的最末选项，现在却是北京市的主导方式。

从世界各国的经验看，注重在垃圾处理过程中的资源化是首选，尽可能把垃圾回收利用，既节省了处理费用，也能创造一定的经济效益，还节约了资源，真正做到环境友好。所以各国纷纷提出垃圾"零投放"，就是要千方百计加大回收利用力度。表51为发达国家的垃圾回收率。

表51　　　　　　　　　　发达国家生活垃圾回收率　　　　　　　单位:%

国家 年份	国家法国	荷兰	瑞典	新加坡	美国	德国
2009	30	65	40	60	37	75

数据来源：贾子利、郭建斌：《北京市生活垃圾管理现状分析研究》，《上海环境科学》2011年第3期。

在垃圾资源化利用方面我们还有很大的空间。目前，北京市垃圾资源化途径主要靠个体垃圾回收，这对垃圾资源化起到了相当大的作用，但是毕竟缺乏产业规划和社会投入，对巨量垃圾处理来说，回收能力的缺口仍然非常巨大。但是垃圾回收又是一个高投入、长周期、

————————

① 徐金龙、朱跃钊：《城市生活垃圾管理的国际经验、中国问题及优化策略》，《生态经济》2012年第5期。

低效益的行业，一般而言很难吸引社会资本进入，从政府角度来说，适当加强对该行业的政策倾斜和优惠是必要的，在行业发展的初期进行扶植，有利于城市循环经济体系的建立和完善，长期社会效益巨大。

5. 提高民众垃圾环保理念，动员社会参与垃圾治理

垃圾环保理念涉及一个民族现代文明的素质，需要从小培养。在学校教育中加强对垃圾收集、分类、处理知识的讲解，并倡导少年儿童从小做起，积极参与垃圾分类实践，在不断的尝试中养成垃圾分类的习惯，力图让垃圾分类理念在新一代市民心灵中生根发芽，成为基本文明生活习惯。

动员社会组织的力量。政府在进行垃圾分类宣传和引导时往往受到资金、人手、专业知识的限制，无法事无巨细地操作，利用好环保社会组织促进垃圾分类宣传和引导是一个好选择。社会组织的优势是活动方式比较灵活，在进行社区推介时能有效传播相关知识、跟踪垃圾分类行为、及时评价垃圾分类效果，与政府的较注意宏观管理的思路正好互补。

动员志愿者的力量。现在已经有越来越多的人士认识到城市垃圾的问题，他们有热情，有相关知识，也有社区号召力和影响力，在宣传垃圾分类管理中与志愿者的力量结合，既能节省相关投入，也利于调动社会参与的积极性。

6. 改变农村垃圾处理，促进城乡垃圾管理服务均等化

在促进城乡一体化过程中，对农村的垃圾管理要加大力度。垃圾管理是公共服务的一种，在促进基本公共服务均等化过程中，农村垃圾管理不应该被忽视。从环保角度来说，空气、水源都没有严格的城乡之别，是全社会共享的资源，如果农村地区生活环境得不到改善，垃圾处理落后于城市太多，造成的空气污染、水污染最终是全社会要共同面对的灾难。

农村垃圾处理最重要的问题是加大政府投入。长期缺乏有效投入是农村多项基础设施落后于城市的主要原因，垃圾管理方面也一样如此。农村垃圾收集、运输、资源化处理都需要最基本的物质保障，在

全社会普遍缺乏垃圾分类处理习惯和意识的时期，这部分成本很难向个体的村民征集，只有在政府初期投入之后，逐步倡导农村居民改变生活习惯，认识到科学回收和处理垃圾的好处之后，才可能自愿配合垃圾分类管理工作的推进。

7. 加大垃圾管理立法，明确垃圾管理标准和规范

世界各国都注重垃圾管理的立法工作，下面简单介绍一下美国、日本、德国等国家在垃圾管理立法上的举措①，以为北京市垃圾管理明确标准、制定规范的参考。

美国是目前世界上发达国家中环境法规体系最完善的国家之一，随着各项法规的颁布和不断完善，目前已形成了由几十部法律、上千个条例组成的庞大、完整、严格的环境法规体系。美国的环境法主要由国会颁布，分为公害防治法、天然资源保护法两大类，此外还有一个综合性的国家环境政策法。用于固体废物的法规主要有《资源保护及回收法》（RCRA）、《危险废物管理条例》、《全面环境响应》、《赔偿及责任法》（CERCLA，也俗称《超基金法》）及其修正案（SARA）、《固体废物处置法》等。制定了《国家优先名录》（NPL）、《危险排名体系》（HRS）等。

日本固体废物管理的法规主要是《废弃物处理与清扫法》，该法亦称为《废弃物处置法》。1986 年，日本颁布了《空气污染控制法》，对焚烧固体废物的设施作出具体规定。1995 年，又颁布了《容器包装循环处理法》。

德国用于固体废物管理的法规是《废物处置法》，其内容包括废物定义、设施的设计及选址、收集和运输、产生者的责任、设施的管理、废物输出和输入、废物处理处置设施许可证制度、产生者、运输者和处置者的注册登记、肇事者的罚款和监禁等细则。在《废物处置法》的基础上制定了《废物消除和管理法》、《包装条例》和《产品再生利用和废物管理法》。此外，还颁布了系列废物污染控制条例

① 参见卢英方、田金信、孙向军《部分国家城市垃圾管理综述》，《建设经济》2002 年第 5 期。

和标准，如《环境最终管理标准》（FGS）等。

北京市可以借鉴西方国家的立法经验，从设定行为规范和标准的高度加大城市垃圾管理立法，改变集中力量进行环境整治的运动式治理方式。垃圾管理立法的好处在于以明确的要求规范市民的垃圾处理行为，在一定意义上既体现了政府对垃圾管理问题的重视，也反映了对垃圾治理的决心，有利于向社会传递积极信号，促进社会行动起来，积极参与城市垃圾管理。

第九章 公共安全管理①

公共安全管理是北京市社会建设"十二五"规划中特别提到的领域，显示出北京市民生服务的特别要求，更展示了北京市政府对百姓生活真正的关切。本章主要关注三个方面：环境安全、食品安全和社会安全。

一 环境安全：空气污染

（一）环境安全现状

1. 空气污染程度

自 2011 年以来，环境污染主要是空气污染问题经过多年积聚，终于成为引起社会各界关注的公共议题。反思和讨论的结果是大范围的控制污染防治行动渐次拉开序幕，从北京的城市层面到国家层面，纷纷出台防治空气污染的行动计划，一场艰巨的治理污染行动在全国铺开。

按照国际标准化组织（ISO）的定义，"大气污染通常是指由于人类活动或自然过程引起某些物质进入大气中，呈现出足够的浓度，达到足够的时间，并因此危害了人体的舒适、健康和福利或环境污染的现象"。这些物质主要包括二氧化硫、二氧化氮、可吸入颗粒物、一氧化碳、臭氧等对居民健康有显著影响的主要污染物。根据《2012 年北京市环境状况公报》，全市空气中二氧化硫、二氧化氮、

---

① 本章执笔人：李伟东、戴建中。

可吸入颗粒物和一氧化碳的年度平均浓度值分别为 0.028 毫克/立方米、0.052 毫克/立方米、0.109 毫克/立方米和 1.4 毫克/立方米。按照 1996 年的《环境空气质量标准》，前两项指标超过国家二级标准，可吸入颗粒物超过国家二级标准 9%。另外，全年累计有 76 天有局部臭氧超标现象，酸雨频率为 28.1%。

引起公众环境恐慌的主要污染物是细颗粒物（PM2.5）形成的雾霾。自 2011 年秋某机构开始测量所在区域的 PM2.5 数值并通过网络传播出来，北京空气质量严重污染的现实才从感受层面被提升到理论层面：过去环境部门公布的测量指标里没有细颗粒物的数据。

之后 2012 年 6 月、2013 年 1 月，大面积雾霾天气污染出现，尤其是 2013 年初的污染，覆盖中国中东部 16 个省份，涉及 6 亿人口，污染面积之大、涉及人口之广史无前例。这也促使国家层面上的治理污染决策的形成。

仅就 PM2.5 来说，根据媒体引用的北京市副市长张工提供的数字，北京超标 1.5 倍左右。其形成原因在于北京环境容量小，不利于扩散的极端天气全年超过 20%，传统粗放的发展方式带来的历史欠账，人口增长、生活水平提高带来的生活型污染快速增加等为大气污染防治工作带来了困难[①]。据《中国新闻周刊》报道，环保部 2013 年上半年发布的空气质量数据显示，京津冀地区只有不到 1/4 的天数能够达到环境空气质量标准，重度污染天数占到了 1/5 以上，主要污染物是 PM2.5 和臭氧，成为了全国大气污染最严重的区域。其中仅就北京市而言，属于三地污染水平最高的，达标天数也仅有 38.9%。[②]

2. 污染成因

空气污染主要原因是排放量过大。就污染物发生类型来说，主要有四个来源：工业污染源、生活污染源、交通运输污染源和农业污染

---

① 马力：《北京限期 3 年整治大气污染等四大环境顽疾》，《新京报》2013 年 3 月 29 日。

② 张钰：《大气污染形势严峻：北京空气达标还要 18 年》，《中国新闻周刊》2013 年 9 月 9 日。

源。日常生活中主要的污染行为包括：燃煤、汽车尾气、工业排放、建筑扬尘，以及农村的秸秆焚烧、垃圾焚烧等。

从排放量上看，工业污染的排放占绝大多数，最能影响区域性污染。但是对于像北京这样的大城市来说，汽车尾气排放往往集中于市中心，同时它又是一种贴近地面的排放，所以汽车尾气对空气质量的影响依然很大。考虑到燃煤在我国的能源结构中占据很重要的位置，由燃煤引起的废气排放总量巨大。从污染源控制来说，主要控制企业排放、燃煤排放、汽车尾气排放、施工和道路扬尘等，另外人口聚集效应和外源性污染也是大城市污染的重要方面，相应的治理措施也在考虑之列。

企业排放污染。空气污染的主要成分二氧化硫大部分来自热电厂以及非金属矿物生产、炼钢、化工制造和有色金属冶炼企业。据专家估算，企业生产二氧化硫排放量要控制在年度1200万吨才能保证空气清洁，目前的情况是即便执行了"十二五"规划的改造水平，二氧化硫排放量仍然在2200万吨以上，无法满足治理空气污染的需要，治理难度极大。

燃煤排放污染。化石能源也是引起空气质量变坏的主要污染源，罪魁祸首是燃煤，部分来自取暖燃煤锅炉，部分来自热电厂。

汽车尾气排放污染。汽车污染又被称为移动污染源，《第一次全国污染源普查公报》显示，机动车氮氧化物排放量占排放总量的30%，对城市空气污染影响很大。要彻底改善空气污染现状，除了要转变生产方式外，还要改变过度依赖汽车出行的生活方式。

扬尘污染。主要是施工工地扬尘和道路扬尘。货车遗撒扬尘是重要的污染来源，尤其是大量的过境货车，带来的污染危害很大。

外源性污染。据报道，北京市的空气污染有1/4是由周边城市的工业生产造成的[①]。

3．治理措施

《2012年北京市环境状况公报》显示，按照新的《环境空气质量

---

① 梁嘉琳：《报告称全球10大空气污染城市7个在中国》，《经济参考报》2013年1月15日。

标准》（GB 3095—2012）的要求，北京市优化和建设空气质量检测网络，建成由 35 个自动检测子站组成的空气质量检测网络。各检测子站检测的二氧化硫、二氧化氮、可吸入颗粒物、一氧化碳、臭氧、细颗粒物等实况数据，以及空气质量指数（AQI）、空气质量预报、健康影响与防护提示等全部对社会实时公布，是全国发布数据站点数量最多的城市。

据中国首都网介绍，1998 年以来，北京市连续采取了 16 个阶段的大气污染治理措施。2011 年，市政府又发布实施了《清洁空气行动计划（2011—2015 年大气污染控制措施）》。经过 13 年坚持不懈的努力，大气污染治理工作取得显著成果，空气质量得到了持续改善。

2012 年 3 月，北京市政府又颁布了《2012—2020 年大气污染治理措施》，进一步对治理空气污染做出规定，其近期目标为"到 2015 年，空气中细颗粒物（PM2.5）、可吸入颗粒物（PM10）、总悬浮颗粒物、二氧化硫、二氧化氮等主要污染物的年均浓度均比 2010 年下降 15%。其中二氧化硫稳定达标，总悬浮颗粒物基本达标，可吸入颗粒物（PM10）达到每立方米 100 微克左右，细颗粒物（PM2.5）达到每立方米 60 微克左右，二氧化氮达到每立方米 50 微克左右"。

2013 年第 5 期《北京市人民政府公报》（3 月 10 日）公布了"北京市 2013 年清洁空气行动计划任务分解表"，全市将从 8 个方面实施 52 项大气污染治理措施，并将任务分解到了各区县政府、市有关部门和单位，明确了主要污染物年均浓度平均下降 2% 的年度目标。

2013 年 9 月，北京市又制定了《2013 年到 2017 年清洁空气行动计划重点任务分解》，分为 6 大方面、84 项内容，具体规定到每一项任务的牵头单位和责任人，主要治理燃煤、机动车、工业企业污染和扬尘污染，规定的空气污染治理目标为："本市空气质量明显改善，重污染天数大幅减少。到 2017 年，全市空气中的细颗粒物（PM2.5）年均浓度比 2012 年下降 25% 以上，控制在 60 微克/立方米左右。"与 2012 年的计划相比，目标没变，实现时间提前了 3 年。

　　以上举措连连出台，足见政府治理空气污染的决心。具体来说，在工业企业管理上，将制定禁止新建和扩建的高污染企业名录，实施不符合首都功能定位的高污染行业调整、生产工艺和设备退出指导目录。压缩水泥、炼油等产能，并对不符合首都功能定位的企业实行调整退出政策。

　　北京把燃煤、尾气和扬尘控制作为治理污染的重点。

　　对于燃煤污染控制，治理办法很直接，就是控制燃煤量。根据2013年规划目标，控制全市燃煤总量在2150万吨以内，远郊区县积极开展燃煤设施清洁能源改造工作，力争燃煤总量比2012年降低5%。进行城市核心区清洁能源改造，目标是核心区无燃煤锅炉。同时，大力削减工业企业燃煤。

　　控制车辆尾气排放方面有几项措施。首要目标是车辆数量控制，目标是到2017年北京市的汽车总量控制在600万辆。为此，北京市首先选择限制新购买车辆的数量，目前每月2万辆的构成指标还会进一步降低。其次酝酿已久的分时段、分区域限行政策也将在近期出台；收取城区交通拥堵费措施也将实行。

　　其次狠抓车辆排放达标。首要问题是治理黄标车。据报道，一辆黄标车排放的尾气对环境的影响相当于30辆国标车。2013年计划淘汰的18万辆车已经超额完成。同时，积极推广清洁能源车。

　　最后是提高燃油标准。陆续推行国4和国5标准的燃油。

　　在扬尘管理上，北京市政府强调严格在用车排放定期检测管理、加强路检路查、入户抽查、夜间检查，加强对无牌照摩托车、夜间大型货运车、外地进京车辆的管理，要求年度机动车执法检查量不低于400万次。

（二）比较借鉴、创新建议

1. 立法对治理污染的保障

　　环境问题的产生与社会生活的变化有关，欧美国家第二次世界大战后迎来一个相对和平时期，社会经济迅猛发展，经济增长带来了生产方式和生活方式的变化，工业产能急剧提高，各类新型化学物质排放入水和大气，引起相应的环境改变；物质的足量供应导致生活方式变化，社会消费攀升，汽车普及，从而导致 20 世纪 50—60 年代开始普遍出现环境问题，多数城市出现烟雾污染和光化学烟雾污染。烟雾污染和光化学污染都由固体颗粒物引起，其中光化学污染主要出现在纽约、洛杉矶等工业化程度较高的城市，污染源主要为汽车尾气。一系列环境公害此时频频发生于欧美大城市，引起公众的警觉，最终通过绿色环境运动，促使政府作出相应的应对，并最终以立法的形式，成为治理空气污染的最终依据。

美国空气污染治理全国性立法始于 20 世纪 50 年代，1955 年《空气污染控制法》颁布，这是美国第一部全国性环保法规，之后 1963 年《清洁空气法》颁布，这是美国第一部以清洁空气名义颁行的法规，既因 1955 年立法对空气污染改善不利，也受到 20 世纪 60 年代各种社会运动的影响，环境保护问题受到更大的重视；从国际来看，1956 年英国颁布了《清洁空气法》，治理效果也对美国有启发。新法规对空气污染投入水平加大，比 1955 年法规增长了 6 倍；也扩大了中央政府的空气污染的管理权限，有权直接为各州制订清洁空气计划。要知道在美国自工业革命以来，空气污染传统上就是各州的治权范围，考虑到美国联邦国家的特点，可见此阶段美国把对空气污染治理提升到国家层面的不寻常意义。也是在 1963 年法规中，明确了联邦可以对固定污染源和移动污染源确定排放标准，机动车对环境污染的责任第一次被立法承认。

1965 年，美国更直接出台了《机动车污染控制法》，明确了联邦层面对机动车污染的治理责任，并开启了全国对机动车污染源的研究和标准探索。1967 年，《空气质量法》颁布，开始了空气污染跨区域治理时代，并确定各州在治理污染过程中的责任量化标准和目标完成计划。通过本法，还统一了全国对固体污染源的排放标准、移动污染源的排放标准，加大了国家层面对空气污染的研发力度。通过一系列立法活动，20 世纪 50—60 年代美国对空气污染的认识和治理力度逐步加深，逐步明确了空气污染治理的范围，用于空气污染的拨款力度也不断加大。

但是也要看到，美国 20 世纪 60 年代对空气污染的治理仍然带有一定的应急性，受到各种空气污染环境公害的促动较大。此后，通过 20 世纪 70 年代对《清洁空气法》的修订，美国空气污染治理强调联邦层面责任的做法被肯定并发扬。

通过以上对美国 20 世纪 50—70 年代空气污染立法的简略介绍可以看出，即便是美国这样很早完成工业化、城市化的国家，政府和公众对空气污染的认识也有个逐步深化的过程，在认识到空气污染危害的最初几十年里，对污染治理的探索虽未止步，但也并非一步到位就解决了所有的问题。但是给我们的启示却是巨大的，美国经验最重要的一点是在空气污染治理中要强调国家层面的治理责任，既要有由国家出面制定的排放标准，也要有国家的财政支出支持。另一启示是，在治理污染的过程中，通过立法和修订立法的方式，以法律的意志来贯彻治理措施的实行，对于保证治理的长期效果来说，有根本的意义。比如关于强制公开重污染企业的环境信息，从理性行为角度看，企业没有及时披露自己污染信息的动力，只有通过法律的强制力才能实现。政府有相应的规定、规划固然重要，但是只有法律才真正上升到国家意志，才有强制力，并最终实现倒逼产业升级，迫使污染企业去自我治理。如果不进入立法层面，维持在某一时期政策行动的治理，必然会陷入运动式工作的老路，对于环境问题这种关系到全体国民财产、健康的民生领域来说，其可怕后果可想而知。

2. 环境教育

污染治理与人们环境意识的提高是一体两面，只有国民的环境意识真正普及，环保观念成为社会的主流观念，才能保障环境保护成为可持续社会政策。这方面日本、德国等国家的经验值得借鉴。

德国是世界上环境质量最好的国家之一，这归根到底是与德国人民高度的环境意识和环境素质有关，他们在日常生活和工作中的一举一动都体现出对环境的关爱，并都能自觉地保护和改善环境。德国人民强烈的环境意识和较高的环境素养无疑得益于其长期以来在学校教育中一贯坚持的环境教育。德国环境教育的有效实施，一方面与政府高度重视和政策支持分不开，使环境教育的课程有效和顺利地纳入到学校教育之中；另一方面则是学校在实践中注重学生自主参与各类环保类项目，让他们在研究探索中学习，从而使环境意识、伦理道德等有效地内化于学生自身，形成综合的环境素质①。

日本也是在经历了环境污染之后才开始对环境问题的重视，日本的环境教育始于 20 世纪 60 年代的公害教育。50 年代中期以后，日本经济开始高速发展，与此同时，以污染为代表的公害问题也随之发生。到了 60 年代后半期，公害问题已演变成公众普遍关注而迫切需要解决的社会问题。以水俣病事件、四日市废气事件、爱知糠油事件、富山疼疼病事件四大公害诉讼为标志，居民反对公害运动达到了高潮，由此也促进了环境行政。在这一背景下，1967 年日本政府制定了《公害对策基本法》，同年又设立了全国中小学公害对策研究会。1968 年，在社会科教学大纲修订中，初次使用"公害"这个术语，以示对人的生命和健康教育的重视②。到 20 世纪 70 年代末期，日本设置环境类学科的大学有 40 所、学科 44 个，学科数达 30 种。同期，保护人类的生存环境、资源和能源、尊重生命等与环境相关的教育内容也进入中学教育。20 世纪 90 年代，日本文部省陆续编辑出版了《环境教育指导资料》，标志着日本中小学环境教育的基本理念已经确立。

除学校教育外，日本还积极开展环境社会教育。1986 年，日本环境局召开了环境教育会议。会议根据国家环境教育政策、国际环境教育改革动向及民间团体和地方公共团体的特点，确认了政府和民间环境教育任务的分担等事项。1993 年，日本又制定了《环境基本法》。根据这一法律，日本各地陆续设置了环境教育中心，举办了各种类型和层次的环境教育讲座，许多民间机构也自发地组织进行环境教育，使环境保护成为日本公众参与的活动③。

对于北京来说，探索对民众的环境教育、积极提高社会的环境素

---

① 祝怀新、潘慧萍：《德国环境教育政策与实践探析》，《全球教育展望》2003 年第6 期。

② 陈卓：《日本环境教育的特征及启示》，《贵州教育学院学报》2007 年第 2 期。

③ 范春梅：《日本环境教育述论》，《日本问题研究》1998 年第 3 期。

质、养成扎实的环保意识有重要的现实意义。作为后发展国家，中国国民整体的环境素质、知识和环保习惯都缺乏系统的培育，这欠缺的一课亟须补充；作为一个人均 GDP 已经超过 1 万美元的国际大都市，北京具有不同于国内一般城市的环境需求，就环境保护的紧迫性来说，人们的危机意识已经逐步被唤起，但是相关的环境知识却缺乏普及和学习渠道，这正是政府能积极介入的领域。而且在环境危机乍现之际，民众的求知渴望也最强烈，教育投入会收到事半功倍的效果。

3. 社会参与

要做好环境保护，政府、企业和公民都要承担起相应的责任：政府要履行好自己的监管责任；企业有遵守相关法规的义务，做到符合法规的生产及排放，并且尽可能地节能减排；社会公众也应该担起自己的责任，在日常生活中节能减排，包括节电、绿色出行等。此外，加强社会各界对环境治理行动、环境决策讨论的参与程度，也是治理环境污染的重要方面。

美国环境保护的公众参与经历了一个逐步扩大的过程，从建国之初杰弗逊等精英人士对田野环境的强调，到 19 世纪工业化推进过程中富裕阶层开始意识到环境问题，到 20 世纪 40 年代随着环境污染洛杉矶等城市公害事件的出现，中产阶级开始意识到环境保护的重要，到 20 世纪 60 年代，随着《寂静的春天》出版，意识到环境危机的民众加入了环境保护的行列，从而发展成延续至今的环境运动。

北京市此轮的空气污染治理也与民众积极、强烈的环境健康诉求分不开。2011 年，因为意外的原因，民众意识到我们的环境污染评价体系里有一个重要的指标没有被吸纳进来，那就是细颗粒物，即 PM2.5。民众通过媒体积极呼吁，与政府展开互动，最终促进政府下决心改变空气环境质量标准，把对健康有重大影响的细颗粒物指标纳入新体系，从而促使空气污染治理行动启动。

空气污染治理过程需要公众的参与。美国的经验显示，政府和企业对于治理污染有相当的惰性，因为要面对经济发展利益的损失，如果仅仅依靠政府的推进和企业尽责，空气污染治理无法获得真正的执行。只有民众的监督才是治理空气污染的最终动力，因为健康不但是一种感受，更是一种权利，只有在这个层次上，民众的监督才有底气，效果也才能长久。

民众参与除了需要有充分的环境信息披露外，还需要畅通的参与渠道。这既包括参与政府政策制定的议事渠道，也包括参与环境保护具体实践的行动渠道。修改不久的《民事诉讼法》虽然对环境公益诉讼有所涉及，但据报道，因为该法对诉讼主体的规定过于狭窄，并未对民众提起环境公民诉讼给予积极支持，这无疑限制了公民通过法律程序参与环境保护的渠道，其参与仍然只能限于行动改进、建言献策等，与法治社会的整体发展趋势不合，也与保护环境的时代要求有距离。须知公民是最有力量的环境问题监督者，只有逐渐开放公民参与环境公益诉讼，才能够让环境违法者真正无所遁形，最终为环境保护筑起真正的民众长城。

二　食品安全

（一）食品安全现状

1. 目前食品问题性质

在我国现行的《食品安全法》中，食品安全是指食品无毒、无害，符合应当有的营养要求，对人体健康不造成任何急性、亚急性或慢性危害。1996 年，世界粮食峰会将食品安全描述为"所有人在任何时间都能获得足以维持健康和积极生活的充足、安全和营养丰富的食物"。食品安全包括三个层面的含义：首先是食品的供给安全，即能够提供连续且充足的食品供应以满足日常生活的需要；其次是食品的卫生、质量安全，即食品本身不含有对人体健康有所损害的成分，并且当消费者以既定的方式加工、食用食品时，该食品不会危害人体健康；第三层次的含义是从食品对于人类长远发展的角度来看，食品绝对不改变人类基因，不会破坏人类的正常基因遗传①。

食品安全问题很复杂。乍看起来，问题好像没那么严重，过去一

---

① 李夏菲：《英国食品安全监管体系》，硕士学位论文，复旦大学，2012 年。

直讲食品卫生、食品质量，食品问题似乎一直存在；也与汽车污染环境、生活垃圾处理、污水排放一样，是一直都存在的社会问题。但是细究起来，与上述种种不同，食品安全在更深的层次上，透露出社会发展的内在危机。

很长时间以来，中国的产品质量都存在各种被人诟病的方面，其中也包括食品类产品。因为生产工艺粗糙落后，或传统设备工艺水平低，或者是认识不足，卫生等各项标准不能与新的文明生活要求相符合，食品也曾受到过各种批评。尤其是被各种公众话语讨论过多次的城市早餐供应卫生水平、中国传统腌酱菜对健康的影响，甚至注水猪肉等各种与食品相关问题都曾引起过大范围讨论。以上各种比起目前中国面对的食品安全问题来说，简直是小巫见大巫，无论是涉及范围之广，还是暴露社会病态之深，目前的食品安全都是史无前例的。

食品安全到了社会危机的地步，并非耸人听闻。近几年曝光的食品安全问题涉及的领域之广，几乎无所不包，可以说食品安全全面失守。表现在：所有环节都有可能出现问题，原材料、生产加工、销售、有关食品审查的各个环节都出现质量问题；全领域都有问题，从牛奶、速食、油品、蔬菜等几乎所有食品领域都出现问题；全社会都有问题，拜市场经济所赐，食品安全从南方到北方，从大城市到乡村，处处都有；全部消费者群都涉及，不但成人食品，就连婴幼儿奶粉都有问题，可见食品伦理陷落之深。问题之严重性匪夷所思，除了简单的卫生问题、以次充好、过期不报废外，毒原料出现了、致癌物出现了，几乎能想到的问题都有可能出现，在一定程度上也反映出社会恐慌并非没有根据。

食品安全对社会发展病态的暴露也前所未有。目前环境问题严峻，水污染、空气污染、土壤污染都很严重，客观来说环境危机也已经出现，但是比较起来食品危机却更能说明发展过程中社会心理发生的变化。环境危机主要是一个工业化、城市化过程的危机，涉及传统生活方式的改变和人们新生活习惯的养成，这是一个文明提高的过程，所面对的危机虽然可怕，但是利用现代技术和理性都可解决和面对。无论是汽车排放尾气，还是家庭抛掷垃圾，城市排放污水，都是一个较长时期积累的社会过程，当事人多少都不能完全意识到行为的消极后果，或消极后果不至于立刻造成具体他人的损害。食品安全问题与此有别。在食品出现安全问题的各个环节和领域，几乎当事人都明确知道自己行为的危害，无论是毒牛奶还是染色馒头、毒姜、地沟油，而且大多是有意为之，目的只有一个：金钱。食品危机向全社会再次揭示，在面对金钱的诱惑时，我们现有的所有道德、伦理、教化、口号多么不堪一击。从此意义上，食品危机是真正的社会危机、信任危机、民族危机。其治理也不仅仅是技术问题，人心的唤回、公共道德的觉醒、伦理底线的重铸，需要更深刻细致的疗救，出路在于对我们已有文明的反思：追求金钱、发财致富可能不是我们致力发展的唯一目标。

2. 食品安全事故

根据北京市卫生局的统计（见表 52），2011 年北京市食品安全事故发生不多，仅有 32 起，以集体用餐单位为主，家庭发生数量较少。从数字来看，食品安全危害尚不严重，与公众对食品质量问题的感知存在一定的差异。这可能与统计口径有关。涉及食品质量问题而引起食品安全事件的食品消费毕竟还是少数，个别人的因食品问题引起的个体病患并不在此统计之列，而且还有多数仅仅是不舒服，或竟然是消费了不合格甚至有毒食品而暂时无反应的现象应该也存在，这些情况都在统计之外，这也是食品问题表面平静而内里危机四伏的原因：普通人对食品问题的真正危害的认知和反应无法在社会层面表现出来，导致大量食品问题没有被揭示、曝光，进而解决。

表 52　　　　　2011 年北京市餐饮服务环节食品安全事故

责任单位	中毒起数		中毒人数	
	起数	比重（%）	人数	比重（%）
合计	32	100.00	440	100.00
集体食堂	13	40.63	258	58.64
餐饮单位	9	28.13	95	21.59

责任单位	中毒起数		中毒人数	
	起数	比重（%）	人数	比重（%）
集体用餐配送单位	1	3.13	15	3.41
家庭	6	18.75	34	7.73
其他	3	9.38	38	8.64

数据来源：北京市公共卫生信息中心。

食品安全事故较少反映了北京市食品安全监管成果，但是在公众舆论和认知层面，食品安全事件不多并不意味着食品安全没问题。越来越多的食品质量问题被曝光，成为引起大众议论和忧虑的话题。事实上，从 2008 年以来北京市食品安全公示信息可知，几乎在每周的食品安全抽检中，都会有一些不合格食品被曝光，这也从一个侧面反映出食品安全领域问题之多。这些不安全食品虽然没能酿成事故，但是其对市民健康危害却不可忽视。

3. 食品安全监管

社会对食品问题的讨论和忧虑加剧，政府也做出了正面积极的反应，从顶层设计中国家成立食品药品监督总局，加大了全国的监督协同，在地方层面也通过完善机构设置和立法，加强了对食品的监督管理。

在立法方面，2007 年北京率先出台《北京市食品安全条例》，通过立法建立了食品安全监督管理的一系列制度和措施。2009 年，食品安全法及其实施条例颁布实施，对食品安全管理体制和制度等作了较大程度的调整。2012 年 12 月 27 日，北京市人大常委会对《北京市食品安全条例》进行修订，2013 年 4 月 1 日起新条例实施。

与新《北京市食品安全条例》颁行相配合，2013 年 3 月底北京市卫生局推出《北京市食品安全企业标准备案办法（试行）》《北京市食品安全地方标准管理办法（试行）》等七项有关食品管理的通知，4 月 1 日起各管理办法开始实行，其中的亮点是：实物与备案不符合可以举报；公开企业研究和实验数据。同时，市卫生行政部门将组织开展跟踪评价，根据追踪评价结果，适时对地方标准进行复审，需要修订的纳入修订立项计划。企业在食品安全企业标准备案中弄虚作假的，除注销备案外，还将弄虚作假的行为向社会通报，并将企业的不法行为纳入信用管理体系，列为卫生部门重点监管对象。

从过去的监管效果看，北京市食品监督工作成绩一直不错，这得力于政府的重视和投入，据工商局专家称，食品监督几乎占去了工商工作一半以上的精力，成为今年工商管理中最重要的领域，北京市对食品安全工作的重视可见一斑。大力投入人力和物力也取得了相当的管理效果。

北京市的食品流通环节的监管一直归属于市工商局，这是全国唯一的一种制度安排。此安全监管体系的主要特点是：在未成立食品监督管理部门以及卫生部门担当配角的背景下，工商行政管理部门在本地区食品安全监管体系中享有领导地位。工商部门除了负责流通环节的食品安全监管外，还负责跨环节的协调监督职责。这被相关专家称为"北京模式"①。这样，在食品流通领域，无论是北京市内还是扩区域监管，都由工商部门统一负责，消除了科层制官僚系统中经常出现的推诿扯皮现象，有利于监管方统一协调，部署人力物力。

此外，北京市还建立了若干食品安全领域的监管制度。如食品市场准入制度、食品全程追溯制度、食品安全信息公示制度等。

（1）食品准入制度。新《食品安全条例》规定了按照业态类别对许可事项进行管理，严格食品生产经营许可制度；提出食品安全标准方面的基本要求，明确地方标准的制定；并确立了区域协作机制，共建食品安全保障体系。为构建安全食品供给体系，保障首都食品安全，2012 年 3 月，北京与天津、河北、山西、内蒙古、辽宁、黑龙江、山东、河南 8 个省区市政府签署了《食品安全联动协作机制备忘录》，建立检测互认、信息共享、案件协作等工作机制。以此为基础，《食品安全条例》要求市政府与各相关省区市政府建立食品安全信息共享、案件协查、问题食品处置、全程追溯、检验互认、技术协

① 周清杰：《论食品安全监管中的北京模式》，《中国工商管理研究》2009 年第 2 期。

作等机制。鼓励外埠优质食品进京销售，支持京内外企业签订安全食品供应协议，推动进京食品生产基地提升组织化、标准化、规模化程度，形成安全可靠的食品供应体系。上述规定为区域协作机制奠定了法律基础。

（2）食品安全全程追溯制度。为配合食品监管，北京市还建立了完善的食品安全追溯系统，从来源地到流通的各个环节都登记在案，方便实时追踪查询。一是建立全市统一的食品安全追溯信息归集、共享、公布平台并由食品生产经营者按照规定报送信息，实现重点食品生产、收购、加工、存储、运输、销售全过程安全信息可追溯。二是在农产品生产源头，农业投入品经营者要建立经营记录并保存2年以上。三是在生产加工环节，畜禽屠宰企业要建立稳定的货源基地并记录养殖信息，不得收购或屠宰加工无固定基地、无法追溯来源的动物产品。四是在流通环节，生产经营者要查验记录食品信息并保存2年以上。

以北京市最大的蔬菜食品集散地新发地农产品批发市场为例，食品准入制度、追溯制度、跨地区协助制度保障了北京市蔬菜供应安全。2011年，该市场各类农副产品总交易量为1200万吨，总交易额为400亿元，承担了北京80%以上的农产品供应。在调研中了解到，在食品安全方面，该市场主要采取的措施包括：

从流通环节入手，严把鲜肉、熟食、豆制品市场准入关口。该市场通过每天建立经营户和厂家业务员的台账，做到鲜肉、熟食和豆制品等流通的各个环节都有案可查。该市场还成立了蔬菜农药残留检测中心。该中心于1999年成立，检验方式主要参照香港经验，采用"快速酶测定法"进行检验。检测指标主要是有机磷和氨基甲酸酯类等高毒高残留农药的含量。为确保外来食品安全，该市场还与生产基地联合，督促蔬菜安全生产。该市场已经陆续和河北、山东、海南等26个蔬菜生产大省的232家无公害农产品生产基地签订了协议书，确保蔬菜来源安全。

（3）食品安全信息公示制度。自2008年起，北京市建立了食品安全信息公示制度，将在食品安全监管工作中抽检出的不合格食品名单予以公示，在流通领域采取停止该食品销售措施之际，已购买公示名单中不合格食品的消费者可凭购物小票和食品外包装向销售单位要求退货。此公示信息每周在北京市工商局网站上公布一次，方便市民查询。

（二）比较借鉴、创新建议

1. 完善管理法规，引入食品质量管理体系

发达国家的食品安全立法也都是在应对食品危机过程中产生的。仅 21 世纪以来，美国食品安全事件就有 2008 年的"沙门氏菌事件"、2009 年的"花生酱事件"、2010 年的"沙门氏菌污染鸡蛋疫情"，为应对此类危机，美国也不断加紧食品安全立法。目前，美国在食品卫生方面，规范企业、团体和个人行为的联邦法律法规有 35 部，其中既有综合性的《联邦食品、药品、化妆品法》《食品质量保障法》《公众健康事务法》等，也有非常具体的《联邦肉类检测法》《禽类产品检验法》等。这些法律覆盖了所有食品和相关产品。联邦政府制定的强制性标准，主要涉及环保、食品和药品等，它们都以技术法规的形式出现。此外，还有私营标准机构、专业学会、行业协会等制定的 4 万多项自愿性标准。覆盖所有食品类别和食品链各环节的法律法规，为制定监管政策、检测标准以及开展质量认证等工作提供了依据，构成了一张严密的食品安全保护网。①

英国食品立法悠久，可以追溯到 13 世纪的《面包法》。现行食品安全立法则受到 20 世纪 80—90 年代英国暴发的疯牛病影响，是为应对食品安全危机采取的应对措施。《1990 年食品安全法》是目前英国主要的调整食品安全法律关系的法律，其范围不仅包括食品本身的安全，还涉及了成分、标签、销售和储存等内容，另外也赋予了相关部门和各个地方当局制定各种规章的权力。除了《1990 年食品安全法》，英国还制定了各种规章、标准和指南等，如《1999 年食品标准法》《1990 年食品安全法实践指南》以及大量的有关食品标签、成

---

① 刘俊敏：《美国的食品安全保障体系及其经验启示》，《理论探索》2008 年第 6 期。

分、质量、卫生和贸易的标准①。借助以上法律体系的约束，英国实现了对食品安全"从农场到餐桌"这个过程的详细规定。

20 世纪 50—60 年代，日本也出现过食品安全事故，但随后日本不断加强食品监管，在食品安全立法、设立食品安全生产及流通标准、培养国民食品安全消费观念等方面走在世界前列，日本食品成为高品质的代名词。日本食品安全问题上的立法以 2003 年制定实施的《食品安全基本法》为界，前后共分为两个时期，分别为以"卫生"为监管重点的"食品卫生行政时期"和以"安全"为监管重点的"食品安全行政时期"。2003 年以前，日本主要致力于食品安全立法，2003 年后重点转向对已有法律进行修订。通过政府及社会各界的不懈努力，日本已实现以《食品卫生法》和《食品安全基本法》为基础，《农业取缔法》《种苗修改法》《健康增进法》等相配套的食品安全法律体系，管辖范围涵盖食品质量、化学制剂、消费者权益保护等方面。②

从发达国家食品立法的经验可以看出，即便是英、美、日等食品安全程度较高的国家，食品安全水平也不是历来如此，食品安全立法都是一个应对危机、公众认识提高、立法跟进的过程。中国目前关于食品安全的法律主要有《食品安全法》《产品质量法》《动植物检疫法》《消费者权益保护法》等，涵盖范围较广，但是自颁布以来很少修订，不适应食品产业不断发展变化的现状；对违法行为的惩罚力度小，个人与企业付出的违法成本低；食品安全标准落后，与国际标准差距较大。借鉴发达国家应对食品危机立法的经验，在应对目前的食品安全危机中，完善法律体系，引进新的食品安全管理标准，比如引进世界通行的"危害分析和关键控制点"（HACCP）质量管理体系，对食品生产建立完善的质量控制体系，实现"从农场到餐桌"的食品安全，既能化危机为改革动力，也回应了全社会渴求食品安全的美

---

① 郁峰：《英国食品安全立法研究及对我国的借鉴意义》，《河南省政法管理干部学院学报》2006 年第 3 期。

② 卢凌霄、徐昕：《日本的食品安全监管体系对中国的借鉴》，《世界农业》2012 年第 10 期。

好愿景。

2. 加强食品安全监管，统一监管体系

实现食品安全监管涉及食品供应链上的方方面面，包括：对食品生产过程的管控；对食品原料的管控，涉及食品添加剂、食品成分；防控食品污染问题，重点管理食物本身的农药残留、激素和重金属的含量，以及食物包装物对于食物的潜在污染。除了针对有毒有害物质的监管，现代食品安全监管还包括对于食品标签、包装重量等如实表述食品状态的管理，以期防止食品欺诈行为。食品安全监管事务繁杂，各国采取的监管方式也有不同，如美国采取分类管理、英国实行统一管理。

美国联邦政府负责食品安全的主要机构有：卫生部下属的食品药品管理局、农业部下属的食品安全检验局和动植物卫生检验局，以及美国环境保护署。其中：食品药品管理局主要负责除肉类和家禽产品外的食品安全，保护消费者免受掺杂、不安全和虚假标贴的食品危害；食品安全检验局主要负责确保肉类、家禽食品的安全、卫生和准确标识；美国环境保护署主要维护公共环境健康，保护环境免受杀虫剂和活性剂的危害。另外，商业部的国家渔业局执行海产品检测以及定级程序等，卫生部的疾病控制和预防中心负责研究、监管与食品消费相关的疾病。可以看出，这是一个按领域划分的管理体系，与按照环节进行分工的管理体系有所不同。

英国根据《1999 年食品标准法》，专门成立了食品标准局，负责监管全国的食品安全，地方各级政府负责食品安全的具体执行，接受食品标准局的监督，从而避免了主管部门在职权上存在重叠和冲突。采取的是统一管理的方式，既没有分领域也没有分环节。

目前，北京市采取的监管体制仍然是分段监管，质量监督部门负责食品生产加工行业的监督管理，工商行政管理部门负责食品流通环节的监督管理，食品药品监督管理部门负责对餐饮服务活动的监督管理。这种体制应对日常管理绰绰有余，可以做到井然有序，但其结构设置天然具有一些劣势：一来容易造成职能重叠和扯皮；二来应对食品事件灵活性和机动性受制，毕竟需要几个部门协调食品生产、流通、消费的不同环节，监管成本较高。

按照国家顶层设计的安排，与国家食品药品监督管理局相对应，北京市于2013年6月也新设立了北京市食品药品监督管理局，在职能设定上，也与国家食品药品监督管理总局相类似，统合了原市食品办、质监、工商、卫生监管、药监的相应职责，对食品和药品的生产、流通、包括餐饮在内的消费环节等进行无缝监管。但是截至目前，北京市原有的食品分环节管理格局仍在运行中。

3. 完善各项制度，建立全链条管理格局

食品管理中各国的侧重各有不同，有的侧重于准入管理，有的侧重于追溯制度，有的侧重于后果管理。

美国强调源头控制。在源头控制方面，美国的做法或许可以借鉴。美国的食品安全监管机构历来通过聘请相关领域的专家进驻饲养场及食品生产企业等方式，实现从原料采集、生产加工、流通、销售及售后等各环节的全程监控。2009年7月，美国国会通过《2009年食品安全加强法案》，进一步扩大食品药品管理局（FDA）的职权，并对食物在种植、收获、流通等方面设定相应的标准，以预防食品安全事故的发生，加强源头控制是重要内容。同时，作为食品进口大国，为从源头上确保进口食品的安全性，FDA、马里兰大学等机构于2011年9月15日联合成立国际食品安全培训实验室，对来自全球各地的科学家进行检测技术、食品安全标准、监管政策等方面的培训。

可追溯性，通俗讲就是要求食品配有"身份证"。日本的农产品被要求从产地、使用的肥料、次数、收获时间、销售时间等各项内容都要登记在册，以备追查。欧盟通过实施可追溯制度，确保食品从生产到销售各个环节的追溯检查，有效提高处理食品安全事故的效率，并对食品行业从业者形成有力约束。欧盟委员会于2002年1月制定的《基本食品法》中，可追溯性被解释为：在生产、加工及销售的各个环节中，对食品、饲料、食用性动物及有可能成为食品或饲料组成成分的所有物质的追溯或追踪能力。欧盟《基本食品法》第18条明确要求，凡是在欧盟销售的食品必须具备可追溯性，否则不允许上市。食品、饲料、供食品制造用的动物以及其他所有计划用于或预计用于制造食品或饲料的物质，在生产、加工及销售的所有阶段都应建立可追溯性制度。

不合格食品召回是发达国家普遍实行的一项制度。美国新一轮食品监管改革就授予美国药管局强制召回权，可以直接下令召回而无须生产厂家自愿。德国食品安全局和联邦消费者协会等部门联合成立了一个"食品召回委员会"，专门负责食品召回事宜。加拿大是食品召回制度比较严格的国家，加拿大食品召回分为自愿召回与强制召回，后者需食品检验署发布召回令，违反召回令被视为犯罪。召回程序分为五个阶段：调查确认危害性存在、确定风险管理战略、实施召回并在必要时进行新闻发布，核实召回工作的有效性和持续跟踪检测。根据危害健康程度，食品召回分为三级：一级召回适用于食用不安全食品后，存在严重危害健康甚至导致死亡的可能性情形，需发布警报；二级召回适用于食用不安全食品后，有可能造成短期内有害健康的后果，或造成严重危害健康后果的可能性较小的情形，可以发布警报；三级召回适用于食用不安全食品后，基本上不会导致任何有害健康的后果的情形，一般不需要发布警报①。在召回制度建设中，以上各国的经验可以借鉴。

通过源头控制、追溯制度保障、召回制度追责，美、日、加、英等发达国家的食品管理逐渐形成了科学合理的体系，在世界范围内获得声誉，如经历了疯牛病狠抓食品安全立法的英国目前被认为是欧盟中食品安全最好的国家之一，而日本农产品安全水准之高，更令全世界消费者钦佩。北京如果想在食品质量管理上做足工作，上述国家的成熟探索值得认真学习。

4. 保障公众参与食品管理，创新治理渠道

公众参与是保障现代社会管理效果的重要因素，对此全社会已经形成共识。在食品安全管理中，能否有公众及时、深入、有效的参与，将直接决定监管成效：须知，食品安全本就是最直接涉及公众最切身利益的重要领域，如果对如此利益深切的领域都不能保障公众的

---

① 凯文：《食品安全监管，发达国家各有高招》，《深圳特区报》2013 年 5 月 13 日。

参与权利，那么即便再怎样立意良好的制度和说辞都无法消除公众对食品安全的焦虑。在发达国家，有关食品安全的立法、司法、执法过程全程都通过法律的方式保障公众的参与权利，不但书于法条，而且落实于制度，并在食品管理中真正发挥了参与的作用。下面介绍的美国和日本的做法就是这方面较成功的代表。[①]

在美国，公众全程参与并主导食品相关法规、政策的制定与执行。这种充分发挥公众主导力量监督食品安全，政府监管处于次要地位的监督方式，可称为公众主导式食品安全监管。《行政程序法》规定了两种程序来保证公众的参与：非正式程序和正式程序。在食品安全法规的执行上，美国充分发挥公众参与的优势，保障食品安全的民间监管。食品安全法律法规的实施，实际上是公众、食品生产企业、政府三者之间的利益博弈。在这三者中，只有公众处于一种劣势地位，如果在法律制度与实施上不给予其充分地位保障，其食品安全利益难以保障。在美国的法律实施过程中，充分考虑到了公众的劣势地位，把公众引导到法律实施、监管食品生产企业的主体地位之上。(1) 美国的食品安全检测主要由分设在联邦和各州的实验室来完成，而这些实验室不是政府的行政机关。(2) 美国食品安全法规执法机关人员构成充分体现了公众参与。例如，被称之为食品安全最高执法机关的药品管理局，主要由医生、律师、微生物学家、药理学家、化学家和统计学家等专业人士组成，其中2100名是有学位的科学家，包括900名化学家和300名微生物学家。(3) 美国在食品安全法规实施中，规定了一般公众可以提出公益诉讼，通过司法手段保证食品质量安全。

日本在食品安全监管上虽然是以政府为主导，但也非常注重公众参与。日本食品安全法律体系确立的原则之一就是公众参与。例如，日本2003年颁布实施的《食品安全基本法》，规定的食品安全基本原则为：一是遵循公众至上原则；二是地方政府和公众的参与。为

---

① 谭志哲：《我国食品安全监管之公众参与：借鉴与创新》，《湘潭大学学报》（哲学社会科学版）2012年第3期。

此，日本在食品安全监管的立法、执法、司法等各个环节都强调公众参与。比如在食品安全执法中，日本成立了食品安全委员会，其主要职责有规定或者主动进行食品影响健康评价、调查审议食品安全政策的重要事项等。食品安全委员会的委员是"从优秀的食品安全的有识之士中选出"。这充分凸显出公众参与管理食品安全的最终决定力量。此外，在食品安全委员会之下还设立了独立的安全监督员。在司法上，日本有诸多制度来保证公众参与食品安全监管。日本政府于2007年决定全面实施"消费者团体诉讼制度"，该制度允许由国家认可的消费者团体代替消费者个人要求商家停止其不当或恶意商业行为，特别是针对食品质量宣传不实等情况，消费者团体可以直接提请发出禁止令，取缔相关企业的违法行为。

三　社会安全

社会建设的重要内容之一是加强和创新社会管理。这需要按照社会发展规律，构建公平合理的社会利益关系，优化社会结构，增进社会成员的共同福祉，通过社会安全的实现，促进社会的和谐。社会安全不仅是社会管理的条件，也是社会管理要达到的目标。

（一）什么是社会安全

从不同社会群体之间的社会关系和互动层面观察，社会安全是指：（1）社会群体和个人的生命、财产不被侵害；（2）社会成员的基本权利不被剥夺；（3）社会的价值底线和基本规范不被突破。

这三层含义之间存在着递进的逻辑关系。第一层是对社会安全最基本的要求，尤其是要制止对社会群体或个人的暴力伤害。第二层则强调基本权利的重要性，如果社会成员平等的生存、发展权利被剥夺，他就会逐渐蔑视权威、疏离社会，社会整体就有潜在的安全风险；如果被剥夺权利的是某一个社会群体，社会安全将受到严重破坏，整个社会将为此付出代价。最后一层是社会安全的底线，如果社会价值底线被突破、社会规范被颠覆，社会安全迟早将不复存在，社会最终将陷入劫难。

公平正义是社会的价值底线。在日益明晰的社会分化和日见增多的利益博弈中，虽然不同的社会主体会有不同的思维方式、不同的价值取向，但是社会应有坚实的价值底线、普适的价值认同和科学的价值引领。社会规范是社会价值观的具体体现和延伸，是社会成员在社会活动中所应遵循的标准或原则，对全体成员具有引导、规范和约束作用，是社会文明进步的一个重要标志。社会规范可以调整人们的社会行为，促进个体与群体之间的和睦相处，维护一定的社会秩序，不但对社会的存在、运转至关重要，也是个体生存、发展的必要保证。《荀子·礼论》中关于"人生而有欲，欲而不得，则不能无求，求而无度量分界，则不能不争。争则乱，乱则穷"就是讲的这个道理，其中"度量分界"实际上就是指社会规范及节制。有了社会规范，便有了满足个体物质与精神需要的标准，个体与群体之间才能得以和睦相处，社会才会有安全稳定的局面。因此，实现社会有序管理，归根结底，是要维护建立在完善社会规范之上的社会安全。

在现代社会中，社会安全是这样的重要，但是它也经常遭到损害，挑战主要来自阶层利益的争斗、族群之间的冲突和风险社会三个方面。

（二）缓和社会阶层间的利益矛盾

我国已进入改革发展的关键时期，经济体制深刻变革，社会结构深刻变动，利益格局深刻调整，思想观念深刻变化。这种空前的社会变革，给我国发展进步带来巨大活力，也必然带来这样或那样的矛盾和问题。

著名社会学家陆学艺早在 10 年前就已揭示我国进入了一个阶层化的社会，他划分了 10 个阶层：国家与社会管理者阶层、经理阶层、私营企业主阶层、专业技术人员阶层、办事人员阶层、个体工商户阶层、商业服务人员阶层、产业工人阶层、农业劳动者阶层、城乡的失业者和半失业者阶层。传统社会阶层结构是顶尖底宽的"金字塔型"；所谓现代社会阶层结构，是两头小中间大的"橄榄型"，它有庞大的社会中间层；而转型中的中国社会结构还只是一个"洋葱头型"，"应该大的正在大起来，应该小的正在小下去"。

今天北京与全国状况相同的是，传统社会结构逐渐消解，新的阶层群体不断出现，不同阶层资源获取能力存在差异，阶层分化明显。北京与全国状况不同的是，北京的产业结构具有后工业化特征，2012年第一产业产值仅占全市国民经济总产值的 0.8%、第二产业占22.7%，而第三产业则高达 76.5%，相应的第三产业吸纳了全市75.6% 的从业人员。

2010 年，北京市第六次全国人口普查显示，北京作为政治文化中心，国内外企业总部、科研机构和大专院校多集聚于此，职业经理人、专业技术人才比例较高（见表53），专业技术人员、经理人员、办事人员等中间阶层占到 35.9%，北京市阶层结构正在向"橄榄型"过渡。

表53　　　　　　　　2010 年北京市分职业从业人数　　　　　单位：万人、%

职业分类	数量	百分比
国家机关、党群组织、企事业单位负责人	29	3.0
专业技术人员	199	20.4
办事人员和有关人员	151	15.5
商业、服务业人员	331	33.8
农林牧渔水利业生产人员	57	5.8
生产、运输设备操作人员及有关人员	210	21.5
不便分类的其他从业人员	—	—
合计	977	100.0

数据来源：北京市第六次全国人口普查长表汇总数据。

各阶层之间的利益差别亦愈明显。

首先，不同阶层成员的经济收益悬殊。从数据上看，2012 年北京市城镇居民中 20% 低收入户的人均可支配收入为 16386 元，20%高收入户的人均可支配收入为 65966 元，后者是前者的 4 倍，而且相差的倍数近些年没有缩小。上述数据仅限于家庭的货币收入，如果综合资产收益等其他各种收入，实际收入差距可能更大。从群体分布来看，低收入阶层在农村主要集中在边远郊区县以种植业为业的农民，在城镇主要是由部分常住流动人口、下岗失业人员、退休人员和城市低保人员等组成。2011年市民抽样调查显示，①收入分配的差距是市民最为关注的社会问题之一，有30.7%的受访者在解决"调节收入分配"问题上不满意，仅次于房价问题。

其次，阶层之间民生资源分配不公。73.3%的受访者对医疗费用问题非常担心；65.3%的对房价上涨非常担心；64.4%的对养老保障问题非常担心。加上表示"比较担心"的比例，选择这三项的分别都超过了80%。②这三项都是重要的公共资源，有稀缺性和要求分配公平性的特点。不同阶层社会成员按上述公共资源的分配，划分为既得利益群体和利益受损群体。

最后，不同阶层成员利益诉求分歧很大。转型社会期利益诉求产生分化，不同群体在拆迁改造、物业管理、社会资源分配、城乡二元差异等问题上各有诉求。但是2011年的市民调查中，仅有31.5%的人认为现在百姓呼声的反映渠道是畅通的；有64%的受访者认为"像我这样的人的意见，是不会受到重视的"。③

从20世纪90年代以来，北京的新中间阶层经历了20多年的发展壮大，虽然内部结构较为复杂，但其中相当数量的高知识、高收入的职业经理人、专业技术人员等在基本行为规范和阶层认同上趋向一致，他们既是社会结构中稳定的群体，也是在社会变革中积极的行动者和思想者。他们通过小区业主维权、生态环境维权、城市拆迁维权、公益事业救助、社会事件讨论等参与公共事务，利用手机、电脑上网表达自己的要求和评价。

工人阶层规模较大，主要包括农民工和一部分城市传统工人。其

---

① 李洋：《2011年北京市民调查问卷分析报告》，载《北京社会发展报告（2011—2012）》，社会科学文献出版社2012年版，第14页。
② 同上。
③ 同上。

中一部分人处于社会的下层。例如，在北京有 60 万劳务派遣工，由于用工单位规避《劳动法》和《劳动合同法》的规定，这些劳务派遣工与正式工"同工不同酬、同制不同权"，超六成的人月工资在 2000 元以下，一旦出现工伤更无法伸张自己的权利。

和谐社会不是一个没有利益冲突的社会，构建社会主义和谐社会的过程，就是妥善解决矛盾纠纷，协调利益主体之间的关系，不断解决社会矛盾的过程。一个好的制度并不是表现为其中没有或很少有矛盾或冲突，而是表现为它能够容纳矛盾与冲突，在矛盾和冲突面前不会束手无策或过于脆弱，具有很强的解决冲突和纠纷的能力。在现阶段，加强社会管理，优化社会结构主要从四个方面入手：一是加快收入分配制度改革；二是大力发展社会事业，均衡社会公共服务；三是完善社会保障体制；四是鼓励各阶层、群体的社会参与。

当前特别要注意的是，不同阶层的矛盾可以直接表现为利益冲突，也可以表现在不同思想观念的碰撞中。"凡属于思想性质的问题，凡属于人民内部的争论问题，只能用民主的方法去解决，只能用讨论的方法、批评的方法、说服教育的方法去解决，而不能用强制的、压服的方法去解决。"让人讲话，天不会塌下来；不让人讲话，天迟早会塌下来。"七嘴八舌并不可怕，最可怕的是鸦雀无声。"还是要努力创造一个既有集中又有民主，既有纪律又有自由，既有统一意志又有个人心情舒畅的生动活泼的政治局面。

（三）化解族群间的文化冲突

在一个居民高密度居住而来源又很复杂的城市，要警惕利益冲突与文化冲突交织在一起影响社会安全。前几年，广东增城、浙江湖州在外来人与本地人之间发生过大规模群体事件。起因都是因为许多社会矛盾长期积累又得不到解决，最后借某个导火索突然爆发，事件的激烈程度往往出乎政府的意料。这两次事件中的新特点，是出现了以地域关系互划界限的本地人与外地人之间的械斗，规模之大，打斗之烈，是以前少有的。

一方面存在经济利益方面的矛盾，另一方面又各自以血缘、地缘为纽带形成社会网络，彼此在语言、习俗、生活方式等文化要素方面相互区隔开来，一旦有导火索就可能由初始的利益摩擦升级为社会冲突事件。

北京也是外来人口规模特大的城市，总体而言当前流动人口与户籍人口的关系中共同利益是主要方面，但也不能忽视利益分化的一面。流动人口和户籍人口彼此之间在生活方式、风俗习惯、思维方式、语言上不尽相同，小摩擦屡见不鲜，突出表现在房租拖欠、拒交水电费、户籍人口对流动人口"挤占"就业岗位不满，以及流动人口对"城中村"改造中不能得到应有补偿的抱怨，等等。对于人口规模控制、给予流动人口市民待遇、来京子女在京参加高考等问题，都会引起流动人口和户籍人口的不同看法。

今天的新工人是昨天的农民，他们原来生活在"亲连亲，纽连纽"的"熟人社会"里，一旦来到城市，封闭的社交网络阻碍他们融入当地社会，在遭遇损害、伤害或非常事件时，在缺少其他社会资源的既定环境中，就只能利用地缘作为认同的纽带，去"维护"自己的权益，这是底层民众最便当的选择。

这些都是族群现象。

所谓族群，就是集中于特定经济地位，并且具有独特文化特质的群体。

族群有两个特征：一是族群关系和相同的阶级地位有紧密的联系。族群成员集中于特定职业领域，教育、收入、财富相近。二是族群又是一种文化建构的产物。族群成员在语言、习俗、生活方式、信仰体系等文化要素方面互相认同，并与其他人区隔开来。族群是一种社会关系体系，是由一种历史过程形成的。族群不同于种族，不具有体质形态上的共同遗传特征。

在中国，族群往往由不同原籍（籍贯）的群体建构而成。

国内外的理论和实践表明，流动人口（移民）问题始终是一个值得关注的社会问题。近年来国际社会，特别是巴黎、伦敦等国家首都发生的一些社会动荡往往是阶层分化与不同族群文化区隔叠加引起的，这些教训值得我们警惕。

族群分析作为一种社会学视角，从 20 世纪 60 年代以来在国际社会学已经得到广泛应用，它不同于阶级、民族、种族等视角，重视从文化建构角度分析问题，具有相当宽泛的解释力。①

当前化解族群矛盾，应注意：

第一，在制度层面釜底抽薪。改变城市社区分为户籍人口与流动人口二元管理模式，社区自治以全体实有居民为管理的主人和服务的对象。

第二，不要过度政治化解读族群矛盾、不人为扩大打击面制造出众多假想敌；就事论事，围绕合理诉求解决具体问题。

第三，在社会重建中，把族群组织纳入社会组织管理体制中。

第四，以多元文化包容、吸纳族群文化，主流文化允许、尊重非主流文化，用文化融合消解文化冲突。

（四）警惕风险社会产生的灾难

20 世纪 80 年代，德国社会学家贝克提出，在全球化时代，高流动性、人口密集的现代社会是一个"风险社会"。一个特大城市有其脆弱的一面，自然灾害、传染病、重大交通事故、核辐射、大范围停电停水等人为事故，都会在人口高密度区域造成重大危难。北京就是这样的特大城市，已经历过 1976 年的地震、2003 年的"非典"、2012 年特大暴雨山洪、2013 年春季大范围长时间雾霾笼罩。

一些国外特大都市曾经发生过大的灾难，如 20 世纪 50 年代导致数千人死亡的伦敦大雾、1977 年纽约大停电等，都是我们的前车之鉴。

一个城市现代化程度越高，对现代技术的依赖也越大，只要停止供电，供水、供气、通信、交通也会随之停止，城市如何运转？

因此，警惕风险社会产生的灾难，是社会安全的重要内容。一是通过宣传让广大群众明白"风险社会"的含义，学习防灾救灾的知

---

① ［美］马丁·N. 麦格：《族群社会学》，祖力亚提司·马义译，华夏出版社 2007 年版，第 1—12 页。

识，对于灾害发生的可能性要有心理准备。二是各项工作做好应急预案，宁可考虑得更周全些，绝不抱侥幸心理。三是扬汤止沸不如釜底抽薪，科学调控人口规模，疏解中心城区人口，降低人口总量和人口密度。

（五）用全面构造社会安全来包容社会稳定工作

一个时期以来，"稳定压倒一切"被反复强调。社会稳定是指社会各方面的秩序处于稳固、安定状态，保持不变。改革是一场深刻的革命，涉及重大利益关系的调整，涉及各方面体制机制的变革。改革是深入经济、社会、政治、文化、思想诸领域的革命性变化，势必打破原有的平衡，在发展中摸索、建立新的平衡。在中国特定的历史条件下，改革与稳定是一对矛盾体，没有哪一面是绝对的。改革的进程也屡屡证明了这一点：如物价改革、国有企业改制大批工人下岗、加入世贸组织等等，都有惊涛骇浪相伴随！在社会建设中，改革和稳定的对立统一可以表现在社会发展与社会安全这样一对矛盾中。在又一波改革巨浪即将掀起的前夕，习近平总书记最近提出"以社会政策托底经济政策"很有必要，再次强调了社会建设的必要性和重要性，强调了经济建设和社会建设的协调发展。

把防止自然灾害、人为事故、社会经济动荡造成恶劣后果，统称为保持"社会安全"。社会安全所包含的内容要比社会稳定广泛得多。社会稳定基于"社会秩序"的维持，依靠的是法律和国家机器的强力支持。社会安全基于"社会规范"的整合，是人类为了社会共同生活的需要，在社会互动过程中自动衍生出来，相习成风，教化而成，其本质是对社会关系的反映，取决于社会共同体的共有信念和价值标准。

在社会稳定提法成为争论对象时，可以考虑用社会安全概念来包容、替代社会稳定的提法。

参考文献

导论部分：

景天魁：《社会管理创新与福利社会建设》，《北京工业大学学报》2012 年第 1 期。

郑杭生：《社会建设和社会管理研究与中国社会学的使命》，《社会学研究》2011 年第 4 期。

陆学艺：《社会建设就是建设社会现代化》，《社会学研究》2011 年第 4 期。

赵孟营：《社会建设与建设现代社会体系》，《中国特色社会主义研究》2011 年第 3 期。

郑秉文：《"中等收入陷阱"与中国发展道路：基于国际经验教训的视角》，《中国人口科学》2011 年第 2 期。

清华大学社会学系社会发展研究课题组：《走向社会重建之路》，《民主与科学》2010 年第 2 期。

孙元明：《群体性事件新特征与基层维稳尺度拿捏》，《改革》2013 年第 5 期。

李玉山、田艳琴：《从福利经济学演进看中国经济社会发展与和谐社会建设》，《湖北经济学院学报》2005 年第 3 期。

[英] 艾伦·肯迪：《福利视角：思潮、意识形态及政策争论》，周薇等译，上海人民出版社 2011 年版。

[英] 诺尔曼·金斯伯格：《福利分化：比较社会政策批判导论》，姚俊、张丽译，浙江大学出版社 2010 年版。

［英］蒂特马斯：《社会政策 10 讲》，江绍康译，吉林出版集团有限责任公司 2011 年版。

［英］吉登斯：《第三条道路：社会民主主义思潮的复兴》，郑戈译，北京大学出版社 2000 年版。

郑莉、仝雅莉编选：《和谐社会的探求：西方社会建设理论文选》，浙江大学出版社 2010 年版。

孙立平：《断裂》，社会科学文献出版社 2003 年版。

杨雪冬：《社会资本：对一种新解释范式的探索》，载李慧斌、杨雪冬主编《社会资本与社会发展》，社会科学文献出版社 2000 年版。

孙立平：《中国社会正在加速走向溃败》，人民网四川视窗：http：//sc. people. com. cn/news/HTML/2011/2/16/20110216113747. htm。

教育部分：

范先佐等：《人口流动背景下的义务教育体制改革》，中国社会科学出版社 2011 年版。

教育部财务司、国家统计局社会和科技统计司：《中国教育经费统计年鉴 2010》，中国统计出版社 2011 年版。

教育部财务司、国家统计局社会和科技统计司：《中国教育经费统计年鉴 2011》，中国统计出版社 2012 年版。

教育部财务司、国家统计局社会和科技统计司：《中国教育经费统计年鉴 2012》，中国统计出版社 2013 年版。

教育部发展规划司：《中国教育统计年鉴 2010》，人民教育出版社 2011 年版。

栗玉香：《教育均衡指数化监测与财政投入机制改革：以北京市义务教育为例》，经济科学出版社 2010 年版。

栗玉香：《义务教育财政均衡：政策与效果——基于北京市的实证分析》，经济科学出版社 2009 年版。

王善迈、袁连生：《中国地区教育发展报告》，北京师范大学出版集团 2011 年版。

杨东平、黄胜利编：《中国教育发展报告（2013）》，社会科学文献出版社 2013 年版。

张铁明、王志泽：《中国民办教育法制及制度建设》，广东高等教育出版社 2010 年版。

就业部分：

北京市第六次全国人口普查领导小组办公室等：《北京市 2010 年人口普查资料》，中国统计出版社 2012 年版。

北京市第六次全国人口普查领导小组办公室等：《北京市 2010 年人口普查资料外来人口卷》，中国统计出版社 2012 年版。

北京市统计局、国家统计局北京调查总队：《北京统计年鉴 2012》，中国统计出版社 2012 年版。

国家统计局人口和就业统计司等：《中国劳动统计年鉴 2012》，中国统计出版社 2013 年版。

韩景华：《北京市服务业就业发展战略研究》，现代教育出版社 2008 年版。

黄敬宝：《2008—2010 年北京大学生就业与创业调查报告》，中国社会科学出版社 2012 年版。

姜磊：《都市里的移民创业者：城际移民迁移创业过程中的社会资本研究》，社会科学文献出版社 2010 年版。

任志成：《国际产业转移的就业效应研究》，经济科学出版社 2012 年版。

尚珂、梁土坤：《新形势下的中国残疾人就业问题研究》，中国劳动社会保障出版社 2011 年版。

赵建国、苗莉：《城市就业问题研究》，高等教育出版社 2005 年版。

收入分配部分：

《北京市城镇居民、农村居民收入情况统计数据（2007—2012 年）》，北京市统计信息网：http：//www. bjstats. gov. cn/。

中华人民共和国国家统计局：《统计上划分城乡的规定》，中国统计出版社 2006 年版。

[美] 罗伯特·K. 默顿:《社会理论与社会结构》,唐少杰、齐心等译,译林出版社 2006 年版。

李汉林等:《社会变迁过程中的结构紧张》,《中国社会科学》2010年第 2 期。

戴建中等:《北京社会发展报告》,社会科学文献出版社 2012 年版。

胡彭辉等:《北京市收入分配存在的问题、成因和对策》,《石家庄经济学院学报》2012 年第 6 期。

谷军等:《北京城乡收入差距的现状及其对策研究》,《首都经贸大学学报》2010 年第 1 期。

李杨:《北京市居民收入差距现状及解决对策思路研究》,硕士论文,首都经贸大学,2010 年。

李洋:《北京社会阶层结构现状研究》,载《北京社会发展报告》,社会科学文献出版社 2013 年版。

社会保障部分:

郑功成:《社会保障学》,商务印书馆 2000 年版。

《北京市"十二五"时期社会保障发展规划》,北京市发展和改革委员会网站:http://www.bjpc.gov.cn/fzgh _ 1/guihua/12 _ 5/ 12_ 5_ zx/。

安苏等:《应对物价上涨压力北京"破例"再次上调社保》,北京青年报网站:http://bjyouth.ynet.com/article.jsp? oid = 79195663。

中国新闻网:《五部委将建社保与物价联动机制 发放价格临时补贴》,2011 年 3 月 3 日,http://www.cs.com.cn/xwzx/cj/ 201103/t20110303_ 2797422.html。

中华人民共和国国家发展和改革委员会:《北京市农村社会保障体系建设情况及城乡社会保障统筹发展的思路》,中华人民共和国国家发展和改革委员会网站:http://www.sdpc.gov.cn/f2ggg2/ jyysr/2hdt/200703/t20070319 – 121886.htm/。

朱安奇:《社会保险法为流动人口撑起"保护伞"》,2011 年 7 月 13 日,人民网：http://finance. people. com. cn/money/GB/15140016. html。

医疗卫生服务部分：

徐燕、丁海峰：《北京市民生状况调查报告》，载《2013 年北京市经济社会统计报告》，北京日报报业集团、同心出版社 2013 年版。

孟素洁、杨晓琼：《北京市农村城镇化进程监测报告》，载《2013 年北京市经济社会统计报告》，北京日报报业集团、同心出版社 2013 年版。

本报记者：《农民工纳入本市职工基本医疗保险范围》，2012 年 6 月 18 日，北京劳动就业报网站：http://www. bjrbj. gov. cn/xwzx/zxdt/bjdt/201206/t20120618_ 27294. htm。

北京市人力资源和社会保障局：《北京市城镇居民基本医疗保险办法》，2010 年 12 月 7 日，北京网：http://shbz. beijing. cn/syzx/n214104800. shtml。

方芳：《大病医保制度上半年或出台》，《北京日报》2013 年 3 月 19 日。

纪乐乐：《北京 5 家公立医院开始试点医药分开 收取医事服务费》，2012 年 7 月 1 日，中国广播网：http://china. cnr. cn/ygxw/201207/t20120701_ 510074945. shtml。

本报记者：《"医联体"打通转诊通道》，《北京晚报》2013 年 3 月 19 日。

周毅：《德国医疗保障体制改革经验及启示》，《学习与探索》2012 年第 2 期。

王德平：《欧洲医保模式的中国借鉴》，《社会保障》2012 年第 2 期。

张国红、武阳丰：《北京市居民对社区卫生服务满意度的调查及其影响因素分析》，《中国全科医学》2013 年第 8 期。

凡璐：《国外社区卫生服务的基本模式及启示》，《华章》2012 年第 4 期。

城乡统筹与社会发展部分：

本刊时政观察员：《北京 50 个重点村改造的新实践》，《领导决策信息》2012 年第 15 期。

王广双:《北京市城乡结合部 50 个重点村的建设》,《中国发展观察》
　　2012 年第 5 期。

朱竞若、余荣华:《首都城乡结合部五十个重点村建设的启示》,2012
　　年 2 月 25 日,人民网(北京):http://cpc.people.com.cn/GB/
　　64093/64387/17216922.html。

代丽丽:《本市今年启动城乡一体化改革》,《北京晚报》2013 年 1
　　月 26 日。

朱晓阳:《北漂的"朝圣之旅"》,《南方周末》2010 年 4 月 28 日。

吴明伟、吴晓:《我国城市化背景下的流动人口聚居形态研究》,东
　　南大学出版社 2005 年版。

廖明中:《城市化背景下的贫民窟挑战及对策:国际经验》,《中国经
　　济时报》2005 年 9 月 1 日。

联合国人居署北京信息办公室:《充分发挥政策的关键作用》,联合
　　国人居署北京信息办公室网站:http://www.un.org/zh/
　　development/housing/slum7.shtml。

苏伟、杨帆、刘士文:《重庆模式》,中国经济出版社 2011 年版。

重庆市发展和改革委员会、重庆市统筹城乡综合配套改革办公室:
　　《重庆市统筹城乡综合配套改革试验有关情况(内部)》,2011
　　年 4 月。

杜远:《重庆公租房近四成租给"转户进城"农民》,2011 年 12 月 5
　　日,中新网:www.chinanews.com 。

叶裕民:《科学认识中国统筹城乡发展》,IACP 第五届年会《中国统
　　筹城乡发展与规划》会议的发言,2011 年 6 月 18 日。

李乐:《城镇化长期发展规划送审在即　土地改革最先启动》,2013
　　年 8 月 25 日,新浪网:http://news.dichan.sina.com.cn。

社会管理创新与人口有序管理部分:

宋贵伦:《北京实践与中国特色——关于社会建设、改革、治理的几
　　点思考》,2013 年 4 月 13 日在北京国际饭店举办的首届"中国

社会建设论坛"暨社会建设与社会治理研究中心成立仪式上发言的 PPT。

宋贵伦：《北京社会建设成效显著》，2013 年 2 月 1 日，中国网：http://fangtan.china.com.cn/2012–03/12/content_ 24873188.htm。

王东亮：《2013 年北京计划安排 8000 万元市社会建设专项资金》，《北京日报》2013 年 2 月 7 日。

赵莹莹：《北京社会组织公益行系列活动启动》，2013 年 5 月 7 日，人民政协网：www.rmzxb.com.cn。

王明浩：《北京市创新社会建设 社区建设"三位一体"》，2010 年 10 月 13 日，人民网：http://qingyuan.people.com.cn/GB/14748/12935140.html。

北京市统计局：《北京市 2012 年国民经济和社会发展统计公报》，《北京日报》2013 年 2 月 7 日。

廖卫华、刘修齐：《打工子弟学校关停风波》，《法制日报》2012 年 10 月 23 日。

孙颖：《地铁沿线建租赁房鼓励就近居住》，《北京晚报》2013 年 9 月 27 日。

特大城市管理与民生服务部分：

网易财经：《北京停车管理公司乱象丛生，税收应专款专用》，网易：http://auto.163.com/12/1027/10/8EQLT6KG00084TV1.html。

牛文元：《中国新型城市化报告 2012》，社会科学文献出版社 2013 年版。

杨柳：《北京城市轨道交通现状及快速发展动因分析》，《城市发展研究》2009 年第 5 期。

朱振荣：《北京开收交通拥堵费的政策探析》，《北京工商大学学报》（社会科学版）2007 年第 5 期。

本报记者：《北京水危机严重，缺水问题求解》，《二十一世纪经济报道》2012 年 3 月 31 日。

北京市环保局：《2012 年北京市环境状况公报》，2013 年 11 月 18 日，中国环保网：http：//www. chinaenvironment. com/view/ViewNews. aspx？k = 20131118144706203。

本报记者：《北京五大水系遭污染 生活污水渐成"元凶"》，《新华每日电讯》2012 年 6 月 15 日。

钱沛：《北京污水来水量远超污水处理能力，被指规划滞后》，《新京报》2011 年 12 月 12 日。

谭万能、阮洋：《内涝不断拷问城市管理 专家称建立体系需要 10 年》，《南方都市报》2012 年 7 月 23 日。

王峰、金柳：《九龙难治水：管网改建难题待解》，《21 世纪经济报道》2012 年 7 月 24 日。

俞孔坚：《让雨洪不是灾害，而成福音》，《文汇报》2012 年 8 月 7 日。

刘京、王强、王军：《绿色北京建设发展之中心城再生水利用》，《中国人口、资源与环境》2011 年第 21 期。

郭海洋：《滚动资金，美国污水处理的资金来源》，《环球纵横》2004 年第 2 期。

常杪、杨亮、小柳秀明：《日本污水处理资金建设运行机制的启示》，《环境经济》2010 年第 1—2 期。

姜丽宁、应军：《绿色基础设施与纽约城市雨洪管理》，《城乡建设》2012 年第 11 期。

邱卫东：《纽约市北河污水处理厂见闻》，《城乡建设》2002 年第 5 期。

张杰、贾绍凤：《纽约市与北京市自来水定价比较研究》，《水利经济》2012 年第 4 期。

梁馨：《每处垃圾站一标签 垃圾填埋场构成北京"七环"》，2012 年 12 月 26 日，人民网：http：//sc. people. com. cn/n/2012/1226/c346399 – 17920171. html。

张海林：《一路盯着垃圾 从社区到阿苏卫》，《东方瞭望周刊》2012 年 4 月。

齐健、李惊亚：《垃圾减量化：难题待破解》，新华网：http：//

news. xinhuanet. com/2013 – 07/21/c_ 116625575. htm。

徐金龙、朱跃钊：《城市生活垃圾管理的国际经验、中国问题及优化
　　策略》，《生态经济》2012 年第 5 期。

贾子利、郭建斌：《北京市生活垃圾管理现状分析研究》，《上海环境
　　科学》2011 年第 3 期。

卢英方、田金信、孙向军：《部分国家城市垃圾管理综述》，《建设经
　　济》2002 年第 5 期。

公共安全管理部分：

马力：《北京限期 3 年整治大气污染等四大环境顽疾》，《新京报》
　　2013 年 3 月 29 日。

张钰：《大气污染形势严峻：北京空气达标还要 18 年》，《中国新闻
　　周刊》2013 年 9 月 9 日。

梁嘉琳：《报告称全球 10 大空气污染城市 7 个在中国》，《经济参考
　　报》2013 年 1 月 15 日。

祝怀新、潘慧萍：《德国环境教育政策与实践探析》，《全球教育展
　　望》2003 年第 6 期。

陈卓：《日本环境教育的特征及启示》，《贵州教育学院学报》2007
　　年第 2 期。

范春梅：《日本环境教育述论》，《日本问题研究》1998 年第 3 期。

李夏菲：《英国食品安全监管体系》，硕士学位论文，复旦大学，
　　2012 年。

周清杰：《论食品安全监管中的北京模式》，《中国工商管理研究》
　　2009 年第 2 期。

刘俊敏：《美国的食品安全保障体系及其经验启示》，《理论探索》
　　2008 年第 6 期。

郁峰：《英国食品安全立法研究及对我国的借鉴意义》，《河南省政法
　　管理干部学院学报》2006 年第 3 期。

卢凌霄、徐昕：《日本的食品安全监管体系对中国的借鉴》，《世界农
　　业》2012 年第 10 期。

凯文：《食品安全监管，发达国家各有高招》，《深圳特区报》2013
　　年5月13日。

谭志哲：《我国食品安全监管之公众参与：借鉴与创新》，《湘潭大学
　　学报》（哲学社会科学版）2012年第3期。

李洋：《2011年北京市民调查问卷分析报告》，载《北京社会发展报
　　告（2011—2012）》，社会科学文献出版社2012年版。

［美］马丁·N.麦格：《族群社会学》，祖力亚提司·马义译，华夏
　　出版社2007年版。